Kepada yang terkasih dalam Kristus,

_____

Dipersembahkan oleh:

_____

Tanggal:

_____

ANDA DIPANGGIL UNTUK MENJADI PEMENANG

Temukan Tugas Mulia Anda dalam Kerajaan Surga

DerekPrince

Penerbit dan Penyalur Utama:
Derek Prince Ministries Indonesia
Telp: 021 – 45846494 / 70940645
Fax: 021 – 45846494
Email: contact@dpmindonesia.org
Website: www.dpmindonesia.org

Hak Cipta Dilindungi
Cetakan Pertama: Desember 2011
Penerjemah: Peter R.

Originally published in English under the title,
Called to Conquer
Copyright © 2010 Derek Prince
All Rights Reserved
Indonesian translation published
by permission
Copyright © 2011
Derek Prince Ministries – International
P.O.Box 19501, Charlotte, NC 28219 – 9501, U.S.A.

ISBN 978-1-78263-028-9
3000/1211/GR

Daftar Isi

Kata Pengantar

"Dahulu waktu harga cengkeh masih tinggi, saat musim panen para petani di desa-desa sudah membeli kulkas walaupun di rumahnya belum ada aliran listrik," kata seorang pengusaha dari daerah Minahasa kepada saya. Siang itu kami berdua sedang berada di ruang tunggu bandara Manado. Sambil menunggu keberangkatan pesawat ke Jakarta pengusaha yang baru saya kenal itu bercerita tentang makmurnya daerah Minahasa di masa lampau, yaitu saat harga cengkeh masih sangat tinggi.

"Kalau memang belum ada listrik, lalu kulkas itu digunakan untuk apa?" tanya saya keheranan. "Ya, kita taruh di ruang tamu supaya orang lain tahu bahwa kita sudah punya kulkas," jawab yang bersangkutan. "Hanya untuk dipamerkan saja?" tanya saya dengan sedikit merasa geli. "Oh tidak. Kita pakai kulkas itu untuk menyimpan bajulah," kata si pengusaha tadi sambil tertawa.

Di dalam perjalanan kembali ke Jakarta, saya merenungkan ulang cerita si pengusaha tadi. "Seandainya kulkas itu memiliki nalar dan perasaan, pasti ia akan menangis dengan tersedu-sedu," kata saya dalam hati. Mengapa? Karena ia tidak hidup secara maksimal. Kemampuan atau potensi yang ada dalam dirinya untuk mendinginkan serta mengawetkan makanan telah disia-siakan. Ia sekadar digunakan untuk menyimpan baju saja.

Yang menyedihkan adalah cukup banyak orang yang telah hidup seperti kulkas tadi. Sebaliknya dari memaksimalkan diri, yang bersangkutan hidup secara ala kadarnya. Sebaliknya dari mengembangkan panggilan Tuhan dalam dirinya secara penuh justru ia telah menyia-nyiakan hidupnya. Akibatnya dengan demikian hidup yang bersangkutan yang hanya satu kali di dunia ini telah menjadi hidup yang percuma. Ya, hidup yang sekedar asal hidup saja.

Di situlah pentingnya bagi kita untuk membaca buku tulisan dari Derek Prince ini. Melaluinya kita akan dituntun untuk mengetahui panggilan Tuhan bagi diri kita dan belajar untuk mengembangkannya. Di dalam buku ini Derek Prince dengan cermat membahas apa yang diajarkan oleh Alkitab untuk mengenali rancangan Tuhan bagi diri kita dan menguraikan langkah-langkah penerapan praktisnya bagi hidup kita sehari-hari. Singkat kata buku ini akan menolong kita untuk membangun kehidupan yang penuh dengan makna.

Pdt. Dr. Ir. Bambang H. Widjaja, MA.

Sekretaris Majelis Pertimbangan Persekutuan
Gereja-gereja di Indonesia (PGI)
Ketua Majelis Pertimbangan, Persekutuan
Gereja-gereja dan Lembaga-lembaga Injili Indonesia (PGLII)

Prakata

Saya meyakini ada dua momen penting dalam kehidupan semua manusia. Momen pertama adalah ketika kita dilahirkan di dunia. Momen kedua adalah ketika kita mulai *mengerti* apa sesungguhnya tujuan hidup kita di dunia ini.

Semua manusia pasti telah dilahirkan dengan tujuan tertentu. Kita perlu mengetahui apa tujuan tersebut, yaitu "mengapa" dan untuk apa kita hidup. Itulah sesungguhnya Tujuan atau Panggilan Hidup kita. Baru kemudian kita dapat memeriksa di mana kita telah menyimpang dari tujuan, lalu mengoreksi perjalanan kita, supaya dapat mencapai rencana Tuhan secara optimal bagi kehidupan. Pada momen kedua inilah Panggilan Hidup kita mulai menemukan bentuknya.

Namun, sayang sekali, kebanyakan orang tak pernah mengalami momen kedua ini. Akibatnya, hidup mereka tidak akan lebih daripada sekedar berjuang untuk hidup, kehidupan yang datar dan mengalir mengikuti kebiasaan masyarakat yang ada. Kita lupa untuk apa kita sesungguhnya dilahirkan. Kita menyangkal atau tak pernah punya waktu untuk benar-benar memikirkan, apalagi mewujudkannya. Orang lain harus mengajari kita, apa yang dapat membuat hidup ini berharga. Entah itu orang tua, sanak keluarga, kebudayaan di sekitar kita, iklan-iklan lowongan kerja atau apa pun jalan lain yang tidak terlalu sulit untuk diikuti. Seakan-akan kita menunggu suara ajaib dari langit yang berseru: "Hei, kamu yang di sana! Ya, kamu! Beginilah tujuan hidupmu yang sebenarnya!"

Padahal tidak demikian semestinya. Anda sendiri harus berbuat sesuatu. Dan setelah melakukannya, kehidupan Anda tak akan pernah sama lagi.

Kalau Anda ingin kehidupan Anda yang biasa-biasa berubah menjadi luar biasa, Anda sendirilah yang harus berbuat sesuatu. Semuanya dimulai ketika Anda tiba-tiba bisa berkata, Aha! Karena sebenarnya Panggilan Hidup Anda sudah ada pada diri Anda sejak Anda dilahirkan. Namun Anda harus mencarinya sendiri, seperti orang yang menggali mencari harta karun. Barulah, Anda akan mulai mengerti betapa berharganya panggilan hidup Anda itu.

Yang kita bicarakan ini bukanlah sekedar mengenai kegiatan agama atau bagaimana menemukan karunia-karunia rohani Anda. Yang saya maksudkan di sini adalah bahwa kita harus benar-benar bangun dari tidur nyenyak kita dan mulai menyadari potensi kita yang sepenuhnya dalam segala aspek kehidupan. Umpamakanlah ini seperti momen gerhana bulan, di mana hanya sesaat lamanya, matahari dan bulan berada sejajar dalam sebuah posisi garis lurus, sehingga tiba-tiba sinar matahari ke bumi terhalang oleh bayangan bulan. Menemukan Panggilan Hidup kurang lebih seperti itu. Pada waktu itu pikiran (akal budi), jasmani (tubuh) dan roh kita sejajar benar dengan tujuan Tuhan yang utama bagi kehidupan kita.

Apabila hal ini terjadi, sepertinya ada semacam "saklar" yang dihidupkan dan sebuah "lampu" menyala dalam diri kita. Di situlah kita mulai mengerti apa sesungguhnya tujuan yang untuknya kita telah diciptakan dan yang harus kita kejar dalam hidup ini. Pengalaman ini bersifat naluriah dan rohani, yang dirasakan dalam getaran jiwa. Pada saat melihat, mendengar dan merasakannya, pasti kita akan mengenalinya.

Derek Prince adalah seorang hamba Tuhan yang benar-benar mengerti apa Panggilan atau Tujuan Hidupnya. Beliau fasih dalam sekian banyak bahasa karena bersekolah di berbagai lembaga pendidikan yang cukup bergengsi. Beliau juga menguasai filsafat kuno maupun filsafat modern. Tetapi kemudian selama Perang Dunia II beliau harus mengikuti wajib militer dalam tentara Inggris. Baru pada waktu itulah beliau mulai menerima instruksi dari "atas" untuk menjalani Panggilan

Hidupnya: memberitakan Firman Tuhan kepada semua orang dengan cara yang amat sederhana, sehingga semua orang dapat mengertinya.

Kehidupannya mengalami suatu perubahan ketika beliau menemukan panggilan hidupnya. Ketika masih mengejar karir akademisnya, beliau mempunyai aspirasi tertentu, tetapi tiba-tiba saja beliau mendapatkan dirinya di sebuah jalur kehidupan yang berbeda sama sekali. Namun beliau bertekun dalam panggilannya. Pengajaran-pengajaran Alkitab yang diwariskannya untuk generasi penerus merupakan bukti akan hal ini. Tiada terhitung banyaknya pembaca buku dan pendengar khotbahnya yang telah juga mengalami perubahan dalam hidup mereka dan diberkati, karena beliau tetap setia kepada Tuhan dan rencana Tuhan baginya.

Bukanlah suatu kebetulan Anda memegang buku ini dan membacanya. Seperti Derek, Anda pun merasa ada sesuatu yang tergetar di lubuk hati Anda. Anda seakan-akan merasa ditarik kepada sesuatu yang jauh lebih besar – sesuatu yang jauh lebih baik daripada apa yang Anda miliki sekarang. Di atas kertas, kehidupan Anda mungkin cukup berhasil: mempunyai istri yang penuh kasih sayang, anak-anak yang taat kepada orang tuanya, rumah tinggal yang cukup nyaman, mata pencarian yang lumayan baik, mobil serta busana pakaian yang mungkin bisa membuat orang lain cemburu. Atau boleh jadi juga, mungkin Anda tidak mempunyai semua itu dan belum ada apa-apa di tangan Anda, sehingga Anda pun bertanya dalam hati: *Untuk apakah aku telah dilahirkan ke dalam dunia ini, sebenarnya?*

Entah di mana Anda berada saat ini, Anda telah memilih buku ini karena merasakan suatu dorongan di hati Anda untuk mencari kehidupan yang lebih bermakna di mata Tuhan. Namun entah mengapa, Anda sendiri masih belum mengerti seberapa bermaknanya kehidupan ini. Anda memerlukan seorang penasihat, seorang sahabat yang bisa mendampingi untuk menemukan Tujuan Hidup tersebut. Setahu saya, tak ada orang lain yang bisa mendampingi Anda dengan lebih baik ketimbang Derek Prince.

Dalam buku ini Anda akan menemukan banyak petunjuk yang sederhana namun mantap, sebab beliau telah mengalami sendiri hidup yang sesuai dengan rencana Tuhan. Kalimat-kalimat yang disampaikan oleh Derek Prince ini bukan saja akan membantu Anda menemukan Panggilan Hidup yang diberikan oleh Tuhan. Kalimat-kalimat itu akan juga memperlengkapi Anda untuk meluruskan kembali kehidupan Anda, sehingga dapat benar-benar menempuh perjalanan yang telah dirancang Tuhan.

Jangan lupa: Anda harus mengenal misi kehidupan Anda terlebih dahulu, sebelum bisa menjalaninya. Semoga Tuhan memberkati seraya Anda membaca halaman demi halaman dari buku ini, dan semoga Anda mencari, menemukan, kemudian menjalani Panggilan Tuhan atas kehidupan Anda.

Pastor Kirbyjon Caldwell
Gereja Metodis Windsor Village,
Houston, Texas, Amerika Serikat

1

Panggilan Surgawi

Dan ketika Yesus sedang berjalan menyusur danau Galilea, Ia melihat dua orang bersaudara, yaitu Simon yang disebut Petrus, dan Andreas, saudaranya. Mereka sedang menebarkan jala di danau, sebab mereka penjala ikan. Yesus berkata kepada mereka: "Mari, ikutlah Aku, dan kamu akan Kujadikan penjala manusia." Lalu mereka pun segera meninggalkan jalanya dan mengikuti Dia. Dan setelah Yesus pergi dari sana, dilihat-Nya pula dua orang bersaudara, yaitu Yakobus anak Zebedeus dan Yohanes saudaranya, sedang membereskan jala mereka di dalam perahu. Yesus memanggil mereka dan mereka segera meninggalkan perahu serta ayahnya, lalu mengikuti Dia.

Matius 4:18-22

BAGI saya sungguh menarik bahwa empat orang pertama yang diajak Yesus itu berprofesi sebagai nelayan. Saya agak kagum melihat betapa jeniusnya Tuhan dalam memilih pengikut, sebab nelayan yang sehari-harinya bekerja menangkap ikan jelas memiliki kualitas tertentu. Jika Anda sendiri yang membaca ini berprofesi sebagai nelayan atau suka memancing ikan, pasti Anda tahu bahwa rata-rata orang yang berburu ikan itu sifatnya ulet dan pantang menyerah.

Sewaktu-waktu ketika saya melewati suatu tempat, saya memperhatikan ada orang-orang yang sedang memancing ikan. Saya mengamati bahwa saat itu belum ada ikan yang memakan umpan mereka. Kemudian timbul pikiran ini di benak saya: *Bagaimana pun juga, menunggu lama bukanlah masalah bagi mereka – karena mereka adalah para pemancing ikan.* Orang yang mencari ikan tak pernah pusing memikirkan keadaan yang sedang dihadapi. Mereka tak pernah berkecil hati. Cuaca yang mendung pun tak pernah membuat mereka risau. Mereka hanya berfokus untuk mendapatkan ikan.

Sesungguhnya, ketika akan memulai pelayanan-Nya bersama para nelayan itu, Tuhan Yesus menyampaikan sebuah pesan yang indah sekali kepada kita: umat Kristen seharusnya memiliki sikap seperti nelayan itu. Kita seharusnya memiliki hasrat yang menggebu-gebu dalam meresponi panggilan Tuhan tanpa memusingkan hal lainnya.

Perhatikan juga, betapa Yesus begitu hemat mengeluarkan kata-kata-Nya ketika Ia memanggil para murid itu. Ia hanya berkata: "Ikutlah Aku." Boleh jadi, kata-kata ajakan tersebut merupakan khotbah terpendek yang pernah diucapkan dalam sejarah! Kita melihat, Yesus tak pernah menjelaskan panjang lebar apa sebenarnya panggilan mereka. Jelas, bagi Yesus tidak ada komitmen yang setengah-setengah untuk mengikut Dia. Jawabannya hanya ada dua pilihan, yaitu *ya* atau *tidak*.

> Lalu Yesus berkata kepada murid-murid-Nya: "Setiap orang yang mau mengikut Aku, ia harus menyangkal dirinya, memikul salibnya dan mengikut Aku. Karena barangsiapa mau menyelamatkan nyawanya, ia akan kehilangan nyawanya; tetapi barangsiapa kehilangan nyawanya karena aku, ia akan memperolehnya."
>
> Matius 16:24-25

Beberapa waktu kemudian Yesus memberikan panggilan yang persis sama kepada seorang yang lain. Ia juga berkata: "Ikutlah Aku." Tetapi orang itu kemudian menjadi ragu-ragu dan mulai berdalih: "Izinkanlah aku pergi dahulu menguburkan bapaku." Jawab Yesus: "Biarlah orang mati menguburkan orang mati; tetapi engkau, pergilah dan beritakanlah Kerajaan Allah di mana-mana" (lihat Lukas 9:59-60). Apabila Yesus berkata "Sekarang juga," jawaban, "Besok saja" bukanlah jawaban yang dapat diterima. Pilihan untuk menanggapinya diserahkan kepada kita.

Sejak masa kecil, saya berjemaat di Gereja Anglikan (di Inggris). Tidak terlalu sulit untuk menjadi anggota gereja di situ (begitu juga halnya di kebanyakan gereja yang lain), karena orang-orang selalu berkata: "Di sini Anda tidak perlu repot-repot, asal menjalankan beberapa syarat kecil ini saja." Saya memenuhi semua kewajiban, namun entah mengapa, saya tak pernah menemukan hidup yang berarti di situ.

Pada masa itu, sejujurnya saya memang kurang memahami diri saya sendiri. Tetapi yang jelas, saya sedang mencari sebuah tantangan. Sebab itu, begitu saya untuk pertama kalinya ditantang oleh Tuhan Yesus sendiri, saya pun merespons dengan sungguh-sungguh. Namun, begitulah halnya dengan semua penganut agama pada umumnya, mereka biasanya kurang antusias. Mereka tidak pernah antusias, namun tak tahu juga harus bagaimana supaya antusias. Saya kira, diam-diam semua orang mencari tantangan yang terdapat dalam panggilan atau tujuan hidup yang diberikan Tuhan – di mana Tuhan sebenarnya tidak suka kalau kita setengah-setengah saja. Sebab Ia memang menuntut segala-galanya. Seandainya Anda memperoleh panggilan dari Tuhan, jangan ijinkan apa pun juga menghalangi Anda untuk merespons dan menyambut kesempatan tersebut.

Panggilan dari Tuhan itu kudus dan sakral. Itu merupakan panggilan surgawi. Misalkan saja kita sedang berjalan secara horisontal, lalu tiba-tiba datang panggilan Tuhan secara vertikal dari surga, pasti sejak saat itu kehidupan Anda akan mulai terbelah menjadi dua bagian. Yaitu kehidupan Anda *sebelum* menerima panggilan Tuhan, dan kehidupan Anda *sesudah* merespons panggilan tersebut, yang pasti berbeda.

Bisa saja Anda tidak meninggal dunia jika menolak panggilan tersebut. Sederhananya, kehidupan Anda akan tetap baik-baik saja, Anda dapat tetap bersenang-senang dan membuat rencana-rencana Anda sendiri, serta mengejar apa yang Anda cita-citakan. Tetapi akhirnya Anda justru akan kehilangan hidup Anda itu. Atau sebaliknya, setelah Anda menyerahkan hidup Anda – tahu-tahunya Anda justru menemukan suatu kehidupan yang baru. Karena Tuhan memang punya kedaulatan dan otoritas atas hidup kita, maka cukuplah bagi-Nya untuk berkata: "Ikutlah Aku." *Titik.*

Kedaulatan memang merupakan sebuah istilah teologia. Setahu saya artinya begini: Kalau Tuhan memang berdaulat, Ia *tak perlu meminta ijin pada siapa pun.* Pokoknya, Ia dapat melakukan *apa* saja yang dikehendaki-Nya, *kapan saja* Ia mau dan *dengan cara* apa pun yang Ia suka. Kedaulatan Tuhan sesungguhnya merupakan salah satu kebenaran Alkitab yang paling agung. Namun pada zaman modern ini banyak orang sudah melupakannya. Kita perlu benar-benar menyadari dan menghormati kedaulatan yang ada pada Tuhan. Tanpa itu, kita takkan pernah bisa mengerti panggilan-Nya atas kehidupan kita. Tetapi jika kita bersedia melangkah berdasarkan pemahaman ini, maka kita akan memasuki suatu kehidupan baru dengan segala keuntungannya. Berikut ini adalah empat aspek yang berlaku mengenai hal ini.

Maukah Anda Benar-benar Mengalami "Kehidupan Kekal"?

Pada intinya, memasuki kehidupan baru itu tujuannya tak lain adalah untuk melakukan kehendak Tuhan. Itulah juga tujuan atau motivasi Yesus ketika memanggil kita. Ia berkata: "Makanan-Ku ialah melakukan kehendak Dia yang mengutus Aku dan menyelesaikan pekerjaan-Nya" (Yohanes 4:34).

Dalam surat kirimannya yang pertama, Rasul Yohanes berbicara mengenai seseorang yang melakukan kehendak Allah. Ia membandingkan hal itu dengan segala sesuatu yang ditawarkan oleh dunia ini. Dengan jelas Yohanes berkata: "Dan dunia ini sedang lenyap dengan keinginannya, tetapi orang yang melakukan kehendak Allah tetap hidup selama-lamanya" (1Yohanes 2:17). Kita tahu bahwa semua keinginan dunia dan cita-citanya — segala sesuatu yang hendak diraih dan diperjuangkan oleh manusia bersifat sementara saja. Semuanya pasti akan berlalu.

> ...TETAPI ORANG YANG MELAKUKAN KEHENDAK ALLAH TETAP HIDUP SELAMA-LAMANYA.

Namun, ada kata *tetapi* yang ditulis sesudah kalimat pertama tadi: "Tetapi orang yang melakukan kehendak Allah tetap hidup selama-lamanya" (1 Yohanes 2:17). Di situlah perbedaannya. Anda memenuhi syarat jika bersedia menyangkal keinginan Anda, ketika Anda berkata *tidak* terhadap diri sendiri dan menyelaraskan kehendak Anda dengan kehendak Allah.

Bagaimana pun, pada akhirnya kehendak Tuhan-lah yang akan terlaksana. Dengan menyesuaikan diri dengan kehendak-Nya, Anda tak dapat gagal, Anda takkan terkalahkan. Anda akan tetap ada sampai selama-lamanya. Bukankah itu luar biasa? Saya mengundang Anda untuk membuat sebuah deklarasi atau pernyataan mengenai hal ini, namun harus Anda sendiri yang mengucapkan deklarasinya: "Jika aku melakukan kehendak Allah, aku akan tetap ada untuk selama-lamanya." Itu merupakan tanda yang pertama dari kehidupan yang baru. Kehidupan baru yang bersatu dengan kehendak Allah dimana di dalamnya terdapat seluruh kekuatan, kuasa dan kepastian sebagaimana halnya dengan kehendak Allah sendiri.

Maukah Anda Menerima Bimbingan yang Sempurna?

Kehidupan baru itu akan dibimbing oleh Roh Kudus sendiri. Mari kita melihat satu ayat dari Alkitab: "Semua orang, yang dipimpin Roh Allah, adalah anak Allah" (Roma 8:14).

Dalam bahasa aslinya, ayat ini menggunakan kata kerja yang bersifat berkesinambungan (*continuing present tense*). Kalimat itu dapat kita alihbahasakan sebagai berikut: "Semua orang yang *terus menerus* [senantiasa] *dipimpin* Roh Allah, adalah anak Allah." Ketika dengan penuh iman menerima Yesus sebagai Juruselamat pribadi, saat itu Anda "dilahirkan" oleh Roh Allah. Maka Anda menjadi bagian dari keluarga Allah, seperti anak bayi yang kecil mungil. Tetapi Anda harus terus bertumbuh sampai menjadi putra-putri Allah yang akil balig, dan untuk itu diperlukan proses yang berkelanjutan: dipimpin terus [senantiasa] oleh Roh Allah. Memang, banyak orang Kristen sudah mengalami kelahiran baru, namun selanjutnya mereka tidak pernah mengalami dipimpin terus oleh Roh Allah. Yang pada akhirnya benar-benar menjadi anak Allah yang akil balig adalah mereka yang terus-menerus dipimpin oleh Roh Allah. Mereka tidak berhenti berkembang sehingga menjadi dewasa. Mereka mengalami pertumbuhan. Mereka menemukan rencana dan takdir ilahi dalam kehidupannya. (Di bab 8 nanti, yang berjudul "Pembimbing Anda", kita akan belajar lebih mendalam apa artinya dipimpin terus-menerus oleh Roh Allah.)

Tahukah Anda kalau Tuhan Menjamin Segala Keperluanmu?

Ada pula aspek ketiga, bahwa dalam kehidupan baru ini segala keperluan kita akan dijamin oleh Allah. Begitu Anda menyerahkan diri dengan meresponi panggilan-Nya, Tuhan akan bertanggung jawab penuh atas kehidupan Anda. Hal ini akan saya beri contoh melalui pengalaman saya sendiri ketika bertugas dalam pasukan tentara Inggris. Tentu saja, dalam banyak hal tentara Inggris masih jauh di bawah standar yang berlaku dalam "keluarga" Tuhan.

Sebenarnya saya tak pernah mendaftarkan diri masuk tentara. Saya masuk tentara pada bulan September 1940 karena wajib militer, dan selama lima setengah tahun sesudah itu saya tak pernah perlu khawatir mengenai seragam yang harus saya kenakan, ke mana saya harus pergi atau makanan apa yang akan tersedia. Di masa itu gaji saya (boleh percaya, boleh tidak) hanya dua *shilling* sehari (sekitar 700 rupiah)! Mungkin sulit membayangkan orang menerima gaji sekecil itu. Tetapi heran sekali, kami tidak pernah kelaparan. Kami tak pernah membayar sepeser pun untuk jatah makanan, membeli pakaian atau mendapat tempat untuk tidur. Selama lebih kurang dua tahun saya harus tidur di tengah padang pasir di Afrika bagian Utara, tetapi setidak-tidaknya ada tempat berteduh yang tersedia untuk malam hari. Kami tidak menikmati perjalanan piknik yang mewah, namun tentara Inggris mengurus semua prajuritnya dengan cukup baik.

Begitu juga, Tuhan bertanggung jawab untuk menyediakan segala keperluan Anda pada waktu Anda menyerahkan diri tanpa syarat untuk melakukan kehendak-Nya. Banyak orang dapat memberi kesaksian mengenai hal ini. Tak lama setelah keluar dari dinas militer dan menjadi hamba Tuhan *full time* (sepenuh waktu), saya menikah dengan seorang wanita yang mempunyai sebuah panti asuhan di

Yerusalem bagian utara. Ketika menikahi wanita tersebut, hari itu juga saya langsung menjadi ayah angkat dari delapan anak perempuan yang tinggal di rumahnya. Besar juga keluarga itu. Keluarga kami berada di tengah kancah perang besar yang menandakan lahirnya negara Israel. Bahkan kami benar-benar berada di tengah pusat pertikaian. Rumah kami letaknya kira-kira 400 meter dari garis depan. Sesudah itu kami semua terpaksa pindah ke luar negeri, lalu pindah lagi dari satu negeri ke negeri yang lain, dari satu tempat tinggal ke tempat tinggal yang lain. Kami menghadapi berbagai bahaya, kesulitan, dan banyak musuh – namun, secara konsisten Tuhan menyediakan segala keperluan kami.

Yesus berkata di Matius 6:33, "Tetapi carilah dahulu kerajaan Allah dan kebenarannya, maka semuanya itu akan ditambahkan kepadamu." Bila sedang kekurangan, orang dunia secepat mungkin "menyambar" barang apa pun yang bisa mereka peroleh. Tujuan hidup orang dunia adalah mengumpulkan harta benda – makanan, pakaian, uang, rumah, mobil. Lain sekali halnya dalam kehidupan baru ini. Karena tujuan Anda kini mau melayani Tuhan, maka Tuhan sendiri yang akan menambahkan semua perkara itu. Anda tak perlu kuatir, karena Anda tahu Tuhan sendirilah yang akan menambahkan apa yang kurang.

Ada orang yang mungkin akan berkata, bahwa itu omong kosong! Tetapi jangan lupa bahwa yang berjanji itu adalah Yesus sendiri, dan Yesus tak pernah berdusta. Kini ada beribu hamba Tuhan di seluruh dunia yang dapat bersaksi berdasarkan pengalaman mereka sendiri, bahwa demikianlah kenyataannya. Tuhan selalu menepati janji-Nya.

Mari kita melihat sebuah ayat Alkitab lain yang bagus dari Injil Markus. Perhatikan bagaimana Yesus menjawab suatu komentar yang diucapkan oleh Petrus secara terus-terang:

> "Berkatalah Petrus kepada Yesus: 'Kami telah meninggalkan segala se-suatu dan mengikut Engkau!' Jawab Yesus: 'Aku berkata kepadamu, sesungguhnya setiap orang yang karena Aku dan karena Injil meninggalkan rumahnya, saudaranya laki-laki atau saudaranya perempuan, ibunya atau bapanya, anak-anaknya atau ladangnya, orang itu sekarang pada masa ini juga akan menerima kembali seratus kali lipat: rumah, saudara laki-laki, saudara perempuan, ibu, anak dan ladang, sekalipun disertai berbagai

penganiayaan, dan pada zaman yang akan datang ia akan menerima hidup yang kekal."

Markus 10:28-30

Dalam perikop ayat ini Yesus berkata: "Pada waktunya, apa pun juga yang engkau kurbankan akan dikembalikan kepadamu, secara berlipatganda." Bukan hanya di alam baka nanti, tetapi selagi di dunia *ini* juga.

Maukah Anda Menemukan Hidup yang Dirancang Khusus untuk Anda?

Ada aspek keempat dari kehidupan baru itu: Jika Anda menerima tanpa syarat panggilan Tuhan atas hidup Anda, Tuhan sendiri akan memastikan bahwa kehidupan yang Ia tawarkan itu adalah kehidupan yang dirancang khusus untuk Anda (seperti pakaian yang dijahit persis menurut ukuran badan).

SESUNGGUHNYA TUHAN TELAH MENCIPTAKAN DIRI ANDA UNTUK MENJALANI SUATU POLA KEHIDUPAN TERTENTU.

Sesungguhnya Tuhan telah menciptakan diri Anda untuk menjalani suatu pola kehidupan tertentu. Nanti akan kita lihat di bab 3, "Tujuh Langkah untuk Menemukan Tempat Anda" setelah Anda diselamatkan. Sesungguhnya Anda diselamatkan untuk panggilan khusus itu. Malahan sebelum benar-benar menjalani panggilan khusus itu, Anda akan frustrasi dan merasa tujuan hidup Anda tidak tercapai. Tentu saja, Anda akan tetap masuk surga, meskipun tidak juga menemukan tujuan hidup Anda, tetapi Anda tak mendapat kesempatan untuk mengalami hal yang paling indah dalam hidup Anda di dunia ini.

Dalam periode tahun 1940-1949 saya memiliki jabatan *fellow* di perguruan King's College, Universitas Cambridge (anggota pucuk pimpinan sekaligus staf inti pengajar). Pada akhir Perang Dunia II pimpinan lembaga menawarkan saya untuk mengajar kembali sebagai profesor di universitas tersebut. Saya membalas surat mereka: "Maafkan, saya tidak bisa mengajar lagi, karena sekarang saya sudah menjadi seorang Kristen." Semestinya kalimat surat saya tidak harus kaku begitu. Tetapi pada intinya saya menolak tawaran mereka, karena Tuhan telah menyediakan suatu panggilan atau tujuan hidup yang lain bagi saya.

Sekarang, bayangkan saja bagaimana seandainya saya jadi menerima tawaran mereka waktu itu. Maka pada usia 65 tahun saya pasti sudah menjadi seorang pensiunan. Mungkin saat ini saya akan tinggal di sebuah rumah mungil, dengan menerima uang pensiun yang sekadarnya. Tetapi lihatlah. Saya sekarang sudah jauh lebih tua umurnya, tetapi masih bisa berkeliling dunia dengan tubuh yang sehat, dan aktif menjalani kehidupan yang penuh tantangan dan mengasyikkan.

Ternyata kehidupan saya sekarang ini cocok benar untuk saya. Kalau ditaruh di tempat yang lain, pasti tidak akan pas. Tetapi untuk menemukan kehidupan ini, pertama-tama saya harus "kehilangan" kehidupan saya yang lama. Boleh dikata, ketika Tuhan memanggil saya ke negeri Israel dan bangsa Yahudi, saya meninggalkan segala sesuatu, lalu Tuhan mengutus saya ke segala bangsa. Hal itu tidak terjadi serta merta. Yang penting, Tuhan menempatkan diri saya dalam posisi tertentu, dan ketika taat kepada-Nya, saya harus berserah total. Saya melepaskan hak atas kewargaan Inggris, tanah air saya sendiri, kemudian harus terus tinggal di luar negeri. Saya harus melepaskan keluarga darah daging saya. Bukan berarti saya memisahkan diri, tetapi apa yang diminta keluarga dari saya kalah pentingnya dibandingkan apa yang diminta Yesus dari hidup saya.

Tetapi Tuhan sungguh setia. Saya tak akan pernah mau menukarkan kehidupan saya dengan orang lain. Sekalipun ditukarkan dengan kehidupan keluarga bangsawan Inggris, atau perdana menteri mana pun juga, atau dengan siapa pun. Inilah kehidupan yang telah ditetapkan Tuhan bagi saya.

Renungkan Baik-baik Keputusan Anda

Maukah Anda mengetahui apa sesungguhnya pekerjaan, posisi, relasi-relasi, serta pelayanan yang telah Tuhan siapkan bagi Anda? Maukah

Anda memasuki posisi khusus di mana Tuhan sudah menyediakan segala fasilitas, serta wewenang dan tanggung jawab yang dirancang khusus untuk Anda – baik di dunia ini maupun di alam baka kelak? Maukah Anda meresponi panggilan-Nya?

Roh Allah memperhatikan semua orang secara pribadi. Boleh jadi Ia sedang bicara kepada Anda saat ini dan juga berkata kepada Anda: *Ikutlah Aku, Berikan kehidupanmu untuk mengabdi kepada-Ku.* Pikirkanlah hal ini sejenak. Cobalah Anda mencari tempat yang sepi, di mana Anda bisa bercakap-cakap sendirian dengan Tuhan. Siapa tahu, Tuhan mempunyai sesuatu yang hendak Ia sampaikan kepada Anda. Sebaiknya Anda bersedia untuk mendengarnya.

Kedua penjala ikan, yaitu Andreas dan Petrus sedang sibuk menjala ikan, ketika Yesus berjalan melewati mereka dan berkata: "Ikutlah Aku". Tatkala Yesus memanggil Yakobus dan Yohanes, mereka sedang duduk di perahu bersama ayah mereka. Menurut Alkitab, mereka *segera* meninggalkan jalanya – yaitu mata pencarian mereka – dan juga sanak keluarganya. Lalu mereka mengikut Dia.

Begitu juga, Anda bisa menemukan sendiri apa yang menjadi panggilan atau tujuan hidup Anda yang sejati. Ini bukan sesuatu yang rumit. Malahan, seperti Anda akan lihat nanti, semua itu benar-benar praktis. Di buku ini Anda akan belajar untuk mengetahui di mana "tempat" Anda sebenarnya dan apa saja potensi yang Anda miliki. Anda akan semakin berkembang dalam kepekaan untuk mendengar suara Roh Kudus. Anda juga akan mulai tahu, apa yang akan paling menghalangi Anda untuk meresponi panggilan tersebut. Dengan penuh keyakinan dan keberanian Anda akan menghadapi tugas hidup Anda pada akhir zaman ini, sementara menyelaraskan diri dengan panggilan hidup Anda yang disiapkan oleh Tuhan.

Yesus ingin membawa Anda ke suatu posisi di mana Anda akan diberi suatu tugas dan tanggungjawab yang luar biasa -- sebagai seorang imam dan raja dalam Kerajaan-Nya. (Lihat 1 Petrus 2:5, 9; Wahyu 1:6.) Semua roh jahat, kuasa gelap dan Iblis, pimpinannya akan berusaha mati-matian untuk menghentikan langkah Anda. Jadi, bagaimanakah keputusan Anda? Mari kita meneliti lebih jauh, apakah artinya mengenali Panggilan Hidup Anda itu.

2

Apakah Arti Sebuah Panggilan Hidup?

Karena itu, saudara-saudaraku, berusahalah sungguh-sungguh supaya panggilan dan pilihanmu makin teguh.

2 Petrus 1:10

AYAT yang tercantum di atas sangat menarik perhatian saya. Saya merasakan, betapa pentingnya yang dikatakan di sana. Ada cukup banyak orang Kristen yang mengenal akan Tuhan, namun menurut hemat saya, hanya sedikit di antaranya yang benar-benar tahu panggilan hidup mereka sehingga menjadi semakin teguh. Banyak orang Kristen bahkan sama sekali tidak tahu apa panggilan hidupnya. Mudah-mudahan melalui buku ini saya dapat membuat Anda lebih mengerti kebenaran-kebenaran dasar mengenai panggilan hidup itu, supaya dapat menerapkannya dalam hidup Anda.

Istilah *calling* (panggilan) dalam ayat itu terdapat di kebanyakan terjemahan Alkitab bahasa Inggris. Ada dua istilah lain dalam bahasa Inggris yang artinya kurang lebih sama, yaitu *invitation* (undangan) atau *summons* (panggilan untuk menghadap). Sesungguhnya, momen ketika Tuhan meminta Anda untuk memperhatikan panggilan-Nya merupakan momen paling bermakna dalam kehidupan Anda. Respon atau tanggapan Anda akan menentukan takdir atau tujuan akhir Anda di dunia ini maupun di alam baka.

Dari pengalaman saya sendiri, terus terang sampai mencapai usia 24 tahun saya belum mengenal Tuhan secara pribadi. Saya dibawa orang tua saya untuk beribadah di Gereja Anglikan dan ambil bagian dalam berbagai ritual dan kebaktian sambil memenuhi persyaratan tertentu. Pada waktu itu saya bahkan belum tahu bahwa orang bisa mengenal Tuhan secara pribadi.

Lalu, ketika saya sedang menjalani wajib militer sebagai serdadu Inggris, tiba-tiba dalam sebuah kebaktian yang saya hadiri saya menerima panggilan hidup dari Tuhan. Waktu itu saya belum tahu mengenai doktrin keselamatan atau "kelahiran baru" atau pun kebenaran Injil. Saya benar-benar buta mengenai semua itu. Namun ada satu hal yang saya tahu: pada saat itu Tuhan menawarkan sesuatu, dan saya merasa bahwa mungkin tak ada kesempatan lain lagi untuk meresponi-Nya. Pengalaman itu demikian menggetarkan, sehingga saya merasa harus membuat sebuah keputusan. Dan seandainya saya tidak membuat keputusan pada saat itu juga, mungkin saya tak berhak untuk mengharapkan kembali panggilan itu datang untuk kedua kalinya.

Saya sedih bila melihat orang kurang menghargai anugerah Tuhan, sehingga menolak untuk bersikap atau membuat suatu komitmen. Jika Anda belum pernah mendapat panggilan Tuhan, dan akan menghadapi panggilan itu setelah membaca buku ini, janganlah Anda pikir bahwa mungkin akan ada kesempatan lagi. Walau itu bisa saja terjadi. Bahkan mungkin Anda mendapat banyak kesempatan lagi. Tetapi janganlah berasumsi demikian. Bukankah kurang ajar, kalau Tuhan menyampaikan suatu undangan dan Anda bersikap acuh tak acuh?

Segala Sesuatu Bekerja Bersama

Sesungguhnya, panggilan Tuhan atas hidup kita berkaitan langsung dengan seluruh rencana dan maksud tujuan-Nya. Di sini kita kembali menyebut mengenai kedaulatan Tuhan, sebuah topik yang sudah saya singgung di bab terdahulu. Dan bahwa kita harus memutuskan untuk meresponinya atau tidak. Mari kita mulai melihat ayat berikut ini yang sudah tidak asing lagi:

Kita tahu sekarang, bahwa Allah turut bekerja dalam segala sesuatu untuk mendatangkan kebaikan bagi mereka yang mengasihi Dia, yaitu bagi mereka yang terpanggil sesuai dengan rencana Allah.

Roma 8:28

Perhatikan kata *terpanggil* itu. Di sini tidak dikatakan Allah turut bekerja dalam segala sesuatu untuk mendatangkan kebaikan *bagi semua orang*. Hal itu hanya berlaku bagi orang-orang yang bersedia meresponi panggilan-Nya. Apabila Anda meresponi panggilan tersebut, sesungguhnya Anda menjadi bagian dari sebuah kelompok manusia yang khusus dan segala rencana Tuhan itu mengacu kepada kelompok itu.

Ijinkan saya untuk menyampaikan begini: Sekiranya bisa menangkap pesan ini, mulai sekarang Anda tak akan pernah lagi merasa bahwa diri Anda hanyalah seperti titik debu yang "kebetulan" terbang bebas di alam semesta ini. Anda takkan pernah merasa diri Anda suatu "kebetulan". Anda akan menyadari bahwa diri Anda adalah bagian yang tak terpisahkan dari rencana Tuhan yang abadi.

Dalam Alkitab diungkapkan bahwa ada tujuh langkah yang ditempuh Tuhan supaya segala sesuatu bekerja sama demi kebaikan orang-orang yang meresponi Dia. Sesungguhnya, sebelum panggilan-Nya datang dalam hidup kita, Tuhan telah selesai melakukan tiga hal berikut ini: Dia telah *mengenal kita dari semula*; Dia telah *memilih kita* dan Ia telah *menetapkan takdir* (masa depan) kita. Sesudah itu, Ia akan mengambil langkah keempat dan *memanggil* kita. Jikalau kita meresponi panggilan-Nya, Ia akan mengambil langkah kelima dan *menyelamatkan* kita. Dengan demikian, Tuhan dapat mengerjakan dua langkah terakhir, yaitu: *membenarkan* dan *memuliakan* kita. Masing-masing langkah atau tahapan itu akan kita perhatikan satu-persatu.

Ia Mengenal Kita dari Semula

Panggilan kita berawal dari pengetahuan Allah yang sejak abadi sudah mengenal pribadi kita.

Sebab semua orang yang dipilih-Nya dari semula [terjemahan New International Version: *yang dikenal-Nya dari semula*], mereka juga ditentukan-Nya dari semula untuk menjadi serupa dengan gambaran Anak-Nya, supaya Ia, Anak-Nya itu, menjadi yang sulung di antara banyak saudara. Dan mereka yang ditentukan-Nya dari semula, mereka itu juga dipanggil-Nya. Dan mereka yang dipanggil-Nya, mereka itu juga dibenarkan-Nya. Dan mereka yang dibenarkan-Nya, mereka itu juga dimuliakan-Nya.[1]

Roma 8:29-30

Tuhan mengenal kita dari semula. Ia mengenal kita sejak awal. Ia mengenal kita sebelum kita dilahirkan. Ia mengenal kita sebelum kita diberi nama tertentu. Ia sudah mengenal kita dari kekekalan.

Pengetahuan atau pengenalan Allah itu tiada terbatas. Misalnya, menurut Alkitab, Tuhan mengenal semua bintang di langit dan memanggil semua bintang itu dengan namanya masing-masing. Menurut para ilmuwan, di jagat raya yang terlihat oleh mata manusia ini saja terdapat sekitar 50 milyar trilyun bintang. *Bermilyar trilyun* bintang bertebaran di jagat raya, dan Tuhan mengenalnya satu-per-satu berdasarkan namanya.

Tuhan juga memperhatikan setiap burung pipit yang kecil mungil. Yesus berkata, dua ekor burung pipit dijual dengan harga sekeping tembaga, tetapi lima burung pipit dijual dengan harga dua buah keping. (Lihat Matius 10:29; Lukas 12:6. Dan kalau orang memborong banyak burung pipit, burungnya akan ditambah satu.) Namun tak satu pun burung pipit itu jatuh ke tanah tanpa Tuhan mengetahuinya. Sampai ada orang yang pernah berkata: "Tuhan masih punya waktu untuk menghadiri pemakaman burung pipit." Tak ada satu pun burung pipit di jagat raya ini yang tidak Tuhan ketahui.

---

[1] Roma 8:28-30, BIMK: "Kita tahu bahwa Allah mengatur segala hal, sehingga menghasilkan yang baik untuk orang-orang yang mengasihi Dia dan yang dipanggil-Nya sesuai dengan rencana-Nya. Mereka yang telah dipilih oleh Allah, telah juga ditentukan dari semula untuk menjadi serupa dengan Anak-Nya, yaitu Yesus Kristus. Dengan demikian Anak itu menjadi yang pertama di antara banyak saudara-saudara. Begitulah Allah memanggil mereka yang sudah ditentukan-Nya terlebih dahulu dan mereka yang dipanggil-Nya itu, dimungkinkan-Nya berbaik kembali dengan Dia. Dan mereka yang dimungkinkan-Nya berbaik kembali dengan Allah, mengambil bagian dalam hidup Allah sendiri."

Lalu Yesus berkata: "Dan kamu, rambut kepalamu pun terhitung semuanya" (Matius 10:30; Lukas 12:7). Tuhan mengetahui persis berapa banyak rambut yang ada di kepala Anda.

Kemahatahuan Tuhan itu mencakup seluruh jagat raya, mulai dari bintang-bintang di langit dan burung-burung pipit yang terbang sampai rambut di kepala Anda. Yang diketahui bukan hanya mengenai masa kini, tetapi juga mengenai kekekalan. Seandainya kita sedikit saja mengerti betapa luasnya jangkauan pengetahuan Allah, mungkin kita akan bersikap lebih hati-hati mengenai kehidupan kita.

Ia Memilih Kita

Tuhan mengenal diri kita, dan Ia pun memilih kita. Surat kiriman Rasul Petrus yang pertama menyebut mengenai sekelompok umat Kristen, bahwa mereka itu "orang-orang yang dipilih, sesuai dengan rencana Allah, Bapa kita" [terjemahan alternatif: "yang terpilih berdasarkan *prapengetahuan* Allah Bapa"]. Orang-orang Kristen ini dipilih berdasarkan prapengetahuan Allah.

Jadi, panggilan atas hidup Anda itu bukan merupakan hal yang baru belakangan mulai terpikir oleh Tuhan. Tuhan tidak pernah menyelamatkan seseorang, lalu "garuk-garuk kepala" dan berkata: "Nah, sekarang pekerjaan apa pula yang harus Kuberikan padanya? Tugas apa pula yang harus Kuberikan di gereja?" Tidak, Tuhan menyelamatkan kita karena sejak semula Ia sudah mempunyai sebuah rencana untuk kita.

Dapatkah Anda membayangkan hal ini? Bayangkan: sebelum dunia ada, sebelum Tuhan mulai menciptakan segala sesuatu, ternyata Ia sudah mempunyai sebuah rencana untuk Anda. Mengertikah Anda, betapa pentingnya Anda itu? Saya paling sedih mendengar orang Kristen yang berkata bahwa dirinya tidak penting dan tidak berarti. Sebenarnya, tak ada satu pun orang Kristen yang tidak penting. Masing-masing kita dianggap sangat penting.

Selanjutnya, kalau Tuhan memilih Anda untuk melakukan sesuatu bagi-Nya, berarti Ia tahu Anda akan sanggup mengerjakannya. Tuhan tidak pernah memilih Anda untuk melakukan sesuatu yang tak sanggup Anda lakukan dengan pertolongan dan kasih karunia-Nya. Jangan sekali-kali lari dari panggilan hidup Anda oleh karena alasan takut gagal.

Ia Menentukan Kita Dari Semula

Lalu, setelah mengenal dari semula dan memilih kita, kita "juga ditentukan-Nya dari semula" (Roma 8:29).

Beberapa kalangan gereja secara ekstrim telah menyalahartikan makna dari istilah *predestined* (ditakdirkan) ini. Sesungguhnya, Tuhan tidak menakdirkan kita sekadar untuk diselamatkan. Yang Ia takdirkan adalah bahwa kita akan dijadikan serupa dengan Tuhan Yesus. Saya ragu, kalau ada orang yang berkata bahwa ia telah ditakdirkan untuk diselamatan, namun tidak terlihat adanya buah dalam kehidupannya. Tetapi apabila saya melihat seseorang telah menjadi serupa dengan gambar Yesus Kristus, mau tak mau saya percaya bahwa hal itu telah ditakdirkan. Hal itu tak mungkin terjadi dengan cara yang lain.

Ditakdirkan itu berarti bahwa Tuhan telah merencanakan sebelumnya perjalanan hidup Anda. Sesungguhnya, Tuhanlah yang mengatur perjalanan hidup Anda. Tuhan tahu, di mana Anda akan berada setiap hari dalam seminggu, setiap jam dari setiap hari. Ia mengetahui masalah-masalah dan krisis yang akan Anda alami, dan untuk semua itu Ia sudah mempunyai jalan keluarnya. Tuhan tak pernah terkejut dengan situasi tertentu. Tiada sesuatu terjadi di jagat raya ini yang belum Ia persiapkan sebelumnya, bagaimana mengatasinya.

Di dalam kekekalan, inilah tiga tindakan yang telah dibuat Tuhan mengenai diri kita. Tuhan tidak pernah menanyakan pendapat kita mengenai tiga langkah tersebut. Bahkan, kita tidak tahu-menahu tentang ketiga hal itu. Ketiga fase itu bahkan tidak terjadi dalam periode "waktu" yang kita kenal. Semuanya terjadi dalam kekekalan, jauh sebelum yang namanya "waktu" mulai ada.

Tuhan mengenal kita dari semula, Ia memilih dan menetapkan kita dari semula (menakdirkan kita). Di masa modern ini kita kagum akan hal-hal yang dapat dikerjakan oleh komputer. Tetapi perlu Anda ketahui, semua komputer itu tak bisa menyamai kemampuan komputer surgawi! Betapa menakjubkan! Tak ada setitik debu di jagat raya ini, tak ada satu pun serangga yang lolos dari perhatian Tuhan. Dan kita, anak manusia, sesungguhnya merupakan bagian utama dari rencana Tuhan itu.

Ia Memanggil Kita

Kita melanjutkan dengan Roma 8:30, di mana kita membaca: "Dan mereka yang telah ditentukan-Nya dari semula, mereka itu juga dipanggil-Nya." Tahapan keempat adalah momen ketika panggilan Tuhan datang.

Tuhan mengenal kita dari semula, memilih dan mem-pratetapkan kita, kemudian pada suatu momen tertentu Ia mengintervensi kehidupan kita dan *memanggil* kita. Panggilan Tuhan ini terjadi ketika rencana Allah yang abadi (kekal) "meninggalkan" zona keabadian dan berdampak atas diri kita dalam zona yang kita sebut "waktu". Itu sebabnya, panggilan tersebut merupakan momen yang sangat menentukan dalam kehidupan. Boleh jadi Anda seperti saya juga — yang tadinya menjalani kehidupan yang tiada mempedulikan apa pun, menyenangkan diri sendiri, materialistis, memanjakan diri, dan tidak menyadari bahwa Tuhan sesungguhnya mempunyai sebuah rencana bagi saya. Lalu tiba-tiba saya menghadapi kenyataan bahwa Tuhan memanggil saya, dalam situasi tertentu yang tak pernah saya bayangkan sebelumnya. Dan seluruh takdir hidup saya akan ditentukan berdasarkan respon saya. Keabadian pun akan terlalu singkat bagi saya untuk memuji kebaikan Tuhan, oleh karena pada akhirnya saya berkata: "Ya" kepada Tuhan, semata-mata karena kasih karunia-Nya.

Percayalah, Saudara. Saya sama sekali tidak mempunyai gambaran mengenai apa yang saya setujui waktu itu. Biasanya Tuhan tidak memberi kita gambaran yang terlalu jelas. Tetapi beberapa minggu sesudah menerima panggilan itu, Tuhan mulai memberi saya semacam *blue print* (cetak-biru) mengenai kehidupan yang akan saya tempuh. Tuhan berbicara kepada saya melalui Roh Kudus: *Kehidupanmu akan menjadi seperti sebuah aliran air yang kecil, aliran air itu akan menjadi sebuah sungai, sungai itu akan menjadi sebuah sungai yang besar, lalu sungai yang besar itu akan menjadi sebuah lautan, dan lautan itu akan menjadi sebuah samudera yang besar.* Dalam hati saya mulai berpikir, *Tuhan sedang bicara apa, sih?* Tetapi sedikit demi sedikit saya mulai mengerti bahwa Tuhan mengatakan sesuatu yang akan menjadi perjalanan hidup saya.

Sekarang ini jangkauan pelayanan saya mungkin sudah mencapai hampir separuh penduduk dunia ini. Kalau pun mengetahuinya waktu itu, maka Anda pun akan mengakui bahwa rencana tersebut telah secara konsisten digarap Tuhan selama lebih dari 60 tahun, dan ia masih melebar terus sampai sekarang. Dulu saya berpikir, apa yang harus saya lakukan supaya semua itu menjadi kenyataan? Tetapi dengan semakin lanjut usia saya ini, semakin saya sadari bahwa semua itu terjadi semata-mata karena Tuhan yang mengatakan bahwa hal itu akan terjadi. Dari saya hanya diminta untuk tetap selaras dengan rencana Tuhan. Sebagian besar janji Tuhan memang terlalu besar untuk digapai dengan kekuatan kita sendiri. Kita harus menyambutnya dengan iman dan berkata: "Ya Tuhan, Engkau yang berkata demikian, Engkaulah yang melakukannya."

Tuhan Menyelamatkan Kita

Apabila Anda meresponi panggilan-Nya, Ia akan menyelamatkan Anda.

Sudah saya katakan, saya mencapai usia 24 tahun tanpa mengetahui tentang kemungkinan untuk menerima keselamatan. Mungkin Anda pun dalam keadaan seperti itu. Saya mau berkata kepada Anda: Anda pun dapat menerima keselamatan dan percaya bahwa diri Anda sudah diselamatkan. Pertama-tama, bacalah Surat Tesalonika. Di situ Rasul Paulus menulis kepada orang-orang yang sudah percaya kepada Tuhan Yesus dan menjadi pengikut-Nya. Paulus menulis: "Akan tetapi kami harus selalu mengucap syukur kepada Allah karena kamu, sebab Allah dari mulanya telah memilih kamu untuk diselamatkan dalam Roh yang menguduskan kamu dan dalam kebenaran yang kamu percayai" (2 Tesalonika 2:13).

Tuhanlah yang memilih Anda untuk diselamatkan. Yesus pun berkata kepada para rasul-Nya: "Bukan kamu yang memilih Aku, tetapi Akulah yang memilih kamu" (Yohanes 15:16). Anda tak mungkin diselamatkan kalau bukan Tuhan yang memilih Anda. Yang membuat pilihan pada mulanya itu bukanlah kita sendiri. Paling-paling, kita hanya dapat meresponi.

Dalam karya Tuhan, hanya pilihan Tuhanlah yang benar-benar berarti. Kita bisa saja memilih seorang presiden, kita bisa saja mengangkat orang untuk jabatan hakim, kita bisa saja menyatakan seseorang menjadi penatua dalam gereja. Tetapi jika bukan Tuhan yang memilihnya, maka tak akan ada buahnya. Yesus berkata: "Dan Aku telah menetapkan kamu, supaya kamu pergi dan menghasilkan buah dan buahmu itu tetap" (Yohanes 15:16). Bila kita menyimpang dari pilihan Tuhan, bisa saja kita melakukan segala macam upaya agama, tetapi kita tak akan menghasilkan buah yang tetap.

Selebihnya ayat dari 2 Tesalonika 2:13 itu berkata bahwa "Allah dari mulanya telah memilih kamu untuk diselamatkan dalam Roh yang menguduskan kamu dan dalam kebenaran yang kamu percayai." Roh Kudus mempersiapkan dan menuntun Anda ke tempat di mana Anda akan bertemu dengan Tuhan. Apabila Anda dipanggil Tuhan, Anda dipanggil kepada keselamatan. Tetapi panggilan Tuhan itu barulah dimulai pada saat Anda diselamatkan.

Saya ingin memperjelas hal ini: *Bisa saja Anda sudah diselamatkan. Tetapi mungkin juga Anda belum pernah menemukan panggilan atau tujuan hidup Anda*, yaitu tujuan yang untuknya Tuhan menyelamatkan Anda. Itu menyedihkan sekali. Saya tak dapat terlalu menekankan betapa sakralnya panggilan Tuhan itu. Panggilan itu mengandung konsekuensi yang luar biasa untuk kita masing-masing.

Tuhan Membenarkan Kita

Sesudah Tuhan menyelamatkan kita, ada dua tindakan yang terakhir dalam proses ini, yaitu Tuhan *membenarkan* dan *memuliakan* kita.

Dalam Roma 8 dua istilah tadi disebutkan dengan memakai kata kerja Yunani dalam bentuk lampau: "Dan mereka juga yang dipanggil-Nya, mereka itu juga *dibenarkan*-Nya, Dan mereka yang dibenarkan-Nya, mereka itu juga *dimuliakan*-Nya" (Roma 8:30). Sesuai dengan rencana abadi Allah, kedua hal itu bukan sesuatu yang akan terjadi di kemudian hari. Kedua hal itu *sudah* terjadi di waktu lampau, dalam kekekalan.

Dalam bahasa Inggris istilah *dibenarkan* ini adalah *justification*, dan istilah ini hampir sama dengan istilah yang telah kita lihat sebelumnya, yaitu *predestination* (takdir). Sama seperti *predestination*, istilah *justification* memang merupakan istilah teologia yang menimbulkan rasa takut dan gentar pada beberapa pihak. Banyak orang takut memakai kata-kata tersebut. Padahal *justification* (dibenarkan) itu sesungguhnya merupakan salah satu kebenaran Perjanjian Baru yang luar biasa, bahkan juga dalam seluruh Alkitab.

NAMUN KITA TAK BOLEH PUAS BAHWA KITA HANYA *DIANGGAP* (DIPERHITUNG-KAN) BENAR SAJA.

Apa artinya, bahwa seseorang dibenar-kan? Sesungguhnya, maknanya cukup banyak. Pertama, artinya dibebaskan da-ri suatu kejahatan yang dituduhkan. Hal itu adalah vonis pengadilan surgawi atas kehidupan Anda (dan saya juga): "Dinyatakan tidak bersalah." Kata *justified* dalam bahasa Inggris ini sudah sering saya katakan adalah: *"Just-as-if-I'd'* never sinned" (seolah-olah saya belum pernah berbuat dosa). Kita dinyatakan benar – karena Allah membenarkan kita. Kita dibenarkan oleh kebenaran Allah (Dia sendiri yang belum pernah berdosa dan tak ada kesalahannya, dan tak perlu diampuni kesalahan masa lalunya). Kita dibenarkan (dijadikan benar) dengan kebenaran Allah.

Namun kita tak boleh puas bahwa kita hanya *dianggap* (diperhi-tungkan) benar saja. Sebab kita harus juga *menjadi* benar. Kebenaran diterima sebagai hadiah pemberian. Tetapi tak boleh begitu saja. Harus ada respon tertentu dari diri kita. Paulus menjelaskannya dengan sangat jernih dalam Filipi 2:12-13: "Hai saudara-saudaraku yang kekasih, kamu senantiasa taat; karena itu tetaplah kerjakan keselamatanmu dengan takut dan gentar, bukan saja seperti waktu aku masih hadir, tetapi terlebih pula sekarang waktu aku tidak hadir, karena Allahlah yang mengerjakan di dalam kamu baik kemauan maupun pekerjaan menurut kerelaan-Nya."

Dibenarkan itu harus beranjak dari kebenaran yang diperhitungkan menjadi kebenaran yang tercipta dalam diri kita. Kita tidak mulai dulu dengan perbuatan-perbuatan kita yang benar. Tetapi kita memulai dengan kebenaran yang diperhitungkan Allah, karena iman kita akan keselamatan. Sesudah itu, kita melakukan dalam praktik apa yang telah Tuhan kerjakan dalam batin kita.

Tuhan Memuliakan Kita

Paulus berkata di Roma 8:30: " ... mereka yang dibenarkan [Tuhan], mereka itu juga dimuliakan-Nya." Pengajaran Paulus di sini tidak berhenti dengan penyelamatan diri kita. Pengajaran Paulus tidak diakhiri dengan dibenarkannya kita oleh Tuhan. Ia mengakhiri dengan fakta bahwa Tuhan memuliakan kita.

Perhatikan, bahwa dalam Alkitab bahasa Yunani, kata kerja ini pun dalam bentuk lampau. Jika sejauh ini Anda dapat percaya bahwa Tuhan *sudah* menyelamatkan dan membenarkan diri Anda, maka berdasarkan ayat-ayat Alkitab yang sama Anda pun dapat percaya bahwa Anda *sudah* dimuliakan. Memang benar, ada hal-hal ajaib yang masih akan dialami di masa mendatang, namun "pemuliaan" itu sudah kita alami sekarang juga. Kita mengalami dimuliakan sekalipun masih hidup di dunia yang fana.

"Dimuliakan" itu sesungguhnya berarti mengambil bagian dalam kemuliaan Kristus. Sebelum Yesus dipakukan di kayu salib, Ia berdoa secara profetik kepada Bapa mengenai para pengikut-Nya: "Dan Aku telah memberikan kepada mereka kemuliaan, yang Engkau berikan kepada-Ku" (Yohanes 17:22). Perhatikan, Yesus tidak berkata hal itu *akan terjadi*, tetapi berkata Ia *telah* memberikan kemuliaan-Nya kepada mereka. Jadi, sesungguhnya hal ini sudah terjadi. Kemuliaan itu tersedia karena kematian-Nya sebagai kurban Agung, kebangkitan-Nya dalam kemenangan serta naiknya Ia ke surga.

Kita semua dibenarkan, karena kebangkitan Yesus dari kematian. Tetapi Tuhan tidak berhenti disana. Ia membawa kita dari kebangkitan itu kepada kenaikan Yesus ke surga. Dengan kenaikan Yesus itu kita bukan saja di-benar-kan, tetapi juga dimuliakan. Baiklah, saya akan mengulanginya kembali: Kita telah dibenarkan karena kebangkitan Yesus dari kematian dan kita telah dimuliakan karena kenaikan Yesus ke surga.

Hal ini dengan jelas disampaikan Paulus dalam Efesus 2:4-6:

> Tetapi Allah yang kaya dengan rahmat, oleh karena kasih-Nya yang besar, yang dilimpahkan-Nya kepada kita, telah menghidupkan kita bersama-sama dengan Kristus, sekalipun kita telah mati oleh kesalahan-kesalahan kita – oleh kasih karunia kamu diselamatkan – dan di dalam Kristus Yesus Ia telah membangkitkan kita juga dan memberikan tempat bersama-sama dengan Dia di surga.[2]

Perhatikanlah sekali lagi: Ketiga tindakan yang dilakukan Tuhan itu semuanya dinyatakan dalam kata kerja bentuk lampau. Artinya, Tuhan *sudah* menghidupkan kita kembali bersama-sama Kristus. Ia sudah membangkitkan kita kembali dari maut bersama Kristus – tetapi jangan berhenti sampai di situ saja – selanjutnya Ia sudah mendudukkan kita bersama Kristus di tempat surgawi. Di atas tempat apakah Yesus didudukkan? Dan jika kita, umat-Nya didudukkan bersama Yesus, apakah gerangan tempat yang kita duduki itu? Takhta Allah! Dalam terjemahan *New English Bible* dikatakan: "Ia mendudukkan [mentakhtakan] kita bersama Dia." Terjemahan tersebut sungguh menyampaikan apa yang sebenarnya terjadi. Kita telah dibenarkan oleh kebangkitan Yesus dari kematian. Tetapi kita telah dimuliakan oleh kenaikan Yesus ke surga. Kini kita sama-sama berada dalam kemuliaan bersama Dia.

Paulus berkata begini dalam Kolose 3:1-3 mengenai kemuliaan kita:

> Karena itu, kalau kamu dibangkitkan bersama dengan Kristus, carilah perkara yang di atas, di mana Kristus ada, duduk di sebelah kanan Allah. Pikirkanlah perkara yang di atas, bukan yang di bumi. Sebab kamu telah mati dan hidupmu tersembunyi bersama Kristus di dalam Allah.[3]

---

[2] Efesus 2:4-6, BIMK: "Tetapi betapa besarnya kemurahan hati Allah! Ia begitu mengasihi kita, sehingga pada waktu kita masih mati secara rohani karena pelanggaran-pelanggaran kita, Ia menghidupkan kita kembali bersama-sama dengan Kristus. Jadi, hanyalah karena kebaikan hati Allah, kalian diselamatkan oleh-Nya. Karena kita bersatu dengan Kristus Yesus, Allah menghidupkan kita kembali bersama-sama dengan Dia, supaya kita memerintah juga bersama-sama Dia di dalam surga."

[3] Kolose 3:1-3, BIMK: "Kalian sudah dihidupkan kembali bersama-sama Kristus. Sebab itu haruslah kalian berusaha untuk mendapat hal-hal yang di surga, di mana Kristus memerintah

Bab ini kita awali tadi dengan menunjuk kepada takdir kita di dalam Tuhan. Itulah sesungguhnya yang dikatakan Rasul Paulus dalam ayat ini. Ketika Yesus mati di kayu salib, Anda pun telah mati bersama Yesus (kehidupan lama yang penuh dosa). Tetapi kini Anda sudah hidup kembali bersama Dia, bahkan sudah duduk di atas takhta bersama Yesus. Kehidupan Anda tersembunyi bersama Kristus di dalam Allah. Bayangkan! Anda telah disembunyikan bersama Kristus di dalam Allah! Dapatkah Anda bayangkan posisi

KEHIDUPAN ANDA TERSEMBUNYI BERSAMA KRISTUS DI DALAM ALLAH.

yang lebih terhormat dari itu? Selanjutnya, Paulus berkata: "Apabila Kristus, yang adalah hidup kita, menyatakan diri kelak, kamu pun akan menyatakan diri bersama dengan Dia dalam kemuliaan"[4] (ayat 4).

Cobalah Anda menangkap hal ini. Kristus adalah kehidupan Anda. Tiga buah kata yang pendek itu dapat mengubahkan sepenuhnya sikap Anda terhadap kehidupan ini. Itulah puncak rencana Tuhan yang begitu indah, bahwa kita akan dimuliakan bersama dengan Kristus.

Kembali ke keabadian

Paulus menulis dalam surat kirimannya yang kedua kepada Timotius:

> Dialah yang menyelamatkan kita dan memanggil kita dengan panggilan kudus, bukan berdasarkan perbuatan kita, melainkan berdasarkan maksud dan kasih karunia-Nya sendiri, yang telah dikaruniakan kepada kita dalam Kristus Yesus sebelum permulaan zaman.[5]

2 Timotius 1:9

---

bersama dengan Allah. Arahkan pikiranmu pada hal-hal yang di situ, jangan pada hal-hal yang di dunia. Sebab kalian sudah mati, dan hidupmu tersembunyi bersama Kristus di dalam Allah."

[4] Kolose 3:4, BIMK: "Nah, sumber hidupmu yang sejati adalah Kristus dan bila Ia tampak nanti kalian juga akan tampil bersama-sama dengan Dia dalam kebesaran-Nya!"

[5] 2 Timotius 1:9, BIMK: "Allah menyelamatkan kita dan memanggil kita supaya menjadi umat-Nya sendiri. Ia melakukan itu bukan berdasarkan apa yang kita sudah kerjakan, melainkan berdasarkan rencana-Nya sendiri dan rahmat-Nya. Ia memberikan kita rahmat-Nya melalui Kristus Yesus sebelum dunia ini diciptakan."

Perhatikanlah, bahwa berkali-kali Paulus menengok kembali ke keabadian (kekekalan) untuk menjelaskan apa yang sedang terjadi dalam kehidupan kita saat ini. Tak seorang pun dapat mengerti benar tahapan-tahapan itu tanpa melihatnya dari sudut pandang kekekalan. Karena dalam keabadian itulah rencana dan maksud tujuan Allah tersebut dimulai. Tuhan telah memanggil kita dengan suatu panggilan yang kudus, bukan berdasarkan amal perbuatan kita, tetapi karena rencana dan rahmat-Nya sendiri yang dikaruniakan kepada kita di dalam Kristus Yesus sebelum dunia dijadikan, sebelum dimulainya hitungan waktu.

Jikalau Anda dapat menangkap apa yang saya katakan di sini, mulai sekarang Anda akan bersikap lain mengenai kehidupan ini. Seandainya Anda pernah mengalami kegamangan dan ketidakpastian mengenai hidup ini, saya berani berkata kepada Anda bahwa mulai sekarang kegamangan Anda akan hilang.

Karena sesungguhnya Anda merupakan bagian dari sebuah rencana abadi. Lagipula, jika Anda itu seseorang yang terpilih oleh Tuhan di dalam Yesus Kristus, maka Anda merupakan pusat dari rencana tersebut. Anda bukan berada di pinggiran. Anda bukan sekadar bintang gentayangan di sebuah galaksi yang nun jauh di sana. Anda berada di titik pusat rencana ilahi. Itulah makna dari panggilan hidup Anda. Baiklah, sekarang mari kita belajar lebih lanjut bagaimana caranya menemukan tempat Anda.

3

Tujuh Langkah untuk Menemukan Tempat Anda

TUHAN akan menjaga keluar masukmu, dari sekarang sampai selama-lamanya.

Mazmur 121:8

UNTUK dapat mengetahui panggilan atau tujuan Tuhan dalam hidup kita, ada satu perkara penting yang harus dilakukan. Dan perkara itu dapat disimpulkan dengan sebuah kalimat sederhana: *Temukanlah tempat Anda.* Sebelum menemukan tempat Anda, Anda takkan pernah puas dalam hidup Anda sebagai seorang Kristen.

Di mana Anda berada jelas menentukan segala aspek kehidupan Anda. Antara lain, Tuhan sudah menyediakan tempat tertentu bagi Anda di muka bumi ini. Segala sesuatu ditentukan oleh tempat tinggal Anda, entah itu di New York, Tokyo, London atau Jakarta.

Dalam kitab Amsal Salomo kita membaca: "Seperti burung yang lari dari sarangnya demikianlah orang yang lari dari kediamannya"[1] (Amsal 27:8). Pernahkah Anda melihat seekor burung yang meninggalkan sarangnya, kemudian tidak berhasil menemukan kembali tempatnya itu? Tak ada yang lebih mengenaskan daripada melihat burung seperti

---

[1] Amsal 27:8, BIMK: "Orang yang meninggalkan rumahnya, seperti burung yang meninggalkan sarangnya."

itu. Begitu juga, kalau kita tidak berada di tempat di mana kita seharusnya berada. Saya sudah melayani konseling pada banyak orang, dan terkadang saya terpaksa memberitahu orang yang bersangkutan: "Salah satu masalah adalah bahwa engkau tidak berada di tempat yang telah ditentukan bagimu di muka bumi ini. Di sini sesungguhnya bukan tempatmu. Dan engkau takkan pernah benar-benar tumbuh dan berkembang sebelum menemukan tempatmu."

Tempat yang diperuntukkan Tuhan bagi Anda bukan hanya berbicara mengenai sebuah lokasi di muka bumi. Sesungguhnya Tuhan juga mempunyai pekerjaan atau pelayanan tertentu yang sudah tersedia bagi Anda. Tuhan sudah menyiapkan tempat atau posisi tertentu bagi Anda di dalam Tubuh Kristus. Alkitab berkata, misalnya, bahwa setiap orang Kristen seharusnya menjadi anggota atau bagian dari Tubuh Kristus. Berarti, kita harus berusaha menemukan di mana tempat atau posisi kita sebagai anggota Tubuh Kristus.

Pengajaran saya dalam bab ini dimaksudkan supaya Anda bisa menemukan tempat Anda yang semestinya. Anda tidak akan secara tiba-tiba sampai di situ, tetapi jikalau Anda mengikuti petunjuk yang didapatkan, saya berjanji berdasarkan otoritas Firman Tuhan, bahwa Anda akan menemukannya.

Persembahkanlah Tubuh Anda

Surat kiriman Rasul Paulus kepada jemaat di Roma memberikan petunjuk awal, bagaimana caranya untuk menemukan tempat Anda:

> Karena itu, saudara-saudara, demi kemurahan Allah aku menasihatkan kamu, supaya kamu mempersembahkan tubuhmu sebagai persembahan yang hidup, yang kudus dan yang berkenan kepada Allah: itu adalah ibadahmu yang sejati.

Roma 12:1[2]

Mungkin Anda pernah mendengar atau membaca kalimat khas yang sudah sering saya sampaikan sebelum ini: Apabila membaca kata-

---

[2] Roma 12:l, BIMK: "Saudara-saudara! Allah sangat baik kepada kita. Itu sebabnya saya minta dengan sangat supaya kalian mempersembahkan dirimu sebagai suatu kurban hidup yang khusus untuk Allah dan yang menyenangkan hati-Nya. Ibadatmu kepada Allah seharusnya demikian."

kata *"Karena itu"* dalam Alkitab, sebaiknya kita segera mencari tahu "mengapa" kata-kata tersebut berada di sana. Surat Roma pasal 12 ini dimulai dengan kata-kata *"Karena itu"*: "Karena itu, saudara-saudara, ... aku menasihatkan kamu." Di sini pula, mengapa kata-kata *"karena itu"* muncul di Roma pasal 12? Sudah pasti, karena apa yang sudah diuraikan dalam 11 bab pertama Surat Roma itu. Pada hakikatnya, 11 bab pertama surat Roma itu merupakan suatu penjelasan (yang disampaikan secara logis dan sempurna) mengenai rencana keselamatan Tuhan untuk umat manusia.

Ijinkanlah saya untuk berpesan begini kepada Anda: Apabila Anda mau berkata kepada seseorang yang cukup berpendidikan, bahwa Anda sungguh-sungguh percaya akan Alkitab, janganlah merasa malu atau meminta maaf untuk hal itu. Sesungguhnya, dibandingkan Alkitab, tak ada karya tulis lain yang lebih hebat di bidang intelektual dan penalaran logika. Isi Alkitab itu sungguh luar biasa dan tak terduga dalamnya. Anda dapat membacanya berulang-ulang sampai 50 kali, dan tiap kali Anda akan menemukan sesuatu di dalamnya, sehingga Anda pun berkata: "Mengapa baru sekarang aku melihatnya?"

Mengenai 11 bab pertama surat atau kitab Roma itu, menurut hemat saya, 8 bab yang pertama merupakan petunjuk, bagaimana manusia seharusnya menjalani kehidupan yang penuh Roh Allah. Lalu Roma bab 9, 10 dan 11 secara khusus menyoroti bagaimana Tuhan berurusan dengan bangsa Israel, umat pilihan-Nya. Tiga bab tersebut merupakan bagian yang tak terpisahkan dari surat kiriman Paulus kepada Jemaat Roma, bukan sekadar embel-embel tambahan yang tiada bermakna. Mengapa demikian? Karena tanpa bangsa Israel, rencana keselamatan Tuhan untuk umat manusia dan pendirian kerajaan Allah di bumi tak akan pernah terlaksana.

Segala hal yang tertulis dalam 11 bab pertama kitab Roma itu menggambarkan, betapa tak terduga dalamnya belas kasihan dan rahmat Allah, dan juga betapa sempurnanya apa yang telah Tuhan sediakan bagi umat manusia melalui kematian dan bangkitnya kembali Yesus Kristus dari kuburan. Semuanya mengacu kepada apa yang telah dikerjakan Tuhan bagi kita.

Di sinilah kita membaca Roma 12:1, di mana terdapat kata-kata *"karena itu"* tadi. Jadi, bagaimana semestinya respon kita atas segala sesuatu yang telah dikerjakan Tuhan dan yang Dia berikan secara cuma-cuma kepada kita? Saya sungguh diberkati sebab Alkitab adalah sebuah buku yang benar-benar membumi. Tuhan tak pernah meminta sesuatu yang terlalu rohani dari kita. Ia hanya meminta satu hal yang sangat sederhana dan praktis: *Berikanlah tubuhmu kepada-Ku. Taruhlah tubuhmu di atas mezbah-Ku sebagai suatu kurban persembahan yang hidup.* Mengingat semua yang telah Tuhan kerjakan, tindakan itu merupakan ungkapan ibadah yang sejati – suatu isyarat yang pantas diberikan kepada Tuhan. Maka, langkah pertama untuk menemukan tempat kita adalah: mempersembahkan tubuh kita kepada-Nya. Kita harus menaruh tubuh ini di atas mezbah dan berkata: "Ya Tuhan, kini tubuhku adalah milik-Mu."

Paulus menyebut tubuh kita sebagai "kurban persembahan yang hidup", karena yang diingatnya adalah kurban-kurban hewan yang dipersembahkan semasa Perjanjian Lama – domba, kambing, sapi jantan dan sebagainya – yang disembelih, kemudian diletakkan di atas mezbah Tuhan. Menurut Paulus, Anda pun harus menaruh tubuh Anda di atas mezbah, seperti seekor sapi atau domba atau kambing. Hanya satu hal saja yang berbeda di sini. Persembahan kurban ini tak boleh disembelih, karena Tuhan menghendaki suatu tubuh yang hidup.

Sesudah menyerah penuh dan menaruh tubuh Anda di mezbah Tuhan, kini tubuh itu bukan milik Anda sendiri lagi. Kini tubuh Anda milik Tuhan. Anda tidak lagi membuat keputusan mengenai apa yang akan terjadi dengan tubuh Anda. Sekarang yang akan memutuskan semua itu adalah Tuhan. Anda tidak lagi memutuskan, pekerjaan apa yang akan Anda terima. Tuhanlah yang akan menentukannya. Anda tidak lagi memutuskan di mana Anda akan bertempat tinggal. Yang menentukan itu adalah Tuhan. Namun semuanya menjadi indah, karena kini Tuhanlah yang akan bertanggung jawab.

Semua orang tahu bahwa orang yang memiliki sebuah properti (tanah atau gedung), akan juga bertanggung jawab atas pemeliharaannya. Jika Anda tinggal di sebuah rumah sewa, Anda bukanlah pemilik rumah itu dan tidak bertanggungjawab atasnya. Jikalau tubuh kita hanya "disewa"

Tuhan (kurang lebih seperti itu), maka Tuhan tidak mempunyai tang-gungjawab sedikit pun. Namun karena Ia sekarang menjadi "pemilik", pasti Ia akan bertanggung jawab untuk memelihara kita.

Boleh jadi, Anda belum pernah menaruh tubuh Anda di atas mez-bah Tuhan sebagai sebuah kurban persembahan yang hidup. Sesung-guhnya, inilah kuncinya untuk dapat mengetahui kehendak Tuhan dan "menemukan tempat Anda". Boleh saja Anda menempuh cara lain, en-tah cara ini atau itu, langkah ini atau langkah itu, tetapi Anda takkan pernah tiba di tempat yang dicari, kecuali menempuh langkah yang satu ini.

Saya banyak mengajar orang mengenai topik ini, karena memang hal ini merupakan suatu tanggungjawab yang sangat penting. Jika Anda bersedia menentukan keputusan Anda, di bawah ini tertera sebuah doa yang bisa Anda panjatkan. Boleh jadi, momen ini akan merupakan saat yang sangat signifikan yang akan mempengaruhi kehidupan Anda seterusnya. Jangan lupa, Anda kini berdoa kepada Tuhan Yesus, Kepala Gereja dan Juruselamat Anda.

Tuhan Yesus Kristus, terima kasih bahwa Engkau telah mati bagiku di kayu salib, supaya dosaku diampuni dan aku dapat menerima kehidupan kekal dan menjadi anak Allah.

Ya Tuhan, aku datang kepada-Mu sebagai Kepala Gereja. Dan sekarang aku menaruh tubuhku di atas mezbah pelayanan-Mu, dan memohon agar Engkau menaruh diriku di tempat yang Kau tentukan dalam Tubuh-Mu. Aku memberi diri kepada-Mu tanpa syarat apa pun. Mulai hari ini tubuhku menjadi milik-Mu. Tubuhku akan pergi ke mana pun Engkau menyuruhnya pergi. Tubuhku akan melakukan apa yang Kau suruh lakukan. Tubuhku akan berkata-kata apa yang Kau suruh untuk kukatakan. Tubuhku akan mengabdi kepada-Mu dan melayani Engkau dengan cara apa pun yang Kau kehendaki.

Terima kasih, Tuhan, karena Engkau bersedia menerima diriku apa adanya. Demi nama-Mu. Amin.

Harus Terjadi Pembaruan dalam Pikiran Anda

Sesudah mempersembahkan tubuh, kita harus mengambil langkah yang kedua:

Janganlah kamu menjadi serupa dengan dunia ini, tetapi berubahlah oleh pembaharuan budimu, sehingga kamu dapat membedakan manakah kehendak Allah: apa yang baik, yang berkenan kepada Allah dan yang sempurna.[3]

Roma 12:2

Saat Anda mempersembahkan tubuh Anda kepada-Nya, Tuhan akan melakukan sesuatu dalam diri Anda yang tak mungkin Anda lakukan bagi diri sendiri: Ia akan memperbarui pikiran atau akal budi Anda. Anda akan mulai berpikir dengan cara yang berbeda. Kini Anda memiliki motivasi yang berbeda. Standar yang berbeda. Prioritas yang berbeda. Dan oleh karena Anda berpikir dengan cara yang berbeda, otomatis gaya hidup Anda pun akan berubah. Mengertikah Anda? Tuhan tidak mengubahkan Anda dari hal-hal yang lahiriah, baru sesudah itu yang batiniah. Tidak, Ia mengubahkan diri kita dari hal-hal yang batiniah, baru sesudah itu yang lahiriah.

Pada dasarnya, semua agama mencoba mengubahkan orang dengan berbagai peraturan dan perilaku yang bersifat lahiriah – pakaian apa yang boleh dikenakan, apa yang boleh dimakan, apa yang boleh diminum, ke mana Anda harus pergi, apa yang halal dan apa yang haram. Semua peraturan itu tak mungkin mengubahkan orang, karena yang paling penting adalah batiniah kita. Tuhan mulai dari hal-hal yang batiniah, dengan hati serta pikiran Anda, yaitu cara berpikir dan motivasi Anda. Tuhan berkata: *Jika engkau memberikan tubuhmu kepada-Ku, Akulah yang akan mengubahkan cara engkau berpikir. Engkau akan diperbarui dalam pikiranmu. Engkau akan memiliki sikap-sikap yang berbeda, prioritas yang berbeda, reaksi-reaksi yang berbeda. Semuanya akan selaras dengan kehendak-Ku.*

Temukan Kehendak Tuhan

Setelah pikiran Anda diperbarui, maka Anda akan mulai menemukan sendiri langkah yang ketiga, yaitu: Kehendak Tuhan bagi kehidupan

---

[3] Roma 12:2, BIMK: "Janganlah ikuti norma-norma dunia ini. Biarkan Allah membuat pribadimu menjadi baru, supaya kalian berubah. Dengan demikian kalian sanggup mengetahui kemauan Allah – yaitu apa yang baik dan yang menyenangkan hati-nya dan yang sempurna."

Anda. Sebelum mempersembahkan tubuh dan membiarkan Tuhan memperbarui pikiran Anda, tak mungkin Anda akan menemukan kehendak Tuhan yang sempurna dan seutuhnya untuk kehidupan Anda.

Perhatikanlah sejenak apa yang dikatakan di Roma pasal 8:

> Sebab mereka yang hidup menurut daging, memikirkan hal-hal yang dari daging; mereka yang hidup menurut Roh, memikirkan hal-hal yang dari Roh. Karena keinginan daging adalah maut, tetapi keinginan Roh adalah hidup dan damai sejahtera. Sebab keinginan daging adalah perseteruan terhadap Allah, karena ia tidak takluk kepada hukum Allah; hal ini memang tidak mungkin baginya.
>
> Roma 8:5-7[4]

Pikiran yang bersifat "kedagingan", begitulah cara kita berpikir sebagai manusia keturunan Adam yang berdosa. Karena belum "lahir baru", memang begitulah pikiran manusia mengenai diri sendiri dan segala hal lainnya. Pola berpikir yang "kedagingan" ini bermusuhan dengan Tuhan. Karena itu, selama kita masih menjadi musuh-Nya, Tuhan tidak mungkin membukakan rahasia-rahasia-Nya. Tak mungkin Tuhan mengungkapkan rencana-Nya atas kehidupan Anda melalui pikiran Anda yang masih "kedagingan" dan menuruti hawa nafsu. Tetapi apabila pikiran Anda diperbarui oleh Roh Kudus karena belas kasihan Tuhan, barulah Anda bisa mengerti kehendak Tuhan bagi kehidupan Anda.

Roma 12:2 tadi menunjukkan bahwa kehendak Allah itu akan diungkapkan dalam tiga tahapan: yaitu yang *baik, berkenan* dan *sempurna*. Semakin dalam Tuhan mengungkapkan kehendak-Nya, akan semakin bagus lagi jadinya.

---

[4] Roma 8:5-7, BIMK: "Orang-orang yang hidup menurut tabiat manusia, terus memikirkan apa yang diinginkan oleh tabiat manusia. Tetapi orang-orang yang hidup menurut Roh Allah, terus memikirkan apa yang diinginkan oleh Roh Allah. Kalau pikiranmu dikuasai oleh tabiat manusia, maka akibatnya kematian. Tetapi kalau pikiran dikuasai oleh Roh Allah, maka akibatnya ialah hidup dan kedamaian dengan Allah. Orang yang pikirannya dikuasai oleh tabiat manusia, orang itu bermusuhan dengan Allah; karena orang itu tidak tunduk kepada hukum Allah; dan ia memang tidak dapat tunduk kepada hukum Allah.

Yang pertama harus Anda mengerti adalah bahwa kehendak Tuhan itu sungguh baik. Tak mungkin Tuhan menghendaki yang tidak baik bagi anak-anak-Nya. Mungkin Iblis akan berusaha membuat Anda berpikir, bahwa Anda akan rugi dan kehilangan banyak hal apabila menyerahkan hidup Anda kepada Tuhan. Kata Iblis, nanti Anda akan mengalami banyak kesusahan. Nanti Anda harus banyak berkorban. Anda takkan bisa lagi menikmati kehidupan. Padahal semua itu tidak benar.

Tahukah Anda? Saya sudah menyerahkan diri saya kepada Tuhan pada tahun 1941, ketika saya bertemu Yesus pada suatu malam. Saya mau bersaksi kepada Anda, ternyata kehidupan saya justru semakin berkembang dan melimpah dengan sema-kin lanjut usia saya, bahkan lebih baik dan lebih mengasyikkan. Saya sendiri mengalaminya, dan saya berani berkata kepada Anda, bahwa kehendak Tuhan itu sungguh baik.

YANG PERTAMA HARUS ANDA MENGERTI ADALAH BAHWA KEHENDAK TUHAN ITU SUNGGUH BAIK.

Selanjutnya, Anda akan mendapati bahwa kehendak Tuhan itu *berkenan* atau *menyenangkan hati*. Tidak mungkin Anda menolak kehendak Tuhan itu, sekalipun diberi hadiah apa pun juga. Tetapi Anda harus menyambutnya dengan penuh iman. Jangan Anda berkata: "Aku akan menerima kehendak-Mu, asalkan Engkau membiarkan aku berbuat begini atau begitu." Sebaliknya Tuhan berkata: *Terimalah saja kehendak-Ku, nanti Aku akan kasih tahu apa yang boleh kamu lakukan.*

Sesudah itu, Anda akan menemukan bahwa kehendak Tuhan itu ternyata sungguh *sempurna*. Ketika kehendak Tuhan disingkapkan sepenuhnya kepada Anda, maka hal itu akan mencakup segala aspek kehidupan – setiap detil, setiap situasi. Tak ada satu pun yang terlupakan. Ternyata, ada hal-hal yang sangat penting, meskipun tadinya kami kira kurang penting. Bila kita mengira bahwa Tuhan hanya memikirkan hal-hal yang penting menurut kita sendiri, kita justru bisa rugi dan kehilangan hal-hal tertentu yang Tuhan kerjakan.

Pada tahun 1963 secara tidak sengaja saya dapat masuk ke negara Amerika Serikat sebagai imigran bersama Lidya, istri saya yang pertama, dan Jessica, anak perempuan Afrika yang telah kami adopsi. Sebenarnya waktu itu saya hanya bermaksud melakukan kunjungan singkat ke Amerika, tetapi petugas imigrasi di bandara berkata bahwa tidak mungkin untuk memberi kami visa kunjungan selama 6 bulan. Maka saya berkata: "Tolonglah saya, Pak. Apa yang harus kami lakukan?"

"Baiklah, silakan masuk di sini," kata petugas imigrasi itu. "Begini saja, kami akan membantu Anda untuk masuk negara ini sebagai imigran." Demikianlah, secara "kebetulan" saya dapat berimigrasi ke negara besar ini. Tadinya saya sama sekali tidak mempunyai niat untuk menjadi warganegara Amerika (beberapa tahun kemudian barulah saya dibolehkan menjadi warganegara A.S.). Tetapi nyatanya kepindahan kami ke Amerika itu merupakan salah satu keputusan paling penting dalam seluruh kehidupan saya. Saya pasti tak akan mendapat kesempatan itu, seandainya saya tidak dipimpin oleh Roh Kudus.

Dapatkah Anda melihat perbedaannya di sini? Terkadang ada suatu keputusan yang menjadi pergumulan berat sampai-sampai kami berdoa dan berpuasa, tetapi belakangan ternyata keputusan itu tidak begitu penting. Tetapi ada pula keputusan-keputusan yang mudah sekali. Misalnya, kami pernah membeli sebuah rumah dan tidak sampai menghabiskan waktu lebih dari sejam untuk itu. Dari semula memang begitulah cara hidup kami. ("Ini rumahnya. Berapa harganya? Baiklah, saya ambil saja rumah ini.")

Suatu ketika saya harus pergi bersama Ruth, istri saya (yang kedua) untuk belanja berbagai keperluan, dan akhirnya kami habis memborong hampir separuh isi toko yang bersangkutan dalam waktu hanya setengah jam. Kami berdua tidak begitu suka *shopping*, jadi kami hanya sesekali pergi berbelanja dan tak pernah berpikir sampai harus berbelanja lagi enam bulan kemudian. Sebelum kami

SATU-SATUNYA PENGHALANG SEHINGGA TIDAK DAPAT MELIHAT DIRI KITA YANG SEBENARNYA ADALAH KESOMBONGAN ATAU KEANGKUHAN.

berbelanja, Ruth selalu berdoa: "Tuhan, biarlah kami menemukan toko yang tepat. Kiranya kami berada di tempat yang tepat." Kami tidak pernah membuka-buka halaman surat kabar untuk mengetahui di mana toko yang sedang obral harga. Tetapi selalu saja kami mendapat barang-barang dengan harga yang lumayan. Itulah yang terjadi ketika Roh Kudus memimpin kita dalam kehendak Tuhan.

Hendaknya Rendah Hati

Adapun langkah yang ke-4 untuk menemukan tempat Anda, petunjuknya terdapat di Roma 12:3:

> Berdasarkan kasih karunia yang dianugerahkan kepadaku, aku berkata kepada setiap orang di antara kamu: Janganlah kamu memikirkan hal-hal yang lebih tinggi daripada yang patut kamu pikirkan, tetapi hendaklah kamu berpikir begitu rupa, sehingga kamu menguasai diri menurut ukuran iman, yang dikaruniakan Allah kepada kamu masing-masing.
>
> Roma 12:3[5]

Langkah ini tidak mudah untuk sebagian besar umat Tuhan. Kalau boleh saya memakai bahasa yang lebih sederhana: Hendaklah Anda rendah hati dan bersikap realistis mengenai diri sendiri. Saya ingin menekankan sekali lagi, bahwa Anda harus rendah hati kalau ingin berpikir realistis mengenai diri sendiri. Sebab apabila kita mulai menyadari fakta-fakta sebenarnya, pasti itu akan membuat kita rendah hati. Satu-satunya penghalang sehingga tidak dapat melihat diri kita yang sebenarnya adalah kesombongan atau keangkuhan. Misalnya, kita berkaca di cermin lalu berkata: "Tak mungkin! Masakan begitu jelek wajahku." Padahal memang jelek. Maka kita harus belajar untuk bersikap rendah hati.

---

[5] Roma 12:3, BIMK: "Allah sudah memberi anugerah kepada saya. Itu sebabnya saya menasihati Saudara-saudara semuanya: Janganlah merasa diri lebih tinggi dari yang sebenarnya. Hendaknya kalian menilai keadaan dirimu dengan rendah hati; masing-masing menilai dirinya menurut kemampuan yang diberikan Allah kepadanya oleh karena ia percaya kepada Yesus."

Supaya jangan salah mengerti: *Bersikap* rendah hati tidak sama dengan *merasa* rendah hati. Tuhan tak pernah berkata: "Hendaklah engkau merasa rendah hati." Tidak, Tuhan berkata: "Bersikaplah rendah hati." Kerendahan hati merupakan sebuah keputusan yang harus Anda sendiri mengambilnya. Yesus memberikan sebuah contoh yang bagus sekali. Ia berkata:

"Kalau seorang mengundang engkau ke pesta perkawinan, janganlah duduk di tempat kehormatan, sebab mungkin orang itu telah mengundang seorang yang lebih terhormat daripadamu, supaya orang itu, yang mengundang engkau dan dia, jangan datang dan berkata kepadamu: Berilah tempat ini kepada orang itu. Lalu engkau dengan malu harus pergi duduk di tempat yang paling rendah. Tetapi, apabila engkau diundang, pergilah duduk di tempat yang paling rendah. Mungkin tuan rumah akan datang dan berkata kepadamu: Sahabat, silakan duduk di depan. Dan dengan demikian engkau akan menerima hormat di depan mata semua tamu yang lain. Sebab barangsiapa meninggikan diri, ia akan direndahkan dan barangsiapa merendahkan diri, ia akan ditinggikan" (Lihat Lukas 14:7-11).

Pada abad yang silam John Bunyan menulis buku yang sangat terkenal, yang berjudul *Pilgrim's Progress* (Kisah Perjalanan Seorang Musafir). Di dalamnya ia menulis pantun sebagai berikut dalam bahasa Inggris:

He that is down needs fear no fall,
He that is low (fear) no pride;
He that is humble ever shall
Have God to be his guide.

Artinya, kira-kira begini:

Jika duduk di bawah, tak perlu takut jatuh.
Jika rendah, tidak perlu sombong.
Orang rendah hati akan selalu
dipimpin Tuhan sendiri.

Soalnya, jika seseorang duduk di lantai, tak mungkin untuk duduk lebih rendah lagi.

Kerendahan hati selalu memerlukan sebuah keputusan, misalnya di mana Anda akan duduk dan bagaimana Anda akan bersikap terhadap orang lain. Menurut Paulus, lebih baik kita jangan berpikir terlalu tinggi mengenai diri sendiri. Ketika pertama kali melangkah memasuki sebuah bank untuk melamar pekerjaan, janganlah berharap bahwa Anda akan menjadi direktur bank itu. Apabila menilai diri sendiri dan pelayanan yang dapat Anda lakukan, janganlah mulai dengan menyebut diri sebagai seorang rasul. Mulailah dengan bersikap rendah hati, sebagai seorang pelayan – rendah hati dan bersedia untuk belajar. Tuhan sendiri yang akan mempromosikan atau menaikkan kedudukan Anda. Yesus berkata: "Sebab barangsiapa meninggikan diri, ia akan direndahkan dan barangsiapa merendahkan diri, ia akan ditinggikan" (Lukas 14:11). Pilihan ada di tangan Anda.

Saya pernah terpesona oleh jajak pendapat yang diadakan oleh sebuah majalah yang cukup terkenal. Yang ditanyakan adalah, siapakah orang yang paling berpengaruh di dunia ini. Kalau tidak salah, dalam jajak pendapat itu sebelas orang yang terpilih sebagai finalis. Salah satunya adalah presiden Amerika Serikat dan seorang lainnya adalah Bunda Teresa dari Calcutta. Sejauh saya dapat mengingatnya, selebihnya orang lain yang terpilih adalah selebriti di bidang seni panggung. Dalam hati saya mulai berpikir: *Mengapa orang tidak dapat memisahkan antara realita dan entertainment* (dunia hiburan)? *Betapa pilihan orang-orang itu merupakan suatu refleksi yang tepat mengenai sifat-sifat manusia dalam generasi kita ini.* Ternyata, sebagian besar orang-orang yang terpilih itu tidak dapat menunjukkan prestasi apa-apa dalam kehidupannya. Semuanya itu hanya seperti sandiwara di atas panggung. Betapa berbahayanya kekeliruan ini.

Kita harus lebih membumi dan bersikap realistis, yaitu apa adanya. Hadapilah fakta. Berat badan saya berlebihan. Hadapilah fakta. Aku masih suka berbohong. Hadapilah fakta. Aku cemburu terhadap orang lain. Hadapilah fakta.

Sudahkah Anda memperhatikan satu hal mengenai Allah? Bahwa Ia suka sekali "menghabisi" kita sebelum Ia benar-benar mulai mengulurkan tangan untuk menolong? Mungkin Anda harus mulai putus asa dulu melihat kenyataan hidupmu, dan baru di situlah Tuhan akan berkata: *Sekarang Aku siap untuk menolongmu. Sekarang, barulah kamu melihat betapa kamu memerlukan Kasih Karunia-Ku. Tadinya kamu berpikir, kamu sanggup mengerjakannya sendiri. Padahal sebenarnya tidak.* Setelah Anda bersikap rendah hati dan realistis menghadapi kekuranganmu, di situlah Anda baru akan heran melihat bahwa Tuhan ternyata begitu berbelas kasihan dan senang untuk menolong Anda.

Sadarilah Takaran Iman yang Ada Pada Anda

Bagian (b) dari ayat Roma 12:3 bunyinya begini: "Hendaklah kamu berpikir begitu rupa, sehingga kamu menguasai diri menurut ukuran iman, yang dikaruniakan Allah kepada kamu masing-masing." [versi BIMK: "Hendaknya kalian menilai keadaan dirimu dengan rendah hati; masing-masing menilai dirinya menurut kemampuan yang diberikan Allah kepadanya oleh karena ia percaya kepada Yesus."] Inilah langkah yang ke-5 untuk menemukan tempat Anda, yaitu langkah berikut dalam perjalanan hidup Anda yang mulai semakin terungkap. Anda mendapati bahwa Tuhan telah menganugerahi kepada Anda suatu "ukuran iman" tertentu.

Tidak ada hal yang lebih memalukan daripada orang yang katanya memiliki iman, namun kemudian ternyata tidak cukup. Hal demikian, cepat atau lambat akan selalu membawa kegagalan. Penulis kitab Ibrani berkata: "Iman adalah dasar [terjemahan alternatif: "substansi"] dari segala sesuatu yang kita harapkan dan bukti dari segala sesuatu yang tidak kita lihat" (Ibrani 11:1). Iman itu sesungguhnya adalah sebuah "substansi" atau sebuah "zat". Hanya ada dua pilihan: Anda memiliki iman itu atau tidak. Anda tak akan mendapatkannya dengan hanya "omong besar" mengenai iman itu. Lalu Anda pun mulai berkata: "Tuhan, imanku masih kurang." Maka Tuhan akan menjawab, bahwa ada cara-cara tertentu untuk meningkatkan iman Anda.

Saya mengingat, tidak lama sesudah diselamatkan, yaitu ketika menjadi tentara dalam pasukan Inggris di Afrika Utara, saya mengalami sesuatu yang cukup signifikan. Waktu itu saya terpaksa dirawat selama setahun penuh di rumah sakit, dan penyakit saya itu tak ada dokter yang sanggup mengobatinya. Karena tidak juga sembuh-sembuh, saya sering berkata di hati saya sendiri: *Aku tahu, kalau aku memiliki iman, pasti Tuhan akan menyembuhkanku.* Tetapi selalu saja, langsung sesudah itu timbul kata-kata begini di hati saya: *Tetapi rupanya aku belum beriman juga.* Sesudah berkata begitu, saya benar-benar merasa putus asa. Saya seakan-akan berada dalam Lembah Keputus-asaan seperti diceritakan oleh John Bunyan dalam *Pilgrim's Progress* (Kisah Perjalanan Seorang Musafir).

Namun pada suatu hari, tiba-tiba keputus-asaan saya mulai sirna ketika ada secercah cahaya yang menembusi kegelapan di lembah itu. Tahukah Anda, apakah secercah cahaya itu? "Jadi, iman *timbul* [datang, terjemahan alternatif] dari pendengaran, dan pendengaran oleh firman Kristus" (Roma 10:17). Kalaupun iman itu belum ada di hati, ternyata kita bisa mendapatkannya! Karena iman itu *timbul.* Bagaimana caranya? Dari mendengarkan Firman Tuhan. Iman itu bukannya timbul dengan omong besar. Bukan dengan bercakap-cakap super rohani.

Sekian tahun yang lalu saya pernah berkhotbah di sebuah gereja di kota Kopenhagen, di Denmark. Kemudian saya menantang jemaat untuk maju apabila ada yang ingin didoakan. Saya hendak mengurapi mereka dengan minyak, karena mereka sedang sakit. Lalu saya bertanya kepada seseorang: "Apakah Bapak memiliki iman?"

Jawabnya: "Saya mempunyai iman yang lebih dari cukup."

Begitu mendengarnya, saya langsung berpikir di dalam hati: *Jika iman Anda lebih dari cukup, mengapa Anda masih sakit juga?* Saya langsung tahu bahwa bapak ini tak mungkin disembuhkan. Saya langsung saja tahu. Dan benar saja, tiada sesuatu terjadi ketika kami berdoa. Imannya hanya sebatas pikiran, tetapi tak ada substansinya. Ia bisa saja berbicara mengenai iman, namun kenyataannya tidak mendukung.

Menurut Yesus, jikalau kita mempunyai iman sebesar biji sesawi sekalipun, kita akan mampu memindahkan sebuah gunung (lihat Matius 17:20). Yang penting bukan seberapa banyak iman yang kita miliki, melainkan seberapa besar mutunya. Iman dihadiahkan kepada orang yang bersikap realistis dan rendah hati.

Yakinilah Iman Anda Sesuai dengan Tempat Anda

Mengapakah Tuhan memberi kita takaran iman tertentu? Inilah langkah ke-6 dalam perkembangan Anda: Tuhan mempunyai sebuah tempat khusus bagi Anda dalam Tubuh Kristus. Iman yang Dia berikan memang sesuai dengan posisi yang akan Anda tempati. Jika Tuhan menghendaki Anda menjadi sebuah tangan, maka Ia akan memberikan kepada Anda iman untuk sebuah tangan. Jika Tuhan menghendaki Anda menjadi bagian dari telinga, Ia akan memberikan iman-telinga kepada Anda. Jika Ia menghendaki Anda menjadi bagian dari ibu jari, maka Ia akan memberi iman-ibu jari kepada Anda.

Jadi, seandainya Anda itu ibu jari tetapi berusaha menjadi bagian hidung, maka Anda benar-benar salah tempat. Berarti sama sekali tak ada keseimbangan antara apa yang Anda hendak kerjakan dan iman yang Anda miliki. Ini adalah karena Anda mencoba menggunakan iman Anda untuk sesuatu yang bukan tugas Anda. Iman hanya diberikan untuk tugas dan tempat yang Anda miliki dalam Tubuh Kristus.

Tangan saya bekerja dengan baik sebagai sebuah tangan. Tangan itu dapat membuka halaman Alkitab, membalik-balikkan kertas – apa pun yang saya minta ia akan melakukannya. Tetapi seandainya saya ingin melakukan semua hal tadi dengan kaki, tentu saya akan mendapat kesulitan.

Biasanya kita dapat menyimpulkan, kalau orang selalu saja bergumul untuk iman, sesungguhnya mereka mencoba menjalankan tugas yang bukan bagian mereka. Mereka bisa diumpamakan seperti tangan yang ingin menjadi kaki. Atau kaki yang berusaha tangan. Beginilah cara Tuhan untuk membimbing Anda, sehingga akhirnya menemukan tempat Anda. Pada waktu iman Anda pas benar untuk posisi di mana Tuhan tempatkan, Anda tidak akan "bergumul" lagi.

Jangan lupa juga, bahwa tak seorang pun mampu untuk bekerja seorang diri. Masing-masing menjadi bagian atau anggota dari Tubuh Kristus dan kita menjadi bagian dari satu sama lain. Jika Anda adalah jari tangan, Anda harus mencari tangan dimana Anda menjadi bagiannya. Anda tak dapat menjadi sebuah jari yang berdiri sendiri. Begitu juga, jika Anda adalah sebuah tangan, semestinya Anda berhubungan dengan sebuah lengan.

Salah satu masalah besar pada banyak orang Kristen adalah sikap individualisme yang berlebihan. Saya mempunyai sebuah seri pengajaran mengenai kitab Ibrani, dan di dalamnya dibahas dua belas ayat yang berkata "*marilah kita.*" Duabelas kali Surat Ibrani itu berkata: "Marilah kita." Ia tidak berkata: "Biarlah aku," melainkan "Biarlah kita." Ini merupakan sebuah keputusan bersama yang bersifat korporat, sebuah tindakan bersama. Ada banyak perkara yang tak mungkin kita capai dengan bekerja sendiri. Kita harus menemukan tempat kita dalam Tubuh Kristus.

Mengetahui Bagaimana Tempat Menentukan Karunia Anda

Sekarang kita sampai kepada langkah yang terakhir. Dan bagian inilah yang paling banyak menggairahkan orang, karena ada kaitannya dengan karunia-karunia. Mari kita membaca terus di Roma 12:

> Sebab sama seperti pada satu tubuh kita mempunyai banyak anggota, tetapi tidak semua anggota itu mempunyai tugas yang sama, demikian juga kita, walaupun banyak, adalah satu tubuh di dalam Kristus; tetapi kita masing-masing adalah anggota yang seorang terhadap yang lain. Demikianlah kita mempunyai karunia [*charismata*] yang berlain-lainan menurut kasih karunia yang dianugerahkan kepada kita: Jika karunia itu adalah untuk bernubuat baiklah kita melakukannya [*marilah kita menggunakannya*, dalam teks Alkitab bahasa Inggris] sesuai dengan iman kita.
>
> Roma 12:4-6[6]

---

[6] Roma 12:4-6, BIMK: "Tubuh kita mempunyai banyak anggota. Setiap anggota ada tugasnya sendiri-sendiri. Begitu juga dengan kita. Meskipun kita smuanya banyak, namun kita merupakan satu tubuh karenakita bersatu pada Kristus. Dan kita masing-masing berhubungan satu dengan yang lain sebagai anggota-anggota dari satu tubuh. Kita masing-masing mempunyai karunia-karunia pelayanan yang berlainan. Karunia-karunia itu diberikan oleh Allah kepada kita menurut rahmat-Nya. Sebab itu kita harus memakai karunia-karunia itu. Orang yang memunyai karunia untuk mengabarkan berita dari Allah, harus mengabarkan berita dari Allah itu menurut kemampuan yang ada padanya."

Ungkapan "marilah kita menggunakannya", penting sekali. Sungguh bodoh dan tidak realistis kalau kita hanya ingin mendapatkan karunia-karunia itu secara terlepas atau berdiri sendiri. Kita semua perlu mengetahui secara lebih spesifik karunia yang diperlukan.

Bagaimanakah kita mengetahui karunia mana yang diperlukan? Hal apakah yang menentukan jawaban atas pertanyaan tersebut? Itulah tempat atau posisi Anda dalam Tubuh Kristus. Jikalau Anda adalah sebuah tangan, Anda memerlukan karunia-karunia yang berkaitan dengan tangan. Jika Anda sebuah mata, Anda memerlukan karunia-karunia berkaitan dengan mata. Jika Anda sebuah kaki, maka Anda memerlukan karunia-karunia yang berkaitan dengan kaki. (Kita akan meneliti hal ini lebih jauh dalam dua pasal berikutnya yang membahas mengenai karunia-karunia.)

Sekian tahun yang lampau Tuhan menyuruh saya memasuki suatu pelayanan khusus, yaitu pelayanan pelepasan, untuk mengusir roh-roh jahat dari orang yang kerasukan setan. Itu bukan karena saya yang memintanya, tetapi karena setengah terpaksa. Oleh karena pelayanan itu, akhirnya saya menjadi cukup dikenal orang. Di kalangan tertentu saya mulai kurang disukai, tetapi di kalangan lain orang justru senang dengan saya. Yang aneh, saya mulai tidak disenangi oleh kalangan yang tadinya adalah teman dekat, dan sebaliknya saya menjadi populer pada orang-orang, yang tadinya saya kira takkan pernah menyukai saya. Memang, begitulah keanehan-keanehan dalam pelayanan. Namun ketika mulai aktif dalam pelayanan pelepasan tersebut, saya mulai menemukan karunia-karunia yang ternyata telah Tuhan berikan kepada saya.

Saya masih ingat, waktu itu ada seorang teman yang membawa adik perempuannya kepada saya dan Lydia, dan teman saya itu berkata: "Adikku membutuhkan pelepasan." Saya menatap pada wanita itu dan berkata: "Anda memerlukan pelepasan dari ......" dan saya pun secara spontan menyebutkan delapan jenis roh jahat yang bercokol pada orang tersebut. Lalu saya pun mulai berpikir: *Dari mana saya mengetahui semua itu?* Belakangan, saya pun menyadari bahwa Tuhan telah mengaruniakan kepada saya karunia untuk berkata-kata dengan pengetahuan. Karunia itu diberikan Tuhan kepada saya begitu saja. Ia memberinya kepada saya, karena saya berada dalam kehendak-Nya dan sedang melakukan pelayanan yang untuk itu Ia telah memanggil saya.

Demikian juga halnya dengan Anda. Anda dapat percaya penuh bahwa Tuhan akan memberikan karunia-karunia yang diperlukan untuk tugas yang Dia berikan kepada Anda. Tetapi sekali-kali janganlah memisahkan karunia-karunia tersebut dari tugas yang harus Anda kerjakan.

Menghidupkan Karunia-karunia Anda

Sejauh ini kita belajar bahwa Tuhan sudah menyediakan suatu tempat bagi Anda, dan dalam perjalanan menuju tempat tersebut Ia telah memperlengkapi Anda untuk berfungsi di situ.

Mungkin saja Anda tidak segera menemukan tempat Anda . Boleh jadi Anda akan menemukannya secara bertahap. Tetapi semakin jauh Anda melangkah, maka akan ada keselarasan yang lebih besar antara apa yang Anda kerjakan dan panggilan hidup Anda.

Sesudah menemukan tempatnya, Anda akan mulai menghidupkan karunia-karunia Anda. Saya tidak berkata Anda tak dapat mengaktifkan karunia-karunia yang diberikan sebelum menemukan tempat Anda. Tetapi saya dapat berkata bahwa karunia-karunia itu akan sepenuhnya memenuhi rencana Tuhan, sesudah Anda berfungsi di tempat Anda. Sekarang, marilah kita meneliti karunia-karunia yang dapat membantu untuk menunaikan panggilan kita masing-masing.

4

Karunia-karunia:
Perlengkapan yang Anda Perlukan

Demikianlah kita mempunyai karunia [*charismata*] yang berlain-lainan menurut kasih karunia [*charis*] yang dianugerahkan kepada kita.

Roma 12:6

TUHAN itu bersifat praktis. Tak mungkin Ia menawarkan sebuah posisi tanpa memperlengkapi Anda untuk berfungsi di sana. Tak mungkin Ia mengutus Anda ke medan perang, tanpa memberi Anda perlengkapan untuk melindungi diri dan senjata serta pelatihan yang diperlukan untuk menggunakannya. Tak mungkin Ia memberi tugas kepada Anda, tanpa memberikan juga semua sarana atau alat yang diperlukan.

Perlengkapan senjata atau alat-alat itu disebut *charismata* dalam bahasa Yunani. Bob Mumford, seorang rekan hamba Tuhan, sering berkata: "Jangan lupa, karunia Roh itu sarana (alat), bukan barang 'mainan'." Tidak sedikit orang Kristen yang menggunakan karunia-karunia seperti barang mainan saja, dan itu jelas berarti penyalahgunaan dari karunia (pemberian) Tuhan. Ada banyak pula orang Kristen yang sungguh ingin melakukan tugasnya, namun tidak memiliki sarana atau perlengkapannya. Kita perlu "mengawinkan" kedua hal tersebut: orang-orang yang rindu melakukan pekerjaan Tuhan dengan sarana-sarana atau perlengkapan yang diperlukan. Sesungguhnya, salah satu masalah besar dalam Gereja adalah bahwa banyak orang Kristen berusaha melakukan pekerjaan Tuhan dengan setia dan penuh rasa tanggung jawab, namun tanpa perlengkapan "senjata" yang diperlukan. Akibatnya, mereka kurang berhasil, meskipun terpanggil untuk melakukannya. Di bab ini dan bab berikutnya, saya ingin membantu Anda menyadari secara khusus karunia atau bakat talenta yang ada pada Anda dan memperluas wawasan Anda mengenai panggilan Tuhan.

Akar kata *Charisma*

Sesungguhnya, dalam Alkitab bahasa Inggris hanya mempunyai satu kata saja, yaitu *gift* (karunia atau hadiah pemberian). Padahal dalam Alkitab bahasa Yunani ada sembilan kata yang berlainan untuk itu. Inilah sebabnya mengapa sulit untuk mengerti beberapa terjemahan Alkitab dalam bahasa Inggris, karena kita tidak mengerti apa yang sebenarnya dimaksudkan dalam bahasa aslinya.

Sekarang kita akan berfokus terutama kepada salah satu dari sembilan kata tersebut, yaitu kata *charisma*. Dari kata *charisma* itulah kita mendapatkan sebuah istilah yang cukup dikenal, yaitu *charismatic*. Namun patut disayangkan bahwa istilah karismatik ini sudah banyak diplesetkan dan disalah-mengerti. *Charisma* dan *charismatic* itu sebenarnya berasal dari akar kata *charis*. Perkataan *charis* di dalam Perjanjian Baru sering diterjemahkan sebagai "*grace*" dalam bahasa Inggris, dan "anugerah" atau "kasih karunia" dalam bahasa Indonesia. Dalam bahasa Yunani sekuler yang dimaksud dengan kata *charis* itu sebenarnya "kecantikan" atau "keindahan". Menurut saya, artinya kata tersebut dalam bahasa Yunani sekuler cukup membantu. Soalnya, semua kita (anak-anak-Nya) dikatakan "cantik" di mata Tuhan. Mengapa? Sebab kita telah "menyatu dengan Kristus."

Dulu saya pernah bertempat tinggal di negara bagian Florida di A.S. bagian Tenggara, di mana matahari tampaknya lebih banyak bersinar di sepanjang tahun, sekalipun bukan *summer* (musim panas) di belahan dunia itu. Pada suatu hari saya teringat akan matahari, lalu timbul di benak saya pikiran ini: Matahari sendiri sesungguhnya tak pernah "melihat" bayangan apa pun, karena cahayanya hanya menerpa bagian depan dari obyek-obyek yang disinarinya. Begitulah juga dengan Tuhan, pikir saya. Tuhan sepertinya tidak pernah "memperhatikan" bayang-bayang gelap yang masih ada pada umat-Nya. Tuhan menyinari kita dengan cahaya terang kasih karunia (*grace*)-Nya, dan karena sinar cahaya itulah kita, anak-anak-Nya, dapat memantulkan cahayanya.

Ada satu fakta mendasar mengenai kasih karunia (anugerah) Tuhan, yang perlu kita pahami: tak ada orang yang dapat "membeli" atau membayar anugerah itu dengan apa pun. Jika kita dapat membayar atau melakukan sesuatu untuk mendapatkannya, itu bukanlah anugerah. Meskipun begitu, masih ada juga orang yang berusaha membeli atau membayarnya. Mungkin hati nurani orang-orang itu cukup peka dan mereka rajin pergi ke gereja. Mereka rajin berdoa dan selalu membaca Alkitab. Tetapi mereka tak pernah bisa mencicipi anugerah Tuhan, karena merasa dirinya orang yang cukup saleh.

Padahal, tak ada satupun orang yang "cukup baik" untuk menerima anugerah atau kasih karunia, hadiah pemberian Tuhan itu. Pada umumnya orang-orang yang mengerti kasih karunia dengan lebih baik dan lebih cepat bukanlah orang-orang yang saleh, tetapi justru orang-orang yang pernah bergelimang dalam dosa. Orang-orang itu tahu benar, anugerah atau kasih karunia Tuhan itu tidak bisa dibeli, dan mereka tidak pernah merasa berhak untuk mendapatkannya. Maka mereka hanya bisa menerima saja anugerah yang dihadiahkan itu. Di sisi lainnya, orang-orang yang katanya alim dan "tak pernah berdosa" sulit berhenti untuk berusaha melakukan hal-hal baik dalam rangka menerima anugerah Tuhan.

Sedikit banyak, hal itu bergantung kepada latar belakang seseorang. Seandainya kita dibesarkan dalam sistem sosial yang menekankan pentingnya orang menunaikan kewajiban, akan sulit untuk menyadari bahwa Tuhan sesungguhnya membagi-bagikan hadiah tanpa pandang bulu. Yang indah mengenai anugerah Tuhan ini adalah bahwa Tuhan memberikan sesuka hatinya, tanpa harus melaporkannya kepada siapa pun. Kitab Ayub berkata: "Bahwa Ia tidak menjawab segala perkataanmu [terjemahan alternatif: Ia tidak perlu memberikan pertanggungan jawab mengenai apa pun]" (Ayub 33:13). Allah itu sungguh adil dalam segala hal, tetapi anugerah atau kasih karunia yang diberikan-Nya itu benar-benar diberikan dengan cuma-cuma. Betapa indahnya anugerah Tuhan itu!

Mengenali Karunia-karunia Anda

Tetapi baiklah, kita melangkah sedikit lebih jauh lagi. Bila kita menambahkan imbuhan *ma* pada kata *charis*, sehingga menjadi *charisma*, maka kasih karunia yang bersifat umum itu mulai menjadi lebih spesifik. Jadi, *charisma* itu sejatinya sebuah manifestasi, operasi atau impartasi dari kasih karunia tersebut yang lebih bersifat spesifik. Dan bila ada pula imbuhan *ta*, maka kata benda *charisma* ini akan bersifat jamak: *charismata*. Jadi, mari kita lihat rinciannya:

charis = anugerah atau kasih karunia
charisma = suatu manifestasi kasih karunia
charismata = banyak (lebih dari satu) manifestasi kasih karunia

Apa maksud saya mengajarkan mengenai karunia-karunia yang Tuhan hadiahkan ini? Maksudnya untuk memperluas wawasan mengenai panggilan dan tugas kita dalam Kerajaan Allah. Mungkin juga, ini membantu kita mengerti bahwa bisa saja Anda memiliki salah satu *charisma*, tanpa menyadarinya sedikit pun. Sebagian dari *charismata* yang lebih penting justru tidak begitu spektakuler atau mempesona.

Seringkali kita lebih memperhatikan hal-hal yang spektakuler. Tetapi percayalah, Saudara, beberapa *charismata* yang kurang spektakuler juga tidak kalah pentingnya.

Kitab-kitab Perjanjian Baru menguraikan sejumlah *charismata*, yang saya daftarkan dalam empat kelompok yang berbeda di bawah ini: *Charismata Dasar, Charismata Pribadi, Charismata Rohani* dan *Charismata Pelayanan*. Beberapa dari karunia-karunia itu disebutkan dalam lebih dari satu perikop ayat Alkitab. Sesungguhnya, Anda dapat juga mendaftarnya dalam kategori atau kelompok karunia yang Anda tetapkan sendiri. Di bab ini kita akan membahas karunia-karunia yang berada dalam 3 kelompok yang pertama, kemudian di bab selanjutnya kita akan melihat mengenai karunia-karunia pelayanan.

Charismata Dasar
Kebenaran/Kesalehan (Roma 5:17)
Kehidupan kekal (Roma 6:23)

Charisma Pribadi (personal)
Hidup Lajang (Tidak Menikah) (1 Korintus 7:7)

Charismata Rohani
KARUNIA-KARUNIA PEWAHYUAN:
Karunia berkata-kata dengan pengetahuan (1 Korintus 12:8)
Karunia berkata-kata dengan hikmat (1 Korintus 12:8)
Karunia membedakan berbagai roh (1 Korintus 12:10)

KARUNIA-KARUNIA KUASA:
Karunia Iman (1 Korintus 12:9)
Karunia Mengerjakan Mukjizat (1 Korintus 12:10, 28)
Karunia Kesembuhan (1 Korintus 12:9, 28)

KARUNIA-KARUNIA VOKAL:
Karunia bahasa lidah (1 Korintus 12:10, 28)
Karunia menafsirkan bahasa lidah (1 Korintus 12:10, 30)
Karunia Bernubuat (Roma 12:6)

Charismata Pelayanan
ORANG-ORANG:
Rasul-rasul (Efesus 4:11; 1 Korintus 12:28)
Nabi-nabi (Efesus 4:11; 1 Korintus 12:28)
Penginjil-penginjil (Efesus 4:11)
Gembala-gembala/ pastor (Efesus 4:11)
Pengajar-pengajar (Efesus 4:11; Roma 12:7; 1 Korintus 12:28)

SPECIMEN:
Nubuat (Roma 12:6)
Melayani (Roma 12:7; 1 Petrus 4:11)
Mengajar (Roma 12:7)

Menasihati/Memberi dorongan semangat (Roma 12:8)
Memberi/berbagi (Roma 12:8)
Memimpin/memerintah (Roma 12:8)
Menunjukkan kemurahan (Roma 12:8)
Memberi bantuan/asistensi (1 Korintus 12:28)
Pengadministrasian/memimpin (1 Korintus 12:28)
Memberi tumpangan (1 Petrus 4:9)
Berbicara sebagai penyambung lidah Tuhan (1 Petrus 4:11)

Dua Karunia Dasar

Karunia dasarnya ada dua, dan saya percaya semua orang Kristen secara tak terkecuali menerimanya.

Kebenaran/Kesalehan

Mungkin Anda heran mendengar bahwa karunia (hadiah dari Tuhan) yang pertama adalah kebenaran/kesalehan (*righteousness*). Sebentar lagi saya akan menunjukkan mengapa saya percaya bahwa karunia ini adalah karunia pertama yang dihadiahkan oleh Tuhan. Lihatlah Roma pasal 5 untuk mendapat konfirmasi bahwa kebenaran itu merupakan sebuah karunia. Roma pasal 5 ini membuat perbandingan antara Adam dan Kristus. Hal ini disampaikannya dengan logika berpikir yang bersifat khas Yahudi, atau logika berdasarkan kitab Talmud agama Yahudi. Paulus adalah seorang Yahudi sejati, dan di sini Paulus sebagai orang Yahudi menyampaikan sebagian dari penafsirannya mengenai Kitab Suci:

> Tetapi karunia Allah tidaklah sama dengan pelanggaran Adam. Sebab, jika karena pelanggaran satu orang semua orang telah jatuh di dalam kuasa maut, jauh lebih besar lagi kasih karunia Allah dan karunia-Nya, yang dilimpahkan-Nya atas semua orang karena satu orang, yaitu Yesus Kristus. Dan kasih karunia tidak berimbangan dengan dosa satu orang. Sebab penghakiman atas satu pelanggaran itu telah mengakibatkan penghukuman, tetapi penganugerahan karunia atas banyak pelanggaran itu mengakibatkan pembenaran. Sebab, jika oleh dosa satu orang, maut telah berkuasa oleh satu orang itu, maka lebih benar lagi mereka, yang

telah menerima kelimpahan kasih karunia dan anugerah kebenaran, akan hidup dan berkuasa oleh karena satu orang itu, yaitu Yesus Kristus.

Roma 5:15-17[1]

Di sini Paulus berkata bahwa Adam berdosa sekali saja, namun dosa yang satu itu mendatangkan kutuk atas seluruh keturunan Adam, yaitu anak-anak manusia. Semua manusia telah berdosa hingga berkali-kali, tetapi satu tindakan kebenaran yang dilakukan Yesus mendatangkan kebenaran bagi kita semua.

ABRAHAM TIDAK MEMPEROLEH KEBENARAN ATAS PERJUANGANNYA SENDIRI, TETAPI KEBENARAN ITU *DIPERHITUNG-KAN* KEPADANYA.

Kebenaran/kesalehan itu sesungguhnya suatu karunia, suatu hadiah yang diberikan. Jika Anda tidak bersedia menerima hadiah itu, Anda tak akan mendapatkannya. Hal ini dikatakan dalam Roma 4:3, yang berbicara mengenai Abraham: "Lalu percayalah Abraham kepada Tuhan, dan Tuhan *memperhitungkan* hal itu kepadanya sebagai kebenaran." Abraham tidak memperoleh kebenaran atas perjuangannya sendiri, tetapi kebenaran itu *diperhitungkan* kepadanya. Jikalau Anda ingin memiliki kebenaran, Anda harus menerimanya sebagai suatu pemberian yang diperhitungkan secara cuma-cuma karena Anda percaya kepada Yesus Kristus. Hendaknya kita sungguh berterima kasih atas karunia tersebut.

---

[1] Roma 5:15-17, BIMK: "Tetapi keduanya tidak sama; sebab pemberian Allah jauh lebih besar kalau dibandingkan dengan pelanggaran yang dibuat oleh Adam. Pelanggaran satu orang menyebabkan banyak orang mati. Betapa lebih besar lagi akibat dari rahmat Allah dan hadiah keselamatan yang diberikan-Nya kepada begitu banyak orang, melalui kebaikan hati satu orang, yaitu Yesus Kristus. Hadiah Allah juga jauh lebih besar daripada dosa orang yang satu itu. Sebab sesudah satu orang melakukan pelanggaran, keluarlah vonis, 'Bersalah'. Tetapi sesudah banyak orang berbuat dosa datanglah hadiah dari Allah yang menyatakan, 'Tidak bersalah'. Karena pelanggaran satu orang, kematian menjalar ke mana-mana melalui orang yang satu itu. Betapa lebih besar lagi akibat dari apa yang dilakukan oleh satu orang yang lain, yaitu Yesus Kristus. Melalui Dia, Allah melimpahkan rahmat-Nya kepada begitu banyak orang, dan dengan cuma-cuma memungkinkan mereka berbaik kembali dengan Allah; mereka akan berkuasa di dunia ini melalui Kristus."

Kehidupan Kekal

Charisma atau karunia berikutnya yang diterima semua orang Kristen tanpa terkecuali adalah kehidupan yang kekal. Hal ini tercatat di Roma 6:23: "Sebab upah dosa ialah maut; tetapi karunia [artinya, hadiah] Allah ialah hidup yang kekal dalam Kristus Yesus, Tuhan kita."

Secara logika saya percaya bahwa kebenaran serta kehidupan kekal merupakan dua hadiah (karunia) pertama yang diterima oleh semua orang Kristen. Pertama-tama, kita harus menerima dahulu karunia berupa kebenaran. Sesudah itu barulah kita akan memenuhi syarat untuk menerima karunia-karunia lainnya. Baru sesudah menerima karunia kebenaran, Tuhan akan memberi kita kehidupan yang kekal. Soalnya, mustahil Tuhan menghadiahkan kehidupan kekal kepada orang yang belum dinyatakan benar, seperti halnya Abraham.

Namun, itupun bukan akhir dari prosesnya. Karena benar-benar berterima kasih, Anda pun akan meresponi hal itu dengan sepantasnya, dan inilah juga suatu bentuk "kebenaran" lainnya. Di kitab Wahyu 19, pada bagian akhir Alkitab Perjanjian Baru, kita melihat suatu deskripsi mengenai Mempelai Perempuan. Konon "wanita" ini berbusana kain lenan yang halus, putih bersih dan cemerlang, yang melambangkan "perbuatan-perbuatan yang benar" yang dilakukan oleh orang-orang kudus (lihat ayat 7-8). Yang dimaksudkan di situ bukanlah *kebenaran* atau *kesalehan yang diperhitungkan* kepadanya, yaitu pemberian Allah yang dianugerahkan karena percaya akan Yesus Kristus. Yang dimaksudkan di sini adalah kebenaran *yang diwujudkan* melalui tindakan-tindakan mereka yang benar/saleh, sebagai sebuah respon.

Dengan kata lain, terlebih dahulu Tuhan memperhitungkan kebenaran atas diri Anda. Sesudah mengerjakan kebenaran yang telah diperhitungkan kepada Anda itu, Paulus berkata di surat Filipi: "Tetaplah kerjakan keselamatanmu ... karena Allahlah yang mengerjakan di dalam kamu" (Filipi 2:12-13). Apa yang dikerjakan Allah dalam diri Anda – selanjutnya harus diperagakan. Jika tidak benar-benar terwujud, maka Allah tak dapat melanjutkan pekerjaan-Nya lagi dalam diri Anda. (Kita akan meneliti lebih mendalam mengenai keselamatan yang diperagakan ini di bab 11, di bawah judul "Menyelesaikan Tugas Anda".)

Karunia Pribadi (*personal*)

Itu tadi adalah kedua *charismata* pertama, yang dapat kita katakan sebagai *charismata* paling mendasar. Karunia berikut ini saya golongkan sebagai karunia pribadi yaitu karunia untuk tidak menikah (hidup melajang). Kita tak perlu susah-susah mengupayakannya. Anda tak perlu bertapa untuk mendapatkannya. Hal itu telah dihadiahkan. Anda tinggal menerimanya. Terkadang saya berkata kepada orang-orang: "Sebaiknya Anda memberi rincian yang spesifik bila meminta karunia kepada Tuhan. Jika tidak, mungkin saja karunia yang Anda terima tidak sesuai dengan apa yang Anda bayangkan!"

JANGAN SEKALI-KALI ANDA BERPIKIR BAHWA HIDUP ANDA KURANG LENGKAP KALAU ANDA BELUM MENIKAH.

Paulus berkata sebagai berikut: "Namun demikian alangkah baiknya, kalau semua orang seperti aku; tetapi setiap orang menerima dari Allah karunia [*charisma*]-nya yang khas, yang seorang karunia ini, yang lain karunia itu" (1 Korintus 7:7).

Dalam konteks ini, apa sebenarnya maksud Paulus mengenai dirinya sendiri? Maksudnya, ia tidak pernah kawin dan hidup melajang terus. Sejumlah hamba Tuhan yang luar biasa telah menerima karunia tersebut. Paulus salah seorang di antaranya. Jika Anda mau menyebutnya pula, Yesus pun mendapat karunia itu. Jangan sekali-kali Anda berpikir bahwa hidup Anda kurang lengkap kalau Anda belum menikah. Tinggalkan pandangan yang demikian, sebab bila Anda menikah atas dasar itu, pernikahan Anda dapat kandas. Sebaliknya, saya juga tidak menganjurkan semua orang untuk mengejar karunia hidup melajang.

Adapun saya sendiri, saya sudah menikah hingga dua kali dan benar-benar mengalami kebahagiaan. Namun Paulus pun bahagia, meskipun tidak menikah. Ia berkata: "Alangkah baiknya kalau semua orang seperti aku." Mengapakah Tuhan memberi karunia tersebut kepada Paulus? Jikalau Anda mempelajari pelayanan Paulus, seandainya saja ia menikah, Anda akan melihat dua kemungkinan yang akan terjadi.

Kemungkinan pertama, ia akan kurang berhasil dalam pelayanannya. Kemungkinan kedua, pernikahannya pasti akan merana. Orang yang hidupnya seperti Paulus kecil kemungkinannya mempunyai pernikahan yang berhasil.

Secara pribadi saya berpikir bahwa John Wesley dulu juga mempunyai karunia tersebut. Mungkin lebih baik seandainya ia tidak pernah menikah. Hanya ada satu kesalahan besar yang pernah terjadi dalam kehidupannya, yaitu ia menikah. Ternyata, dari awal hingga akhir pernikahannya merupakan sebuah tragedi, dan tidak membawa manfaat apa pun pada pelayanannya. Sebaiknya kita berhati-hati, supaya kehidupan kita jangan terlalu mengikuti kebiasaan umum dan standar masyarakat yang berlaku.

Ada pula cara lain yang baik untuk hidup melajang, dan cara itu disebut Yesus ketika Ia berkata: "Ada orang tidak dapat kawin karena ia memang lahir demikian dari rahim ibunya, dan ada orang yang dijadikan demikian oleh orang lain, dan ada orang yang membuat dirinya demikian karena kemauannya sendiri oleh karena Kerajaan Surga" (Matius 19:12). Membuat diri sendiri seorang kasim [yang dikebiri] tentu tidak sama dengan menerima suatu karunia. Hal itu merupakan sebuah pengorbanan, suatu keputusan. Saya percaya banyak hamba Tuhan yang luar biasa telah membuat keputusan demikian sepanjang masa yang berabad-abad ini.

Sembilan Karunia Rohani

Sekarang kita sampai kepada apa yang saya sebut karunia-karunia rohani, yaitu sembilan karunia Roh Kudus. Banyak orang mengira hanya ada sembilan *charismata*. Karunia-karunia tersebut memang penting, namun selain ini masih ada yang lain lagi.

> Tetapi kepada tiap-tiap orang dikaruniakan penyataan Roh untuk kepentingan bersama. Sebab kepada yang seorang Roh memberikan *karunia untuk berkata-kata dengan hikmat*, dan kepada yang lain Roh yang sama memberikan *karunia berkata-kata dengan pengetahuan*. Kepada yang seorang Roh yang sama memberikan *iman*, dan kepada yang lain Ia memberikan *karunia untuk menyembuhkan*. Kepada yang seorang Roh

memberikan *kuasa untuk mengadakan mujizat*, dan kepada yang lain Ia memberikan *karunia untuk bernubuat*, dan kepada yang lain lagi Ia memberikan *karunia untuk membedakan bermacam-macam roh*. Kepada yang seorang Ia memberikan *karunia untuk berkata-kata dengan bahasa roh*, dan kepada yang lain Ia memberikan *karunia untuk menafsirkan bahasa roh* itu. Tetapi semuanya ini dikerjakan oleh Roh yang satu dan yang sama, yang memberikan karunia kpada tiap-tiap orang secara khusus, seperti yang dikehendaki-Nya.

1 Korintus 12:7-11

Dan Allah telah menetapkan beberapa orang dalam Jemaat: ... *karunia untuk mengadakan mujizat*, untuk *menyembuhkan* .... untuk *berkata-kata dalam bahasa roh*.

1 Korintus 12:28

Demikianlah kita mempunyai karunia yang berlain-lainan menurut kasih karunia yang dianugerahkan kepada kita: Jika karunia itu adalah untuk *bernubuat*, baiklah kita melakukannya sesuai dengan iman kita.

Roma 12:6

Semua karunia di atas mempunyai tiga karakteristik. Pertama, semua karunia sesungguhnya merupakan manifestasi atau penyataan. Roh Kudus sendiri tidak nampak, tetapi Ia memanifestasikan (menampakkan) diri melalui karunia-karunia tersebut. Adapun indera manusia terkena dampaknya sedemikian rupa, sehingga kita melihat atau mendengar atau merasakannya.

Kedua, semua karunia itu bermanfaat bagi semua orang. Melalui karunia-karunia itu umat Kristen dapat melayani satu sama lain. Semua karunia itu mempunyai tujuan yang praktis.

Ketiga, semua karunia di atas bersifat supranatural. Ia bukan hasil dari kemampuan alamiah atau ketrampilan khusus. Bisa saja, orang yang buta huruf menerima karunia untuk berkata-kata dengan hikmat atau karunia untuk berkata-kata dengan pengetahuan. Begitu juga, karunia iman bisa meningkat jauh di atas tingkatan iman yang dibutuhkan orang pada umumnya untuk mengalami keselamatan. Iman ini tidak sama dengan "kesetiaan" (*faithfulness*) sebagai buah Roh, yang merupakan hasil proses pendewasaan. Karunia iman ini adalah iman supranatural yang melampaui kemampuan alamiah manusia dan menghasilkan hal-hal yang supranatural.

Kesembilan karunia di atas dapat dibagi lagi dalam tiga kelompok. Kelompok pertama adalah karunia-karunia pewahyuan. Dalam kelompok ini adalah karunia untuk berkata-kata dengan pengetahuan, karunia untuk berkata-kata dengan hikmat, dan karunia untuk membedakan berbagai roh.

Kelompok kedua merupakan karunia-karunia kuasa. Dalam kelompok ini adalah karunia iman, mukjizat dan kesembuhan.

Kelompok ketiga mencakup karunia-karunia yang bersifat vokal, yaitu karunia-karunia yang memakai pita suara manusia. Dalam kelompok ini terdapat karunia berbahasa lidah, karunia menafsirkan bahasa lidah dan karunia bernubuat.

Sebagian dari karunia-karunia yang disebutkan dalam teks asli Alkitab bahasa Yunani itu disebutkan sebagai kata benda dalam bentuk jamak. Misalnya, karunia-karunia kesembuhan, karunia-karunia mengerjakan mukjizat, karunia-karunia membedakan berbagai roh, karunia-karunia bahasa lidah. Hal ini menunjukkan bahwa setiap kesembuhan, setiap mukjizat, setiap kemampuan untuk membedakan antara roh-roh, dan setiap ucapan dalam bahasa roh merupakan sebuah karunia tersendiri. Jika karunia tertentu sering memanifestasikan dirinya melalui seseorang, mungkin kita berkata orang yang bersangkutan punya karunia tersebut.

Karunia untuk Berkata-kata dengan Pengetahuan

Kedua karunia yang disebutkan Paulus praktis saling berkaitan, yaitu berkata-kata dengan pengetahuan dan berkata-kata dengan hikmat. Perkataan pengetahuan menyajikan fakta-fakta mengenai situasi yang dihadapi. Lalu ada perkataan hikmat yang memberi tahu apa yang harus dilakukan dengan fakta-fakta yang terungkap. Bisa dikatakan, pengetahuan merupakan informasi, sedangkan hikmat memberikan arahan.

Karunia untuk Berkata-kata dengan Hikmat

Tujuan dari hikmat adalah untuk memberikan arahan yang tepat. Hal ini diungkapkan dalam Pengkhotbah 10:10: "Jika besi menjadi tumpul dan tidak diasah, maka orang harus memperbesar tenaga, tetapi yang terpenting untuk berhasil adalah hikmat," atau seperti diterjemahkan dalam King James Version dalam bahasa Inggris, "*hikmat bermanfaat untuk memberi arahan*." Dengan hikmat akan timbul ide untuk mengasah mata kampak dan hasilnya tentu baik.

Dalam dua karunia di atas ada kata-kata yang diucapkan, yaitu sekelumit dari hikmat Allah dan pengetahuan-Nya yang serba lengkap. Tuhan memang mempunyai keseluruhan hikmat dan pengetahuan. Tetapi puji Tuhan, Ia tidak memberi semua hikmat dan pengetahuan-Nya sekaligus. Sebab kita takkan tahan menanggung bebannya yang berat. Tetapi apabila menghadapi situasi tertentu di mana kita perlu informasi atau pun arahan, namun informasi atau hikmat itu tidak dapat diperoleh melalui kemampuan alamiah atau pendidikan atau melalui indera kita, di dalam kedaulatan-Nya di situlah Tuhan memberi kita kata-kata pengetahuan atau kata-kata hikmat.

Karunia Membedakan Berbagai Roh

Menurut saya, istilah *membedakan* itu artinya kemampuan untuk mengenali, mengidentifikasi dan membedakan antara berbagai macam roh yang kita hadapi. Sehubungan dengan ini, perlu disadari bahwa pelayanan Kristiani merupakan suatu pelayanan yang memasuki dunia roh. Di Efesus 6:12 Rasul Paulus mengingatkan, bahwa kita tidak berperang dengan musuh-musuh yang bersifat darah daging, melainkan oknum-oknum yang tidak berjasad. Kita berhadapan dengan sebuah kerajaan di mana terdapat banyak roh jahat. Penting sekali supaya kita diperlengkapi untuk menghadapi musuh-musuh rohani.

Menurut hemat saya, tujuan dari karunia Roh itu mencakup empat hal. Pertama, untuk menyingkap tabir yang menutupi dunia roh yang kasat mata – yaitu dunia yang harus kita hadapi apabila ingin benar-benar efektif.

Yang kedua, karunia Roh menolong kita melihat sebagaimana Tuhan melihat sesuatu (lihat 1 Samuel 16:7). Karunia yang bisa mendeteksi atau membedakan roh-roh ini membantu. Dengan demikian kita tidak terkecoh oleh apa yang dilihat secara lahiriah, dan mulai melihat keadaan hati manusia.

Tujuan ketiga dari karunia Roh adalah untuk melindungi diri sendiri terhadap penyesatan. Kita diingatkan bahwa terkadang Iblis mendatangi umat Tuhan sebagai seorang malaikat terang. Nampaknya indah dan baik dan bijak, padahal tujuan dan niatnya sungguh jahat dan menghancurkan.

Tujuan keempat dari karunia Roh adalah untuk dapat men*diagnosa* masalah yang dihadapi orang-orang dan membantu mereka. Karunia ini adalah untuk membedakan semua roh, bukan hanya roh jahat. Ada bermacam-macam roh yang kita jumpai dalam perjalanan hidup orang Kristen. Baiklah saya menyebut empat di antaranya: Pertama-tama, Roh Allah, atau Roh Kudus; yang kedua, roh yang baik maupun roh jahat; ketiga, setan-setan (*demon*) atau roh-roh najis; dan keempat, ada pula roh manusia, yaitu roh manusiawi.

Dalam Alkitab kita mendapat beberapa contoh, bagaimana karunia ini bekerja atau beroperasi, termasuk dalam pelayanan Yesus. Misalnya dalam Injil Yohanes diperlihatkan, bagaimana caranya Natanael berjumpa dengan Yesus. Di situ Yesus berkata, "inilah seorang Israel sejati, tidak ada kepalsuan di dalamnya!" (Yohanes 1:43-51).

Boleh jadi pada waktu itu Yesus sedang berdiri dan berkhotbah, lalu Natanael sedang asyik mendengarkan di belakang, sambil berdiri di bawah sebuah pohon ara. Tetapi melihat di kejauhan, di barisan belakang, Yesus menatap wajah Natanael dan melihat bahwa ia memiliki roh yang benar-benar lugu, tanpa kepalsuan sedikit pun. Natanael sungguh terheran-heran mendengarnya, tetapi Yesus berkata kepadanya: "Ini barulah permulaannya saja."

Karunia Iman

Alkitab Perjanjian Baru memperlihatkan iman dalam tiga bentuk utama. Yang pertama adalah iman untuk kehidupan sehari-hari, seperti kata Paulus: "Orang benar akan hidup oleh iman." Iman yang dimaksud di sini adalah suatu hubungan atau komitmen terhadap Tuhan yang bersifat pribadi dan berkesinambungan. Iman ini melahirkan kemampuan, motivasi dan arahan untuk seluruh kehidupan Kristiani. Inilah iman yang harus dimiliki setiap orang Kristen, agar dapat hidup benar.

Yang berikutnya adalah iman sebagai "buah Roh", seperti disebutkan dalam daftar buah Roh di Galatia pasal 5. Buah Roh selalu menggambarkan salah satu aspek dari karakter.

Yang ketiga adalah karunia iman. Yang dimaksudkan adalah iman yang bersifat supranatural, iman yang berada setingkat di atas standar manusia yang umum. Inilah iman yang terdapat pada Yesus sendiri, yang diimpartasikan oleh Roh Kudus sesuai dengan kehendak Tuhan. Dalam artian tertentu, karunia (pemberian) iman ini hampir sama dengan karunia berkata-kata dengan hikmat dan karunia berkata-kata dengan perkataan pengetahuan. Hal ini merupakan impartasi supranatural dari sebagian kecil iman yang terdapat pada Allah sendiri, dalam rangka memenuhi maksud-Nya untuk situasi tertentu.

Karunia Mengerjakan Mukjizat

Mengerjakan mukjizat dan karunia kesembuhan itu sangat erat hubungannya, namun demikian dua hal itu berdiri sendiri. Mukjizat seringkali bersifat instan dan dapat dilihat. Entah bagaimana akibat yang dihasilkannya, biasanya dapat dilihat.

Kesembuhan bisa terjadi secara bertahap dan seringkali tidak nampak. Misalnya, ada orang yang disembuhkan dari penyakit semacam *emphysema*, dan kesembuhan itu mungkin terjadi dalam waktu beberapa jam atau beberapa hari atau minggu. Kesembuhan dapat terjadi di bagian-bagian tubuh yang tak dapat dilihat orang.

Karunia Kesembuhan

Seperti apakah kesembuhan yang dimaksudkan di sini? Menurut hemat saya, pada hakikatnya ini merupakan kuasa ilahi dan supranatural yang mengalir melalui orang yang melayani serta menyalurkan karunia tersebut ke dalam tubuh orang yang sakit. Kesembuhan langsung berkaitan dengan penyakit. Di mana tidak ada penyakit, tentu tidak diperlukan kesembuhan. Maka kesembuhan merupakan kuasa Tuhan yang bekerja melalui seorang manusia yang percaya, menghadapi penyakit, mengatasi penyakit itu dan menggantikannya dengan kesehatan.

Karunia-karunia Roh itu dapat diumpamakan seperti aneka warna yang terlihat pada sebuah pelangi. Masing-masing warna pelangi itu adalah warna tersendiri, tetapi saling sambung-menyambung dengan warna lainnya. Kesembuhan berkembang menjadi mukjizat, dan mukjizat menyatu dengan kesembuhan, dan pada gilirnya keduanya sedikit banyak berkaitan dengan iman.

Karunia Bahasa Lidah

Karunia bahasa lidah (roh) adalah karunia yang paling sulit dipahami oleh banyak orang. Kita perlu mengingat bahwa dalam bahasa Alkitab Perjanjian Baru, yaitu bahasa Yunani, istilah *lidah* itu juga berarti *bahasa*. Kita dapat menyebutnya karunia lidah ataupun karunia bahasa. Demikianlah kita juga mengartikan karunia penafsiran bahasa sebagai karunia penerjemahan.

Karunia Menafsirkan Bahasa Lidah

Karunia menafsirkan merupakan kemampuan supranatural yang diberikan Roh Kudus untuk menyajikan makna dari sesuatu (yang tadinya disampaikan dalam bahasa yang asing) ke dalam suatu bahasa yang lebih dikenal. Orang yang menyampaikan penafsiran itu boleh jadi orang yang sama, yang menyampaikan pesan Tuhan dalam suatu bahasa asing, atau bisa juga orang yang lain.

Pada hakikatnya, tujuan penafsiran bahasa lidah sebagaimana diuraikan itu sama dengan tujuan dari nubuat. Di 1 Korintus 14:4-5 Paulus berkata begini:

"Siapa yang berkata-kata dengan bahasa roh, ia membangun dirinya sendiri, tetapi siapa yang bernubuat, ia membangun Jemaat. Aku suka, supaya kamu semua berkata-kata dengan bahasa roh, tetapi lebih dari pada itu, supaya kamu bernubuat. Sebab orang yang bernubuat lebih berharga dari pada orang yang berkata-kata dengan bahasa roh, kecuali kalau orang itu juga menafsirkannya, sehingga Jemaat dapat dibangun."[2]

---

[2] 1 Korintus 14:4-5, BIMK: "Orang yang berbicara dalam bahasa yang ajaib hanya menguatkan dirinya sendiri saja, sedangkan orang yang menyampaikan berita dari Allah menolong jemaat

Untuk mengetahui sejauh mana karunia-karunia tersebut dipakai, kita harus melihat sejauh mana karunia tersebut membangun jemaat. Orang yang berkata-kata dalam bahasa lidah membangun dirinya sendiri, namun orang lain tidak merasakan manfaatnya. Tetapi karunia nubuat membangun jemaat, yaitu orang-orang percaya yang berkumpul. Oleh sebab itu, karunia nubuat dianggap lebih besar manfaatnya dibandingkan kemampuan bicara dalam bahasa lidah, sebab membangun lebih banyak orang.

Namun, apabila bahasa lidah itu disusul dengan penafsirannya, maka makna dari yang disampaikan dalam bahasa lidah itu diteruskan pula kepada orang yang dapat mendengar dan mengerti, dan akibatnya ia mencapai hasil yang sama seperti orang yang bernubuat. Dengan demikian, pada intinya karunia bahasa lidah yang disertai penafsirannya sederajat dengan nubuat.

Karunia Bernubuat

Karunia bernubuat merupakan kemampuan yang dianugerahkan Roh Kudus kepada seseorang untuk menyampaikan kata-kata dari Tuhan sendiri. Kata-kata tersebut bukan tercetus dari pemahaman, pemikiran atau pun pendidikan dari orang percaya yang bersangkutan.

Pemulihan dari Sarana-sarana yang Diberikan

Ada kalangan yang berpendapat bahwa karunia-karunia ajaib tersebut telah ditarik kembali pada akhir dari periode apostolik, dan kini sudah tidak ada lagi. Tetapi kita membaca bahwa Paulus mengucapkan syukur kepada Tuhan atas umat Kristen di Korintus karena "kamu tidak kekurangan dalam suatu karunia pun sementara kamu menantikan penyataan Tuhan kita Yesus Kristus" (1 Korintus 1:7). Jadi, rupanya

---

menjadi maju. Alangkah baiknya kalau Saudara semua dapat berbicara dengan berbagai bahasa yang ajaib. Tetapi yang paling baik ialah kalau Saudara dapat memberitakan rencana-rencana Allah. Sebab orang yang menyampaikan berita dari Allah, lebih besar daripada orang yang berbicara dengan berbagai bahasa yang ajaib; lain halnya kalau orang yang berbicara dalam berbagai bahasa yang ajaib itu dapat menjelaskan apa yang dikatakannya itu, supaya seluruh jemaat mendapat manfaatnya."

Paulus mengharapkan umat Kristen tetap mengaktifkan karunia-karunia roh sampai masa menjelang kedatangan Kristus. Di 1 Korintus 12:18 Paulus berkata bahwa terlepas dari karunia-karunia lainnya, mukjizat-mukjizat dan penyembuhan telah "ditetapkan" di dalam gereja. Karunia-karunia tersebut merupakan sebagian dari kehidupan jemaat Kristen yang normal.

KINI TUHAN SEDANG MENGEMBALIKAN WARISAN ROHANI YANG TELAH DICURI IBLIS DARI GEREJA.

Saya percaya bahwa kata kunci untuk Tuhan berurusan terus dengan umat-Nya adalah *restorasi* atau pemulihan. Kini Tuhan sedang mengembalikan warisan rohani yang telah dicuri Iblis dari Gereja, karena kita, umat Tuhan kurang percaya dan kurang taat selama ini. Salah satu aspek utama dari apa yang kita akan terima kembali adalah pemulihan dari ke-9 karunia tersebut. Saya sendiri telah menyaksikan seluruhnya (9) karunia Roh itu aktif beroperasi di berbagai tempat di seluruh dunia. Karunia-karunia itu merupakan suatu kenyataan, bukan sekedar teori atau doktrin. (Untuk pengajaran yang lebih lengkap mengenai karunia-karunia rohani, silahkan baca buku saya yang berjudul *Gifts of the Spirit,* yaitu Karunia-karunia Roh.)

Kelompok yang keempat, yaitu karunia-karunia pelayanan, akan dibahas dalam bab berikutnya.

5

Karunia-karunia Pelayanan

> Jangan lalai dalam mempergunakan karunia yang ada padamu.
>
> 1 Timotius 4:14[1]

ISTILAH *"ministry"* (pelayanan) merupakan salah satu istilah rohani yang sering disalah-artikan. Pada suatu hari saya sedang berkunjung ke negara Pakistan bersama sebuah rombongan, dan petugas imigrasi di bandara bertanya kepada saya: "Apakah pekerjaan Bapak?"

Saya berpikir sebentar lalu menjawab: *"I'm a minister"* (maksud saya, profesi saya adalah pendeta, tanpa menyadari bahwa julukan "minister" itu juga bisa berarti "menteri"). Petugas bandara itu rupanya menyimpulkan bahwa saya adalah seorang menteri dalam kabinet presiden Amerika Serikat. Sejak saat itu saya diperlakukan sebagai seorang pejabat tingkat tinggi dan diberikan banyak kemudahan. Tentu saja, saya tidak bermaksud mengecoh petugas itu, karena sebenarnya saya tidak berdusta mengenai profesi saya, tetapi orang itu jelas salah mengerti istilah *minister* itu.

Sebenarnya dalam bahasa Inggris istilah *minister* itu harfiahnya berarti seorang "pelayan". Dalam Alkitab Perjanjian Baru, perkataan

---

[1] 1 Tim. 4:14, BIMK: "Janganlah engkau lalai memakai karunia dari Roh Allah yang diberikan kepadamu pada waktu pemimpin-pemimpin jemaat meletakkan tangan mereka di atas kepalamu, dan nabi-nabi menyampaikan pesan Allah mengenai dirimu."

pelayan itu ada banyak istilahnya. Salah satu dari sekian banyak istilah Yunani itu adalah *diaken*, dan dari situ kita mendapatkan istilah "diaken" pula dalam bahasa Indonesia, dan sebenarnya berarti "pelayan." Saya percaya, bahwa akan terjadi banyak perubahan besar di gereja, seandainya pada suatu hari majelis diaken di gereja diubah namanya menjadi "majelis pelayan." Perubahan kecil yang satu ini akan mengubahkan sikap banyak orang, terutama para diaken itu sendiri.

Karunia "Berwujud Manusia"

Maksud tujuan dari karunia-karunia atau pemberian Tuhan itu adalah untuk membangun dan mendewasakan umat percaya, yaitu Tubuh Kristus dalam Gereja. Kelima pelayanan (jawatan) yang utama itu adalah para rasul, para nabi, para penginjil, para gembala dan para pengajar. Pelayanan (jawatan) itu melaksanakan empat fungsi utama seperti yang dijelaskan Rasul Paulus. Fungsi pertama adalah untuk memperlengkapi umat percaya agar dapat menjalankan tugas (sebagai anggota jemaat). Fungsi kedua adalah untuk membangun Tubuh Kristus. Fungsi ketiga adalah membawa kita semua untuk bersatu. Fungsi keempat adalah untuk mendorong kepada kedewasaan dan kesempurnaan. (Lihatlah Efesus 4:15-16.)

> Dan Ialah yang memberikan baik *rasul-rasul* maupun *nabi-nabi*, baik *pemberita-pemberita Injil* maupun *gembala-gembala* dan *pengajar-pengajar*.
>
> Efesus 4:11 (huruf miring, penekanan dari penulis)
>
> Dan Allah telah menetapkan beberapa orang dalam Jemaat: pertama sebagai *rasul*, kedua sebagai *nabi*, ketiga sebagai *pengajar*.
>
> 1 Korintus 12:28 (huruf miring, penekanan dari penulis)
>
> Demikianlah kita mempunyai karunia yang berlain-lainan ... Jika karunia itu adalah untuk *bernubuat* baiklah kita melakukannya sesuai dengan iman kita. ... jika karunia untuk *mengajar*, baiklah kita mengajar.
>
> Roma 12:6-7 (huruf miring, penekanan dari penulis)

Rasul-rasul

Dari kelima jawatan pelayanan, dua jawatan pertama (yang utama) adalah para rasul dan para nabi. Segala rahasia mengenai rencana besar Tuhan untuk Gereja-Nya akan disingkapkan melalui para rasul dan para nabi.

Kita dapat membayangkan para rasul sebagai para arsitek atau ahli bangunan yang bertugas membangun jemaat-jemaat. Para arsitek mesti paham benar mengenai segala keperluan yang dibutuhkan dalam setiap tahap pembangunan, mulai dari pondasi sampai ke bagian atap gedung. Karena memang itu profesinya dan untuk itu mereka telah menerima pelatihan dan pendidikan. Mereka bertanggung jawab untuk setiap aspek dari proyek pembangunan dan harus bisa diminta pertanggungan-jawabnya. Di dunia sekuler itulah tugas seorang arsitek. Di bidang rohani yang bertugas demikian adalah para rasul. Para rasul meletakkan dasar untuk merintis sebuah jemaat (sidang jemaat) dan merupakan orang-orang yang melaluinya Tuhan memberi pewahyuan dan pencerahan kepada jemaat. (Lihat Efesus 2:20; 3:4-5.)

MAKSUD TUJUAN DARI KARUNIA-KARUNIA ATAU PEMBERIAN TUHAN ITU ADALAH UNTUK MEMBANGUN DAN MENDEWASAKAN UMAT PERCAYA.

Para rasul secara harfiah haruslah "orang yang diutus." Kalau belum ada yang mengutus, berarti tidak mungkin Anda seorang rasul. Sebab tak ada rasul yang mengutus dirinya sendiri. Namun pada kenyataannya, dewasa ini ada banyak orang yang mengangkat dirinya, berjalan keliling dari gereja ke gereja, dan menyebut dirinya rasul. Padahal itu jelas tidak memenuhi ketentuan Alkitab. Rasul adalah seorang yang telah diutus dan harus memberi pertanggungan jawab kepada pihak-pihak yang telah mengutusnya.

Nabi-nabi

Di kitab Wahyu digambarkan pohon-pohon zaitun, dan pohon-pohon zaitun itu merupakan simbol yang melambangkan nabi-nabi (lihat Wahyu pasal 11). Pelayanan seorang nabi seharusnya seperti pohon zaitun yang terus-menerus mengeluarkan minyak baru berupa pewahyuan dan pencerahan, serta mengalirkannya kepada kaki dian atau kaki pelita (kaki dian itu lambang dari Gereja), sehingga pelita di kaki dian itu bisa menyala terang terus.

Nabi adalah orang yang menyampaikan pesan Tuhan. Nabi harus memiliki sebuah pesan. Pesan itu diterimanya langsung dari Tuhan lewat pewahyuan, dan pesan itu adalah untuk masa dan waktu tertentu atau untuk situasi atau sekelompok tertentu. Itu yang membuat nabi berbeda daripada sekedar pengkhotbah. Pengkhotbah hanya menyampaikan kebenaran-kebenaran yang bersifat umum dari Firman Tuhan. Tetapi sang nabi membawa sebuah pesan khusus.

Contohnya adalah Nabi Yunus. Nabi Yunus bukan hanya seorang pengkhotbah, tetapi ia lebih dari itu. Bisa saja Yunus datang ke kota Niniwe dan berkata: "Jika kalian meneruskan hidup seperti kalian hidup selama ini, kalian pasti akan mendapat hukuman dari Tuhan." Kata-kata demikian memang tidak salah, namun bersifat umum. Tetapi Yunus membawa suatu pesan atau wahyu yang bersifat spesifik. Ia berkata: "Hukuman akan segera dijatuhkan dalam waktu 40 hari lagi." Dengan ucapan itu maka ia menjadi seorang nabi.

Pemberita-pemberita Injil

Istilah "pemberita injil" atau "penginjil" (*evangelis*) itu dirangkaikan dari sebuah kata Yunani yang artinya "kabar baik." Para pemberita Injil (pembawa kabar baik) mendapat tugas khusus untuk menyampaikan kabar tersebut. Mereka adalah orang-orang yang pergi ke mana-mana. Mereka tak pernah tinggal lama di satu tempat, karena selalu memikirkan orang-orang yang belum mendengar berita Injil.

Dalam melakukan tugasnya sebagai seorang rasul, Paulus juga mengerjakan tugas seorang penginjil. Jawatan rasuli atau apostoliknya mencakup pula tugas seorang penginjil. Tujuan utama penginjil adalah untuk memperkenalkan Juruselamat kepada orang-orang yang masih hidup dalam dosa, membawa mereka kepada keselamatan dan sesudah itu membaptis mereka dalam air. Selesai memperkenalkan Tuhan Yesus, orang ini tidak menetap di tempat untuk mengakrabkan hubungan orang-orang itu dengan Tuhan. Ia pergi lagi ke tempat lain untuk mencari orang-orang baru yang belum diperkenalkan kepada Tuhan.

Gembala-gembala (pastor)

Jabatan "pastor" pada hakikatnya adalah gembala dari kawanan domba atau jemaat. Istilah bahasa Yunani untuk "gembala" adalah *poimen* yang memang tepat dialihbahasakan sebagai "gembala". Hanya di satu ayat saja, istilah itu diterjemahkan dalam Alkitab bahasa Inggris sebagai "pastor", yaitu dalam daftar yang terdapat di Efesus 4:11. Umumnya umat Kristen kurang menyadari bahwa kata dasar yang diterjemahkan "pastor" itu sesungguhnya berarti "gembala."

Jujur saja, selama bertahun-tahun saya sendiri juga mengalami sedikit kebingungan dalam pelayanan. Misalnya, saya sering berkhotbah di gereja mengenai "sang pastor dan para penatua", seolah-olah pastor (atau pendeta) itu hanya seorang saja, sedangkan pemimpin lainnya di gereja adalah para penatua. Tetapi suatu hari, ketika sedang membaca Alkitab Perjanjian Baru, secara tiba-tiba saya mendapat pencerahan rohani. Saya seperti disambar petir. Dan baru saat itulah saya menyadari bahwa yang dimaksud *pastor* itu sebenarnya adalah jawatan pelayanan para *elder* (penatua). Itu sesungguhnya merupakan jawatan yang sama, tetapi memakai dua gelar atau julukan yang berbeda. Saya bersusah payah untuk memelajari bagaimana susunan tata gereja yang seharusnya menurut Perjanjian Baru, dan studi saya itu seumpama memainkan sebuah *jigsaw puzzle* (gambar teka-teki). Dalam *jigsaw puzzle* itu kita diberi sekian banyak potongan yang harus dicocokkan dengan potongan lainnya untuk menyusun gambar tertentu. Tetapi anehnya, setelah selesai, saya selalu mempunyai kelebihan satu potong dari gambarnya. Bagaimana pun saya menyusun potongan-potongan gambar itu, selalu saja ada sepotong yang tersisa dan tidak menemukan tempatnya. Padahal potongan ekstra itu tidak lain adalah jawatan "pastor" tadi, seolah-olah pekerjaan atau pelayanan "pastor" itu berbeda dari jawatan "penatua". Sebenarnya *penatua* adalah nama jawatan, sedangkan *pastor* atau *gembala* itu adalah jawatan yang sama, tetapi dengan istilah lain.

Di dalam Alkitab, yang bertugas sebagai pengawas jemaat adalah para penatua. Tugas mereka adalah untuk menggembalakan gereja, yaitu kawanan domba. Tidak disangsikan lagi, merekalah pemimpin sebenarnya dari gereja setempat. Di dalam gereja lokal tak ada jabatan lain yang lebih tinggi dari para penatua. Tidak ada "pastor" atau pendeta, yang harus selalu berdiri di belakang layar. Seandainya demikian, tentu Paulus telah bertindak kurang etis karena ia memanggil semua penatua jemaat Efesus, lalu memberi mereka instruksi. Sebab memang tidak ada "pastor" atau pendeta yang berdiri di belakang layar. Sebenarnya, secara kolektif merekalah para pastor atau gembala. Merekalah para penatua, pengawas dan *bishop* (penilik).

Para Pengajar

Para pengajar adalah orang yang menyingkapkan pengajaran kepada umat Tuhan. Dalam jawatan pelayanan yang satu ini sesungguhnya orang bertugas untuk menjelaskan atau memberikan penafsiran mengenai Alkitab.

Kalau saya melihatnya, pengajaran itu dilakukan pada dua tingkatan yang berbeda. Ada jawatan pelayanan di mana yang bersangkutan melayani seluruh gereja Tuhan, yaitu Gereja yang universal. Kemudian ada juga pelayanan pengajaran yang ditujukan secara khusus kepada sebuah jemaat lokal.

Boleh jadi pengajar yang melayani seluruh Tubuh Kristus merupakan suatu pelayanan publik, yang mirip penginjil yang berkeliling atau mungkin juga seorang rasul. Pelayanan ini bersifat *mobile* (berpindah-pindah) dan dilakukan dalam daerah geografis yang cukup luas. Namun di gereja lokal tentu ada pula orang-orang yang khusus bertanggung jawab untuk mengajar (dalam skala lebih kecil) kepada beberapa orang atau kelompok.

Aspek pengajaran ini harus bekerja sama dengan para penginjil. Paulus menulis: "Aku menanam, Apolos menyiram, tetapi Allah yang memberi pertumbuhan" (1 Korintus 3:6). Gambaran sederhana yang diambil dari dunia pertanian ini merupakan contoh yang bagus sekali. Penginjilan dilakukan pada waktu benih Firman Tuhan ditanamkan. Namun jika tidak disirami air sesudah itu, tentu benih tersebut tak akan tumbuh, apalagi berbuah. Oleh karena itu, yang dilakukan selanjutnya adalah pelayanan penyiraman dengan air, dan itulah yang dilakukan oleh Apolos, yang berfungsi sebagai pengajar atau guru.

Yesus, Contoh yang Sempurna

Karunia-karunia itu merupakan hadiah atau pemberian Kristus ketika Ia naik ke surga. Itulah hadiah-hadiah yang dibagikan kepada Tubuh Kristus ketika Ia naik ke surga. Yang pertama dilakukan Yesus adalah memberi pemimpin-pemimpin kepada umat-Nya melalui karunia-karunia atau hadiah (manusia) tersebut. Hal ini sungguh mendasar, sebab umat yang tidak diberi pimpinan akan menjadi umat yang lemah. Bila domba-domba tidak diberi gembala, mereka akan tercerai-berai sehingga menjadi mangsa binatang buas.

Hal yang disampaikan berikut ini sangat penting untuk dimengerti. Karunia-karunia itu berwujud manusia. Tuhan memberikan rasul-rasul sebagai suatu hadiah. Ia memberikan nabi-nabi sebagai hadiah. Ia memberikan penginjil-penginjil sebagai hadiah. Ia memberikan pastor atau gembala sebagai hadiah. Dan Ia juga memberikan pengajar-pengajar sebagai hadiah. Perhatikan kembali di Efesus 4:7: "Tetapi kepada kita masing-masing telah dianugerahkan kasih karunia menurut ukuran pemberian Kristus."[2] [Terjemahan Alkitab bahasa Inggris: "Kepada kita masing-masing diberikan kasih karunia menurut takaran pemberian Kristus."] Istilah *pemberian* dalam ayat ini tidak sama dengan istilah *karunia* yang telah kita pelajari sejauh ini. Di sini digunakan istilah *dorea* dalam bahasa Yunani, dan mengenai ayat ini saya mempunyai sebuah teori.

Istilah *dorea* ini biasanya dalam Alkitab Perjanjian Baru dipakai sebagai suatu hadiah, sebuah kado berupa Pribadi ilahi. Hadiah atau pemberian ini ada dua. Yang satu adalah Yesus dan yang lainnya adalah Roh Kudus. Menurut pendapat saya, kedua "pribadi" yang diberi itu merupakan hadiah atau pemberian sosok Yesus menurut takaran tertentu.

---

[2] Efesus 4:7, BIMK: "Kita masing-masing menerima suatu pemberian menurut apa yang diberikan oleh Kristus."

Baiklah, akan saya jelaskan begini. Yesus merupakan contoh yang paling sempurna dari setiap hadiah atau pemberian itu. Dialah rasul yang sempurna, nabi yang sempurna, penginjil yang sempurna, gembala yang sempurna, dan guru yang sempurna. Bagaimana berkembangnya seorang pria atau wanita dalam pelayanannya, bergantung kepada seberapa banyak yang diimpartasikan Yesus kepada yang bersangkutan. Jadi, jikalau pelayanan Anda adalah salah satu jawatan tersebut, sesungguhnya Kristus-lah yang melakukan pelayanan-Nya sebagai seorang gembala, guru, penginjil, nabi atau rasul melalui diri Anda.

Karunia-karunia ini tidak sama dengan karunia-karunia Roh. Karunia-karunia Roh adalah di mana Roh Kudus memanifestasikan diri-Nya dalam kehidupan seorang percaya. Manifestasi itu singkat dan sementara saja. Sifatnya datang dan pergi – seperti cahaya petir yang bersinar sebentar. Sedangkan karunia-karunia atau hadiah jawatan itu merupakan hal yang diberikan kepada kehidupan seseorang untuk jangka panjang. Apakah yang membuat Anda memenuhi syarat menjadi seorang gembala? Bukan karena Anda lulusan sebuah seminari. Yang membuat Anda memenuhi syarat adalah karena Yesus, sang Pastor dan Gembala Agung telah menghadiahkan diri-Nya kepada jemaat lewat diri Anda. Begitu juga halnya dengan penginjil dan jawatan pelayanan lainnya.

Karunia atau hadiah pemberian itu sepenuhnya merupakan kedaulatan Tuhan. Ia tidak terpengaruh oleh proses pemilihan yang dilakukan manusia. Misalnya, kita tidak sekadar "mempekerjakan" seorang pastor (semoga jangan terjadi). Seandainya Anda dipekerjakan sebagai pastor, maka Anda adalah orang upahan. Tidak, Tuhanlah yang memilih sang pastor. Kita mengerti bahwa Tuhan sendiri yang memilihnya. Yang memilih bukan kita, karena seharusnya Gereja itu dipimpin oleh Tuhan dari atas. Gereja semestinya bukan sebuah demokrasi. Kepala Gereja adalah Yesus, dan Ia memerintah dari atas ke bawah. Eselon pertama dari pemerintahan-Nya adalah kelima jawatan pelayanan tadi. Tanpa jawatan-jawatan tersebut Gereja takkan pernah bisa berfungsi sebagaimana mestinya.

Jujur saja, pemahaman kita mengenai jawatan-jawatan pelayanan itu telah banyak carut-marut, sebab tradisi gereja sudah berkembang sekian lama dan juga karena salah kaprah dalam menggunakan gelar-gelar. Banyak gereja akan senang untuk mengundang seorang penginjil untuk datang berkhotbah, misalnya. Tetapi terkadang, ada gereja yang secara terang-terangan menolak peran rasul-rasul. Padahal, penginjil dalam Alkitab Perjanjian Baru hanya satu orang. Namanya Filipus (lihat Kisah 21:8). Rasulnya sudah saya hitung sendiri, ada 28 orang, yaitu 14 orang sebelum peristiwa Pentakosta, dan 14 lagi sesudah hari raya Pentakosta. Sebagaimana telah kami katakan, Tuhan "menetapkan" rasul-rasul dalam gereja (1 Korintus 12:28). Oleh karena itu kita harus bertanya: Siapakah sebenarnya yang berwenang sehingga seenaknya saja menghapuskan jawatan tersebut?

Karunia-Karunia *Specimen*

Yang saya maksud sebagai karunia *specimen* adalah karunia-karunia yang terdapat pada Gereja Mula-mula dan mempunyai peran penting dalamnya. Dalam surat-surat kirimannya kepada Jemaat Roma dan Jemaat Korintus, Paulus menyebutkan sembilan karunia *specimen*, sedangkan Rasul Petrus dalam surat kirimannya menyebutkan dua karunia lagi. Jadi, seluruhnya ada sebelas karunia. Tetapi sebenarnya, yang ada itu lebih dari sebelas. Karunia-karunia dalam Alkitab disebut-kan sebagai contoh dari pekerjaan Roh Kudus. Sementara membaca ini, cobalah merenungkan kembali semua karunia itu dan bertanyalah kepada Tuhan: "Ya Tuhan, di antara sekian *charismata* itu, yang manakah yang Engkau kehendaki bagiku?"

Marilah kita kembali lagi kepada ketiga ayat Alkitab yang menyebut karunia-karunia *specimen* itu:

> Demikianlah kita mempunyai karunia yang berlain-lainan menurut kasih karunia yang dianugerahkan kepada kita: Jika karunia itu adalah untuk *bernubuat* baiklah kita melakukannya sesuai dengan iman kita. Jika karunia untuk *melayani*, baiklah kita melayani; jika karunia untuk *mengajar*, baiklah kita mengajar; jika karunia untuk *menasihati*, baiklah kita menasihati. Siapa yang *membagi-bagikan* [memberi] sesuatu, hendaklah ia melakukannya dengan hati yang ikhlas; siapa yang *memberi pimpinan*, hendaknya ia melakukannya dengan rajin; siapa yang menun-

jukkan *kemurahan* [belas kasihan], hendaklah ia melakukannya dengan sukacita.

Roma 12:6-8 (huruf miring, penekanan dari penulis)

Dan Allah telah menetapkan beberapa orang dalam Jemaat ... sebagai *nabi*, ... sebagai *pengajar*. ... untuk *melayani* [terjemahan bhs. Inggris, untuk *membantu*] ... untuk *memimpin* [terjemahan bhs. Inggris, ... yang mempunyai karunia *administrasi*].

1 Korintus 12:28 (huruf miring, penekanan dari penulis)

Berilah tumpangan seorang akan yang lain dengan tidak bersungut-sungut. ... Jika ada orang yang berbicara, baiklah ia *berbicara sebagai orang yang menyampaikan firman Allah.*

1 Petrus 4:9, 11 (huruf miring, penekanan dari penulis)

Nubuat

Kalau pun nabi merupakan karunia atau hadiah berwujud manusia, siapa pun bisa mendapat nubuatan yang harus disampaikan. Nubuatan itu bisa diberikan oleh Roh Kudus sekali itu saja untuk situasi atau keadaan tertentu.

Apabila seseorang bernubuat, apakah yang sebenarnya ia sampaikan kepada jemaat? "Tetapi siapa yang bernubuat, ia berkata-kata kepada manusia, ... siapa yang bernubuat, ia membangun Jemaat" (1 Korintus 14:3-4). Nubuatan hanya boleh membangun, menasihati dan menghibur, karena Tuhan tidak suka membuat orang percaya berkecil hati atau memberi hukuman kepada mereka. Ia tidak suka menghardik orang dengan memperingatkan mengenai hukuman yang akan ditimpakan kepada orang-orang percaya. Ia hanya melakukan itu kepada orang-orang yang belum percaya.

Istilah *edification* dalam bahasa Inggris, yang diterjemahkan *membangun*, mungkin adalah istilah yang agak kuno dan berbau agamawi. Kebanyakan orang Inggris mengerti istilah *edifice*, yang berarti sebuah bangunan. Jadi *membangun* itu artinya tidak lain daripada "membina atau menguatkan." Artinya, membuat orang menjadi lebih efektif se-bagai anggota-anggota Tubuh Kristus di bidang pelayanan yang mereka lakukan. Jikalau Anda menerima karunia bernubuat, semestinya hal itu membuat Anda lebih bisa melayani Tuhan dan umat-Nya.

Exhortation (menasihati) itu berarti "menstimulasi, memberi semangat, memberi nasihat dan menggerakkan." Menasihati bisa juga berarti memberi peringatan keras dan bahkan menegur. Namun di sini tidak dimaksudkan untuk menghakimi atau menghukum. "Demikianlah sekarang tidak ada penghukuman bagi mereka yang ada di dalam Kristus Yesus" (Roma 8:1).

Menghibur itu artinya "membuat gembira".

Di atas ini saya katakan bahwa nubuatan yang baik, terutama nasihat yang baik, tidak boleh bernada menghakimi atau menghukum. Saya ingin menandaskan kembali hal ini. Karena selama bertahun-tahun saya mendengar berbagai kasus dari orang yang katanya bernubuat, tetapi justru menimbulkan kebingungan dan perasaan bersalah. Yang demikian itu sesungguhnya bukan manifestasi Roh Kudus. Allah tak suka menimbulkan kebingungan, dan Roh Kudus tak pernah membuat umat Allah merasa dipersalahkan (dibuat merasa bersalah).

Apabila orang bernubuat dengan benar, hal itu pasti bukan untuk melakukan apa yang diinginkan Iblis. Nubuat justru akan membatalkan rencana-rencana Iblis. Jikalau orang "bernubuat", tetapi hasilnya membuat orang merasa bersalah dan kecil hati, sesungguhnya itu pekerjaan Iblis. Ada dua senjata terbesar yang paling banyak digunakan Iblis terhadap umat Tuhan, dan itu adalah rasa bersalah dan rasa kecil hati (kecewa). Jikalau suatu pengaruh atau pesan tertentu masuk dalam kehidupan Anda dan membuat Anda kecil hati (kecewa), janganlah katakan bahwa Roh Kudus yang berkata begitu.

DALAM TUBUH KRISTUS, UNTUK MENJADI SEORANG PEMIMPIN KITA HARUS MELAYANI BANYAK ORANG DULU.

Masalahnya, begitu banyak orang Kristen berpendapat, apabila merasa dirinya bersalah berarti mereka itu rendah hati, kemudian mereka bercerita ke mana-mana mengenai keadaan mereka yang kurang baik. Padahal sebenarnya Anda merupakan ciptaan baru dalam Yesus Kristus dan Anda adalah karya cipta Tuhan. Jadi, setiap kali

Anda mengkritik diri sesungguhnya Anda mencela karya Tuhan sendiri. Anda sama sekali tidak memuliakan Tuhan. Yang Anda permuliakan justru Iblis.

Melayani

Istilah Yunani untuk *ministry* sesungguhnya berarti "melakukan pelayanan." Istilah itu berkaitan dengan kata dasar untuk istilah *diaken*. Yang dimaksud sesungguhnya adalah suatu bentuk pelayanan lahiriah.

Dalam Tubuh Kristus, untuk menjadi seorang pemimpin kita harus melayani banyak orang dulu. Menurut hemat saya, Tuhan tidak pernah mengangkat orang begitu saja menjadi pemimpin. Yesus pernah memanggil para pengikut-Nya berkumpul, lalu Ia berkata: "Barangsiapa ingin menjadi besar di antara kamu, hendaklah ia menjadi pelayanmu, dan barangsiapa ingin menjadi terkemuka di antara kamu, hendaklah ia menjadi hambamu" (Matius 20:26-27).

Perhatikan, semakin tinggi kedudukan yang hendak dicapai, Anda justru harus mulai dari tempat yang lebih rendah lagi. Jadi, kalau mau menjadi orang "besar", Anda harus terlebih dahulu menjadi seorang "hamba", seorang budak. Kalau mau menjadi orang "nomor satu", Anda harus terlebih dahulu menjadi "hamba", seorang pelayan.

Mengajar

Seperti halnya bernubuat, jawatan mengajar pun merupakan salah satu karunia yang berwujud manusia, seperti kita bicarakan tadi.

Tujuan yang ingin dicapai ketika mengajar orang adalah cinta kasih. Belakangan saya mulai percaya, jika suatu pengajaran tidak menghasilkan cinta kasih, sebenarnya pengajaran itu telah gagal. Tetapi ayat pertama yang akan kita baca sekarang mungkin bisa menyurutkan niat Anda untuk memperoleh karunia pelayanan yang mulia ini. "Saudara-saudaraku, janganlah banyak orang di antara kamu mau menjadi guru; sebab kita tahu, bahwa sebagai guru kita akan dihakimi menurut ukuran yang lebih berat" (Yakobus 3:1).

Makna seutuhnya ayat tersebut telah saya renungkan dengan sungguh-sungguh, dan menurut hemat saya, yang dimaksud "guru" di sini adalah guru yang khusus mengajar doktrin. Di Kisah Para rasul 2:42 dikatakan mengenai jiwa-jiwa baru di kota Yerusalem, sebagai berikut: "Mereka bertekun dalam pengajaran rasul-rasul dan dalam persekutuan. Dan mereka selalu berkumpul untuk memecahkan roti dan berdoa." Dalam tugas mengajar, hal utama yang harus diupayakan adalah supaya seluruh umat tetap bertekun dalam pengajaran para rasul. Apabila ada gereja yang menyimpang dari pengajaran para rasul, mereka akan mengalami kesulitan dan kegagalan. Saya percaya pelayanan yang dimaksudkan Yakobus ini adalah pengajaran doktrin yang alkitabiah.

Soal mengajar ini, ada dua tingkatannya. Ada orang-orang yang tugasnya harus mengajarkan hal baru, dan ada pula yang sekadar meneruskan apa yang sudah pernah diajarkan sebelumnya. Yang mulai mengajarkan pengajaran baru bertanggungjawab untuk menentukan apa yang akan diajarkannya. Yang sekadar meneruskan, akan mengajar apa yang sudah pernah diajarkan kepada mereka.

Di 2 Timotius 2:2 Paulus berkata: "Apa yang telah engkau dengar dari padaku di depan banyak saksi, percayakanlah itu kepada orang-orang yang dapat dipercayai, yang juga cakap mengajar orang lain." Saya pernah mendengar bahwa ayat ini menyebutkan empat angkatan yang mengajar. Pertama adalah Paulus, kemudian Timotius, lalu "orang-orang yang dapat dipercayai" yang diajar oleh Timotius, lalu "orang lain" pula. Tugasnya adalah untuk mengajarkan apa yang sudah diajarkan Paulus kepada Timotius. Dalam artian tertentu, inilah pengajaran para rasul yang dimaksudkan.

Menasihati/Memberi Dorongan Semangat

Karunia pelayanan ini saya sebutkan sebagai pelayanan *menasihati* atau *memberi dorongan semangat*, karena dalam bahasa Yunani inilah kata yang dipakai untuk memberi dorongan semangat. Setujukah Anda bahwa karunia untuk memberi dorongan semangat sangat diperlukan oleh Tubuh Kristus? Menurut saya, salah satu senjata Iblis yang paling ampuh adalah kemampuannya untuk mematahkan semangat orang.

Istilahnya di sini mengandung dua buah makna, dan kita juga dapat menyebutnya "membuat gembira" atau "membangkitkan semangat." Jikalau ada orang-orang sedang patah semangat, Andalah yang harus membangkitkan kembali semangat mereka. Jikalau orang-orang sedang malas atau letih lesu, Andalah yang harus membangunkan mereka.

Memberi/Berbagi

Secara harfiah, istilah Yunani untuk *memberi* itu artinya "berbagi". Anda mungkin belum pernah menyadari bahwa "berbagi" itu merupakan suatu pelayanan. Inilah salah satu alasan mengapa saya tidak percaya Tuhan menghendaki umat-Nya tetap miskin atau melarat. Tuhan memberkati orang-orang Kristen tertentu dengan harta kekayaan. Mengapa? Karena Tuhan memberi mereka suatu pelayanan untuk berbagi kepada orang lain. Mereka memakai kekayaannya untuk Kerajaan Allah – untuk memberkati hamba-hamba Tuhan yang lain, untuk membantu pekerjaan dari sebuah pelayanan tertentu.

Saya akan berkata sesuatu yang mungkin ada yang tidak senang mendengarnya. Tahukah Anda, bahwa akhir-akhir ini ketika mendoakan Kerajaan Allah, saya khusus berdoa supaya Tuhan memindahkan keuangan Kerajaan-Nya kepada orang-orang, pelayanan-pelayanan dan kegiatan yang benar-benar melakukan kehendak-Nya. Karena saya melihat banyak sekali uang dihambur-hamburkan begitu saja untuk urusan yang berbau rohani, dan saya sedih melihatnya. Untuk memberi atau berbagi kepada orang lain memang perlu hikmat yang cukup besar dan juga kepekaan terhadap Roh Kudus.

Memimpin/Memerintah

Dalam *New American Standard Bible* (NASB) dan juga *New International Version* (NIV) istilah "memimpin" (*to lead*) dialihbahasakan menjadi "memerintah" (*to rule*). Artinya "berdiri di depan."

Menurut Paulus, orang yang tidak pandai mengatur keluarganya sendiri, tak akan dapat memimpin gereja milik Tuhan (lihat 1 Timotius 3:5). Dipakai kata yang sama di sini. Artinya, memikul tanggung jawab, menjadi pemimpin, "berdiri di depan", menjadi pelindung. Artinya berdiri di antara umat yang Anda pimpin dan menghadang segala kekuatan yang hendak menyerang mereka. Tanpa kepemimpinan, operasi atau gerakan apa pun juga akan gagal.

Menunjukkan Kemurahan

"... siapa yang menunjukkan kemurahan, hendaklah ia melakukannya dengan sukacita" (Roma 12:8). Betapa besar kebutuhan umat Tuhan akan pelayanan seperti ini! Tatkala terbaring selama setahun di rumah sakit di Mesir itu, saya dibesuk oleh seorang ibu berusia 75 tahun, seorang anggota Bala Keselamatan berpangkat brigadir. Untuk itu ia harus menempuh perjalanan yang cukup repot dari Kairo menuju ke kota Alballah. Ternyata kunjungan tersebut berdampak besar atas kehidupan saya. Kunjungannya itu membangkitkan sesuatu yang baru dalam diri saya, yang sampai sekarang masih bergelora. Saya mengucap syukur kepada Tuhan untuk ibu tersebut, yang rela berkorban dan bersedia mengunjungi seorang prajurit Inggris yang tak dikenal siapa-siapa di sebuah rumah sakit!

Itulah sebuah contoh mengenai pelayanan untuk menunjukkan kebaikan dan kemurahan. Sejak waktu itu, sedikit banyak hal-hal yang berkembang dalam pelayanan saya, saya berhutang kepada ibu yang baik hati itu. Ia sudah lama dipanggil Tuhan, tetapi saya pikir betapa banyaknya harta di surga yang tersedia bagi ibu itu karena kemurahan yang ia tunjukkan kepada saya.

Memberi Bantuan/Asistensi

Masih ada dua *charismata lagi*, dan untuk itu kita harus kembali ke 1 Korintus 12:28, di mana juga disebutkan karunia-karunia atau hadiah berupa manusia:

> Dan Allah telah menetapkan beberapa orang dalam Jemaat: pertama sebagai rasul, kedua sebagai nabi, ketiga sebagai pengajar. Selanjutnya mereka yang mendapat karunia untuk mengadakan mujizat, untuk menyembuhkan, untuk *melayani*, untuk *memimpin*, dan untuk berkata-kata dalam bahasa roh.

Karunia mengadakan mukjizat, karunia menyembuhkan dan karunia bahasa roh (bahasa lidah), termasuk dalam daftar sembilan karunia Roh Kudus (lihat 1 Korintus 12:7-10). Tetapi di ayat 28 itu kita mendapati dua karunia lagi yang disebut karunia pelayanan. Yang satu adalah karunia untuk *melayani* (*helps*) dan yang kedua adalah karunia untuk *memimpin* (*administrations*).

Arti kata *melayani* (*helps*, dalam Alkitab bahasa Inggris) cukup jelas. Konon di Amerika (pada masa kolonial dulu) ada orang yang disebut *chief* (ketua/bos) dan juga orang Indian (pribumi Amerika). Kalau orang disebut *helps*, artinya ia seorang pembantu yang disuruh-suruh, yang biasanya adalah orang pribumi Indian.

Pernah dahulu pada masa awal gerakan Pentakosta (di Inggris) -- ketika saya melayani di sana pada dasawarsa 1950-an, semua anak Tuhan maunya hanya menjadi pemimpin (*bos*) saja. Tak ada orang yang bersedia bekerja sebagai pembantu atau *"helps"*. Akhirnya pekerjaan pun terbengkalai, karena tak ada anak Tuhan yang mau merendahkan diri. Siapa tahu, Tuhan telah memilih Anda untuk menjadi seorang yang tugasnya *melayani*.

Pengadministrasian/Memimpin

Istilah *administrasi* dalam Alkitab bahasa Inggris cukup menarik. Kata itu dulunya istilah Yunani yang berarti "mengemudikan." Sebenarnya, pada awalnya kata itu sama sekali tidak berarti "memerintah". Artinya hanya mengemudikan atau memegang kemudi. Namun di pelayanan ini, apabila pengemudi melakukan sebuah gerakan yang kecil, perjalanan bisa berubah sama sekali bagi sebuah rombongan, demikian juga arahan yang diberi dalam sebuah pertemuan.

Ini adalah *charisma* yang menarik untuk diperhatikan. Misalnya, dalam suatu pertemuan seringkali Tuhan menghendaki kita ke arah tertentu, padahal pikiran hadirin sedang menuju arah yang lain. Sebagai contohnya, tadinya kita bermaksud menyanyikan puji-pujian malam ini. Namun Tuhan menghendaki agar kita melakukan sesuatu yang berbeda. Atau, contoh lain, malam ini kita merencanakan untuk Pendalaman Alkitab, padahal Tuhan menginginkan agar kita berdoa. Pelayanan "pengemudi" itu adalah untuk memberi arahan, ke mana kelompok itu harus pergi, dan dialah yang mengalihkan arah kemudi.

Memberi Tumpangan

Di 1 Petrus kita dapat menemukan dua *charismata* yang cukup menarik:

Berilah tumpangan seorang akan yang lain dengan tidak bersungut-sungut. Layanilah seorang akan yang lain, sesuai dengan karunia [*charismata*] yang telah diperoleh tiap-tiap orang sebagai pengurus yang baik dari kasih karunia Allah. Jika ada orang yang *berbicara*, baiklah ia berbicara sebagai orang yang menyampaikan firman Allah [terjemahan Alkitab bahasa Inggris NIV: "berbicara sebagai penyambung lidah Tuhan" – *speak as the oracles of God*).

1 Petrus 4:9-11 (huruf miring, penekanan dari penulis)

Karunia pertama yang disebutkan di sini ada di ayat 9: "Berilah tumpangan seorang akan yang lain." Berapa banyak orang Kristen yang menyadari bahwa memberi tumpangan [*hospitality*], atau mengurus keperluan orang lain, merupakan sebuah *charisma*? (Dan sebagai komentar tambahan, berapa di antara kita menyadari bahwa hal itu harus dilakukan tanpa bersungut-sungut, sebab bersungut-sungut itu dosa?)

Ada pepatah bangsa Yahudi yang berkata: "Tangan yang satu membasuh tangan lainnya dan kedua tangan dipakai untuk membasuh muka." Semestinya memang demikian. Anggota badan kita harus ada saling ketergantungan.

Berbicara sebagai Penyambung Lidah Tuhan

Akhirnya, karunia terakhir adalah karunia berbicara "sebagai orang yang menyampaikan firman Allah" (ayat 11). Ada orang yang selalu menyampaikan kata akhir, sekalipun di tengah-tengah suatu perbincangan umum. Sesudah itu tak ada lagi orang lain yang dapat menambahkan apa-apa. Itu tidak berarti, setiap kata dari orang yang bersangkutan adalah "suara Tuhan". Tetapi dalam kasus-kasus tertentu orang itu (baik lelaki atau perempuan) berbicara dengan otoritas tertentu, sehingga tak ada orang lain yang berani membantahnya.

Lydia, istri saya yang pertama, adalah orang yang seperti itu. Ia terkadang menyatakan pendapat dengan sebuah kalimat yang paling banyak sepuluh kata saja, dan setelah ia selesai, tak ada lagi hal lain yang perlu ditambahkan. Terkadang kalimat-kalimat yang diucapkannya termasuk pedas juga!

Renungkanlah Kembali

Cobalah Anda beristirahat sejenak. Ambil waktu untuk merenungkan kembali empat kategori karunia di atas: karunia dasar, karunia pribadi, karunia rohani dan karunia pelayanan. Kita harus berdoa supaya Tuhan menunjukkan di mana tempat kita masing-masing. Sambil berdoa, kita harus juga minta agar Tuhan memberi tanda, *charismata* manakah yang kita perlukan, yang hendak Ia berikan kepada kita. Di bawah ini adalah sebuah contoh doa, yang mungkin Anda berkenan memakainya:

Bapa, aku bersyukur untuk Firman-Mu yang begitu jelas, spesifik dan praktis. Setelah mempelajari Firman-Mu, aku mulai melihat hubungan antara tempatku dalam Tubuh Kristus dan karunia-karunia charismata-Mu. Tuhan, aku berdoa supaya mulai sekarang Engkau membimbingku kepada tempat yang tepat dalam Tubuh-Mu – dan dalam segala hal lain juga. Tolonglah aku menghayati iman yang Engkau anugerahkan untuk mengaktifkan karunia-karunia charismata tertentu yang cocok bagi posisi dan fungsiku di dalam Tubuh Kristus. Kuserahkan diriku kepada-Mu, ya Tuhan. Dalam nama Yesus, Amin.

Ada sebuah ayat yang indah sekali di kitab Efesus, yang berbicara kepada kita semua yang telah menerima Yesus sebagai Juruselamat:

Sebab karena kasih karunia kamu diselamatkan oleh iman; itu bukan hasil usahamu, tetapi pemberian Allah. Itu bukan hasil pekerjaanmu: jangan ada orang yang memegahkan diri. Karena kita ini buatan Allah, diciptakan dalam Kristus Yesus untuk melakukan pekerjaan baik, yang dipersiapkan Allah sebelumnya. Ia mau, supaya kita hidup di dalamnya.

Efesus 2:8-10[3]

Jangan sekali-kali memandang remeh diri Anda sendiri atau karunia-karunia yang ada pada diri Anda, sebab sesungguhnya Anda itu "buatan" atau "karya cipta" Tuhan. Ingatlah: setiap kali Anda bicara negatif mengenai diri sendiri atau karunia-karunia yang Anda miliki,

---

[3] Efesus 2:8-10, BIMK: "Allah mengasihi kalian, itu sebabnya Ia menyelamatkan kalian karena kalian percaya kepada Yesus. Keselamatan kalian itu bukanlah hasil usahamu sendiri. Itu adalah anugerah Allah. Jadi, tidak ada seorang pun yang dapat menyombongkan dirinya mengenai hal itu. Kita adalah ciptaan Allah, dan melalui Kristus Yesus, Allah membentuk kita supaya kita melakukan hal-hal yang baik yang sudah dipersiapkan-Nya untuk kita."

sesungguhnya Anda mencela karya tangan Tuhan. Istilah Yunani yang dipakai di sini untuk "buatan" atau karya cipta itu adalah *poiema*. Dari kata itulah terlahir kata *poem* dalam bahasa Inggris, artinya sajak atau syair. Kata itu mengesankan suatu karya cipta yang unggul, suatu *masterpiece* yang sungguh kreatif.

Bayangkanlah, Saudara. Ketika Tuhan ingin memperagakan apa yang hendak diciptakan-Nya kepada seluruh jagad raya, Ia memilih diri kita sebagai obyeknya.

> ANDA ADALAH *MASTERPIECE* TUHAN, DICIPTAKAN UNTUK MAKSUD TERTENTU.

Jadi, Anda adalah *masterpiece* Tuhan, diciptakan untuk maksud tertentu. Untuk maksud apa? Untuk pekerjaan baik yang telah disiapkan Tuhan sebelumnya, supaya Anda mengerjakannya. Itulah panggilan atau tujuan hidup Anda. Itulah tugas yang disiapkan untuk Anda. Ketika Tuhan menciptakan Anda di dalam Kristus, ada sesuatu yang Ia mau Anda kerjakan. Jadi, sebenarnya tidak perlu Anda masih duduk dan melamun lagi: "Apa ya, yang harus kulakukan?" Yang Anda perlu bertanya adalah: "Ya Tuhan, apa yang sudah Engkau siapkan untuk kulakukan?" Di bumi kita ini, tak ada seorang pun ciptaan Kristus yang tidak mempunyai panggilan atau tujuan hidup tertentu dari Tuhan.

Salah satu di antara orang-orang yang mengetahui benar prinsip tersebut adalah Lydia, almarhum istri pertama saya. Sebagian riwayat hidup beliau diceritakan dalam buku kami yang berjudul "Yerusalem Memanggilku" (*Appointment in Jerusalem*)- terbitan tahun 1975. Ayat kunci dari pengalaman Lydia itu adalah Efesus 2:10: "Karena kita ini buatan Allah, diciptakan dalam Kristus Yesus untuk melakukan pekerjaan baik, yang dipersiapkan Allah sebelumnya. Ia mau, supaya kita hidup di dalamnya." Pada suatu hari Lydia berada di sebuah hotel di kota Stockholm. Ia sedang memandang ke bawah kepada orang-orang yang sedang berlalu lalang di jalanan. Lalu Lydia berkata kepada dirinya sendiri: *Apakah ada sesuatu yang membedakan, ke mana orang-orang itu pergi, dan dari mana mereka itu datang?* Saat itulah Tuhan mengingatkan ayat tadi kepadanya. Lalu ia pun sadar bahwa Tuhan telah menciptakannya untuk tugas istimewa, yang tak dapat dikerjakan oleh orang lain.

Sesudah menyadari hal itu, Lydia berkata: "Tuhan, jikalau Engkau mempunyai tugas tertentu yang tak bisa dilakukan oleh perempuan yang lain, maka aku siap untuk mengerjakannya." Ternyata, Tuhan memberi sebuah tugas yang luar biasa kepada Lydia. Ia harus minta berhenti dari pekerjaannya sebagai seorang guru di Denmark, lalu pergi ke Yerusalem tanpa dukungan lembaga misi atau gereja mana pun untuk menunjang kebutuhannya. Lalu Tuhan mengatur agar Lydia mulai mengadopsi dan memelihara seorang bayi Yahudi. Dan demikianlah ia mulai dengan sebuah panti asuhan yang akhirnya berdiri selama dua puluh tahun. Lydia menerima sebuah tugas yang istimewa. Kita semua juga mendapat tugas yang istimewa. Prinsip yang sama berlaku untuk kita semua.

Sudahkah Anda mengetahui pekerjaan baik yang untuknya Tuhan telah menciptakan Anda? Mungkin Anda belum mengetahui semuanya, tetapi sudahkah Anda mulai mendapat petunjuk mengenai arah yang harus Anda tempuh? Sementara Anda terus mengamati, bertumbuh dan mendengarkan suara Tuhan, seperti banyak orang lain yang tidak terhitung banyaknya, Anda akan mendapati satu hal yang harus Anda kerjakan: Anda harus mengesampingkan segala hal lainnya yang menghalangi Anda untuk menemukan tugas Anda di dalam Kerajaan Allah.

Selama Anda mencari tahu, Anda akan segera melihat bahwa Iblis tidak akan tinggal diam juga. Iblis memang bertekad mengalahkan Anda, supaya jangan menemukan sukacita dan kepuasan dari panggilan Anda itu. Dalam dua bab berikutnya kita akan mempelajari bagaimana strategi Iblis, bagaimana caranya strategi itu dijalankan dan bagaimana caranya kita harus menghadapinya.

6

Kendala Terbesar untuk Melaksanakan Panggilan Anda

Mereka telah menolak pengajaran TUHAN semesta alam dan menista firman Yang Mahakudus, Allah Israel.

Yesaya 5:24

DALAM bab ini saya ingin menunjukkan apa sebenarnya kendala atau penghalang terbesar yang harus diatasi untuk dapat merealisasikan panggilan atau tujuan hidup Anda pada waktu ini. Menurut hemat saya, penghalang ini mengancam khususnya kaum pria – terutama pria-pria yang hendak menjadi pemimpin di gereja. Sekalipun saya memberi Anda sampai seratus kali kesempatan untuk menebak, saya kira Anda akan tetap salah menebak apa atau siapa penghalang tersebut.

Pengaruh terbesar yang menghalangi pria dan wanita Kristen untuk mewujudkan panggilan atau tujuan hidup mereka di dalam Tuhan itu adalah *praktik sihir* (*witchcraft*). Inilah musuh dalam selimut yang menghalangi jutaan orang untuk melaksanakan panggilan mereka dan untuk berperan secara efektif dalam pasukan tentara Allah. Saya percaya praktik ilmu sihir itu ada di seluruh dunia. Ilmu gaib ini dapat menyamar dan beradaptasi dengan budaya di mana pun ia beroperasi.

Paulus memberikan suatu gambaran yang cukup menarik mengenai kuasa itu yang diam-diam beroperasi di Gereja pada saat ini. Ayat pertama yang akan kita pelajari terdapat di Galatia pasal 3:

> Hai orang-orang Galatia yang bodoh, siapakah yang telah **mempesona** [menyihir] kamu? [Teks bahasa Inggris: *Who has **bewitched** you?*] Bukankah Yesus Kristus yang disalibkan itu telah dilukiskan dengan terang di depanmu?

Galatia 3:1[1]

Pada tahun 1963 saya diminta menggembalakan sebuah gereja di sebuah kota di daerah Pantai Barat Amerika Serikat. Konon majelis gereja itu dengan suara bulat mengundang saya menjadi pendeta mereka. Pada waktu itu saya kurang mengetahui seluk beluk kehidupan umat Kristen di Amerika dan belum tahu juga mengenai berbagai intrik yang sering terjadi di lingkungan gereja. Tahu-tahu saya pun terjebak dalam perangkap Iblis. Anggota majelis itu terdiri dari dua belas orang, dan ketika tiba di gereja itu baru saya tahu di situ hanya tinggal dua belas orang anggota jemaatnya! Lalu sebulan kemudian seluruh anggota majelis mengundurkan diri, sehingga saya sendirilah yang terpaksa mengurus gereja itu dalam keadaan yang cukup memprihatinkan. Yang paling membuat saya heran adalah sikap anggota jemaat yang kecil ini. Mereka dari aliran Pentakosta, tetapi semuanya seperti orang yang kalah perang dan mereka jarang sekali tersenyum.

Belum pernah saya menghadapi situasi seperti itu dan saya berpaling kepada Tuhan meminta pertolongan. Lalu Tuhan memberi saya ayat Galatia 3:1 itu. Tuhan berkata, *Jemaat ini telah terkena sihir*, dan mau tak mau saya pun mengakuinya. Tiada alasan lain yang dapat menjelaskan keadaan jemaat tersebut.

Tak lama kemudian saya mulai tahu bagaimana jemaat itu terkena sihir. Rupanya pendeta terdahulu, istrinya mempunyai karunia yang bagus sekali, namun sayang wanita itu selalu mendominasi suaminya

---

[1] Galatia 3:1, BIMK: "Saudara-saudara orang-orang Galatia! Kalian sungguh bodoh! Entah kalian sudah kena pengaruh siapa? Kematian Kristus disalib sudah saya terangkan dengan sejelas-jelasnya kepadamu!"

dan juga jemaat yang lainnya. Saya mendengar, dua atau tiga tahun sebelumnya wanita itu menceraikan suaminya (pendeta di gereja tersebut), dan anggota majelis yang utama juga menceraikan istrinya. Lalu istri pendeta itu dan anggota majelisnya pun menikah. Betapa sulitnya menjelaskan bagaimana hal demikian dapat terjadi dalam sebuah gereja Pentakosta! Wanita itu mendominasi (menguasai) jemaatnya sedemikian rupa, sehingga tak ada orang yang berani membantah atau menentang apa pun yang dikatakan dan diperbuat oleh ibu gembala. Keadaannya sungguh memprihatinkan.

Setelah menyadari adanya praktik sihir di balik keadaan gereja itu, saya pun mencari wajah Tuhan untuk mengetahui solusi alkitabiah dan senjata-senjata rohani yang harus digunakan. Akhir cerita, Lydia dan saya berhasil mengatasi keadaan. Kami mematahkan praktik sihir di gereja dan menyaksikan sendiri bagaimana berkat Tuhan mengalir kembali di jemaat itu.

Tetapi secara pribadi kami mendapat suatu pengalaman yang sulit untuk dilupakan. Sebelum mengalaminya sendiri, tak pernah terpikir oleh saya, bagaimana mungkin orang Kristen bisa tersihir seperti itu. Padahal di Alkitab hal itu dikatakan dengan jelas sekali di Galatia 3:1: "Siapa yang telah mempesona [*menyihir*] kamu?" Jikalau mengikuti lanjutan ayat itu, Anda akan melihat bahwa orang-orang di jemaat Galatia itu ternyata sudah diselamatkan [sudah lahir baru], bahkan sudah juga dibaptis dalam Roh Kudus. Mereka telah menyaksikan mukjizat-mukjizat Tuhan, tetapi masih juga bisa tersihir. Jikalau hal itu dapat terjadi pada umat Kristen di Galatia, mengapakah kita berpikir bahwa hal itu tak dapat dialami juga oleh orang Kristen yang lain?

Sifat dari Praktik Sihir

Sebaiknya saya menceritakan sedikit kepada Anda mengenai sifat-sifat dari praktik sihir itu. Pertama, saya akan bicara mengenai praktik sihir pada umumnya, kemudian juga mengenai praktik sihir di lingkungan gereja.

Dalam bahasa Inggris terdapat tiga buah kata yang saling berkaitan, yaitu ***witchcraft*** (praktik atau ilmu sihir), ***divination*** (ilmu ramal) dan *sorcery* (ilmu tenung). Terjemahan Alkitab bahasa Inggris yang satu memakai kata *witchcraft*, sedang yang lain memakai kata *divination* atau *sorcery*. Pada dasarnya ketiga istilah itu sama saja, seperti sebuah kue lapis yang terdiri dari tiga buah lapisan, dengan kadar kekuatannya masing-masing.

Praktik sihir merupakan kekuatan yang sangat ampuh. Di luar lingkungan gereja praktik sihir beroperasi dalam bentuk kutukan dan sihir. Dan saya peringatkan supaya Anda berhati-hati! Jangan sekali-kali menganggap remeh semua ini, karena kutukan dan sihir itu bukan takhayul belaka.

Kebiasaan meramalkan nasib pada dasarnya adalah salah satu aspek dari praktik sihir juga. Ilmu ramal mencoba menyingkap tabir rahasia mengenai masa depan. Jika Anda iseng-iseng pergi ke seorang juru ramal dan membiarkan orang itu "membaca" nasib Anda lewat guratan telapak tangan, sesungguhnya Anda telah berdosa karena pergi kepada peramal. Jangan lupa, bahwa pada zaman dulu orang Yahudi yang meminta petunjuk juru ramal pasti dijatuhi hukuman mati!

Ilmu tenung bekerja memakai obyek-obyek tertentu seperti jimat, patung-patung (boneka) ataupun obat-obat bius. Sesungguhnya seluruh budi daya narkoba` merupakan suatu cabang besar dari ilmu tenung. Tenung juga bisa menyihir lewat alunan musik. Sebagian musik *rock* yang dimainkan oleh kaum muda dewasa ini sebenarnya tidak lain dari pertenungan – musiknya dapat benar-benar mempesona atau membius orang. Perhatikan saja sorot mata anak-anak muda sesudah mendengar musik demikian. Mata mereka tampak berkaca-kaca. Mereka mengalami *fly* (seperti hilang kesadaran), sampai benar-benar melupakan dunia nyata di sekitarnya. Ada kekuatan iblis di balik musiknya yang mempesona itu.

Di seluruh dunia ini bukanlah sesuatu hal yang baru. Katakanlah, Anda ke benua Afrika dan mendatangi dukun di sana. Maka Anda akan menemukan semua aspek tadi juga – kutuk-kutuk (santet), sihir, ramal-meramal, pemakaian jimat-jimat atau alunan musik untuk membius korban. Banyak dari irama tabuhan drum yang kita dengar di kalangan muda-mudi sekarang sebenarnya berasal dari benua Afrika. Perjalanan praktik sihir telah "berkeliling dunia" – dari Afrika menuju Amerika

Utara lewat Amerika Latin. Dari Amerika Utara akhirnya menyebar ke seluruh dunia.

Kaitannya dengan Pemberontakan

Selanjutnya saya akan terus menyebutnya praktik sihir, tetapi hendaknya dimengerti bahwa istilah itu mencakup seluruh aspek yang terdapat di dalamnya: praktik sihir, ilmu ramal dan ilmu tenung.

Sesungguhnya *witchcraft* atau praktik sihir itu berkaitan erat dengan sifat manusia yang suka memberontak: "Sebab pendurhakaan [artinya, pemberontakan] adalah sama seperti dosa bertenung [sihir] dan kedegilan adalah sama seperti menyembah berhala dan terafim" (1 Samuel 15:23). Di mana saja terjadi pemberontakan atau pembangkangan, cepat atau lambat orang akan mulai terlibat dalam praktik sihir. Kata-kata tersebut disampaikan Nabi Samuel kepada Raja Saul, karena sang raja telah dengan sengaja melanggar perintah Tuhan. Nabi Samuel menegur sang raja dan berkata: "Perlawananmu terhadap firman Tuhan itu sama saja dengan melakukan praktik sihir." Memang bukan suatu kebetulan bahwa sebelum meninggal dunia pada akhirnya, Raja Saul sempat mendatangi seorang wanita petenung. Sesungguhnya itu tidak lain, sebab dan akibat.

Sebagai contoh, generasi anak-anak muda di Amerika Serikat sekitar tahun 1960-an ramai-ramai menganut budaya mengisap ganja, dan gaya hidup mereka sesungguhnya gaya hidup yang penuh pemberontakan. Mereka berontak terhadap orang tua, terhadap pemerintah, terhadap lembaga-lembaga resmi, terhadap Gereja dan demikian seterusnya. Dan hampir semua pada akhirnya terlibat dengan praktik-praktik *okultisme* (dunia setan).

Hubungan antara pemberontakan dan praktik sihir itu perlu dipahami. Apabila kita memberontak, sesungguhnya kita menggeser kedudukan dari pihak yang memegang kekuasaan dan mendirikan kekuasaan dari pihak yang bersifat ilegal, yang tidak direstui Tuhan. Praktik sihir merupakan kekuatan yang berada di balik pemerintahan-pemerintahan yang ilegal itu. Jadi, di mana pun kita menemukan pemerintahan yang ilegal, umumnya di situ adalah orang-orang yang menjalankan praktik sihir.

Di Galatia 5:20, Paulus menyebut sihir sebagai salah satu pekerjaan "daging", dan sihir itu sesungguhnya salah satu sifat dari manusia yang berdosa. Sebenarnya, manusia diciptakan Tuhan untuk memegang kekuasaan, namun harus tetap berada di bawah otoritas Tuhan. Ketika anak-anak manusia mulai memberontak terhadap otoritas Tuhan, maka mereka telah kehilangan haknya, namun tak pernah hilang nafsunya untuk berkuasa. Setelah manusia jatuh dalam dosa, mereka cenderung untuk menggunakan cara-cara yang ilegal untuk dapat berkuasa.

Demikianlah, yang tadinya merupakan bagian dari sifat manusia yang telah jatuh dalam dosa – yaitu keinginan untuk memanipulasi dan mengatur agar orang menuruti kemauannya – membuat mereka rentan dan terbuka lebar untuk dimasuki kekuatan rohani dari praktik sihir itu. Selanjutnya manusia tidak lagi memiliki kebebasan. Mereka tidak lagi sekadar melakukan praktik sihir karena itu kebiasaannya. Mereka hanya melakukan praktik sihir, karena dikendalikan oleh sebuah roh yang memaksa mereka melakukannya.

Demikianlah, kita jatuh ke dalam keadaan rohani yang disebutkan di Galatia 3:1 tadi, di mana kuasa yang benar-benar jahat mulai bekerja di jemaat Galatia. Ini bukan sekedar sifat manusia yang berdosa – meskipun memang roh jahat masuk lewat pintu yang dibukakan oleh dosa manusia – tetapi ia merupakan kuasa setan yang jahat, yang menghambat segala rencana Tuhan bagi gereja yang bersangkutan.

KATA-KATA KUNCI YANG TERDAPAT DALAM PRAKTIK SIHIR ADALAH *MENDOMINASI, MEMANIPULASI* DAN *MENGINTIMIDASI*.

Kata-kata kunci yang terdapat dalam praktik sihir adalah *mendominasi, memanipulasi* dan *mengintimidasi*. Setiap kali kita menemukan cara kerja demikian – di mana orang suka mengatur dan mengendalikan orang lain, mendominasi (menguasai), memanipulasi, mengintimidasi (menakut-nakuti) sesama – sesungguhnya di situlah Anda sudah bertemu dengan pekerjaan Iblis. Tuhan sendiri tak pernah menempuh cara-cara demikian. Tuhan membiarkan manusia dengan memberi kebebasan individual, sedangkan praktik sihir mencoba menekan dan menghambatnya. Keadaan begini bisa terjadi dalam berbagai situasi. Berikut ini adalah tiga buah contoh dari kehidupan sehari-hari.

Suami-Istri

Menurut ketetapan Tuhan, seorang istri harus berada di bawah otoritas atau wewenang suaminya. Tentu saja saya menyadari dan sedih juga, bahwa hal ini sering juga dimanfaatkan oleh pihak suami. Dan dewasa ini banyak terjadi perceraian sebab suami memang kurang bertanggung jawab. Banyak wanita terpaksa mencari nafkah sebagai kepala keluarga untuk membiayai pendidikan anak-anak serta membayar semua rekening, sebab suami tidak menjalankan fungsinya. Namun, di mana seorang istri terang-terangan mengambil alih kepemimpinan, biasanya ada praktik sihir di situ. Sebab biasanya pihak istri akan melakukan hal itu dengan memanipulasi keadaan.

Ada banyak caranya di mana seorang istri bisa melakukan manipulasi. Setiap kali suami mengucapkan atau melakukan sesuatu yang kurang disukainya, sang istri pun mulai "berulah". Hal ini akan meresahkan suami. Maka supaya sang istri jangan mulai "berulah", ia akan menghindari konflik dan begitulah sang istri mendapat apa yang ia inginkan.

Pernah saya melihat seorang wanita Kristen yang sangat manis menikah dengan seorang pendeta. Dalam keluarga mereka ada lima orang anak dan semuanya sungguh-sungguh berkomitmen terhadap Tuhan. Namun sebelum menjadi orang Kristen, ibu itu pernah aktif dalam kegiatan *okultisme* dan sebenarnya ia belum bersih benar dari pengaruh tersebut. Tanpa ia sendiri menyadarinya, ia pun mendominasi keluarganya.

Apabila terjadi sesuatu yang kurang disukainya di keluarga itu, maka dengan tiba-tiba ibu itu mulai "merasa" sakit *migraine* (pusing kepala sebelah). Akhirnya seluruh keluarga mulai terbiasa untuk berhati-hati ketika "ibu mulai pusing kepala". Supaya ibu jangan pusing kepala, seluruh anggota keluarga menyerah saja. Ini sebenarnya manipulasi (permainan). Umumnya manipulasi itu bukan sesuatu yang dilakukan secara sadar. Tetapi hal itu terjadi, sebab ada sesuatu dalam diri yang bersangkutan yang membuatnya berbuat demikian.

Orang Tua dan Anak-anak

Tuhan telah memberikan orang tua otoritas atas anak-anak mereka, tetapi sering kali justru anak-anak yang "mengatur" orang tuanya, dan itu dilakukannya dengan manipulasi. Misalnya, karena kemauannya tidak dituruti, si Joni kecil mulai "mengamuk", terutama bila berhadapan dengan tamu-tamu. Ayah dan ibunya merasa begitu malu. Lalu mereka menuruti saja kemauannya, supaya anak itu diam. Apakah sebenarnya hal itu? Tidak lain, manipulasi.

Hai orang tua, jika anak-anak Anda sampai lebih dari dua atau tiga kali berulah demikian, mungkin saja ada roh jahat yang telah memasuki mereka pada waktu mengamuk itu. Sesudah itu, yang akan memanipulasi Anda bukan lagi anak Anda, melainkan roh anak Anda, dan anak yang masih kecil pun memiliki roh yang sangat kuat. Jangan sekali-kali Anda mengukur kekuatan lawan berdasarkan ukuran badan atau usia anak tersebut. Yang berkuasa di baliknya bukanlah anak, melainkan roh dari anak itu.

Saya sedih sekali melihat orang tua yang membiarkan anak-anaknya berulah seperti itu. Seorang saudara seiman dari India berkata, bahwa hal demikian sangat lazim pada keluarga-keluarga di Asia. Kebanyakan anak itu umumnya dipengaruhi roh jahat, yang masuk dalam dirinya ketika mereka tidak dapat dikendalikan.

Disiplin orang tua penting, supaya anak-anak terlindung dari kuasa-kuasa rohani yang mereka sendiri tidak cukup kuat untuk melawannya. Jika orang tua lalai menerapkan disiplin, anak-anak akan terbuka kepada serangan kuasa-kuasa gelap itu.

Gembala Sidang dan Jemaatnya

Yang sering terjadi dalam gereja-gereja adalah bahwa ada seorang "nabiah" (nabi wanita) yang suka mengatur dan mengendalikan gereja melalui nubuat-nubuat yang disampaikannya. Anda mungkin akan heran, mengetahui betapa banyaknya gembala sidang dari gereja Pentakosta yang kecil sering didominasi oleh satu atau dua orang ibu-ibu di sana. Hanya kedua wanita itulah yang sering menerima penafsiran bahasa roh, dan akhirnya sang pendeta "diatur" oleh penafsiran-penafsiran yang mereka berikan. Dan betapa celakanya seorang gembala yang masih muda, seandainya berani memisahkan diri dari nabiah-nabiahnya itu.

Ada banyak sekali contoh lainnya, tetapi contoh-contoh di atas menunjukkan bahwa pemerintahan yang ilegal biasanya ditunjang oleh suatu kuasa rohani yang tidak sah pula, dan memang begitulah praktik sihir.

Bagaimana Praktik Sihir Melemahkan Gereja

Alkitab menyebutkan penyihir itu ada yang lelaki maupun perempuan. Kebetulan istilah *witch* (dalam bahasa Inggris) mengacu kepada dukun wanita. Dalam bentuk maskulin atau jantan, dalam bahasa Inggris "dukun" (orang pintar) itu disebut *wizard*. Karena istilah *witch* (dukun wanita) itu lebih dikenal di kalangan agama, kita cenderung berpikir bahwa praktik sihir itu umumnya hanya dilakukan oleh kaum Hawa. Tetapi pandangan demikian keliru sekali, karena ternyata salah satu penyihir kuat yang disebutkan dalam Alkitab adalah seorang pria. Namanya Bileam.

Bileam sebenarnya seorang juru ramal atau seorang paranormal. Jasanya dipakai oleh Raja Balak dari negeri Moab untuk mengutuki bangsa Israel. Lalu Balak berkata kepada Bileam: "Aku tahu bahwa orang-orang yang kau santet itu sungguh terkutuk, dan orang-orang yang kau berkati benar-benar diberkati." (Lihat Bilangan pasal 22-24 untuk membaca seluruh ceritanya.) Banyak orang di benua Afrika suka berkata begitu juga kepada para dukun di sana: "Sebab aku tahu: siapa yang kauberkati, dia beroleh berkat dan siapa yang kaukutuk, dia kena kutuk." Pada hakikatnya, inilah "order" yang diterima oleh praktik sihir yang demikian.

Praktik sihir tipe wanita dapat kita temukan contohnya pada Izebel, yaitu istri dari Raja Ahab, yang pandai memanipulasi suaminya. Yang sesungguhnya berkuasa dalam kerajaan itu adalah Ratu Izebel. Salah satu tindakan karakteristik yang dilakukan oleh Izebel adalah mengambil cincin meterai kekuasaan suaminya. Lalu ia memakai cincin itu untuk membubuhkan tanda tangan pada surat perintah pembunuhan yang diterbitkan untuk Nabot, yang kebun anggurnya hendak dia rampas. (Lihat 1 Raja-raja pasal 21.) Itulah praktik sihir. Yaitu mengambil simbol kekuasaan sang pria dan memakainya untuk melaksanakan niat tersebut.

Kedua-duanya, bentuk praktik sihir dari kitab Perjanjian Lama tadi (baik lelaki maupun perempuan) disebutkan pula sehubungan dengan Gereja dalam Alkitab Perjanjian Baru. Bukan di luar gereja, tetapi di dalamnya! Bileam disebutkan sehubungan dengan para nabi palsu di 2 Petrus 2:15. Bileam juga disebutkan dalam konteks yang sama di Yudas ayat 11, dan di ayat itu nama Bileam disebut sebagai salah satu pengaruh jahat di salah satu dari ketujuh jemaat kitab Wahyu (lihat Wahyu 2:14). Izebel disebutkan sehubungan dengan salah satu gereja lainnya di Wahyu 2:20:

> Tetapi Aku mencela engkau, karena engkau membiarkan wanita Izebel, yang menyebut dirinya nabiah, mengajar dan menyesatkan hamba-hamba-Ku supaya berbuat zinah dan makan persembahan-persembahan berhala.

JIKA PRAKTIK SIHIR TAK MAMPU MENGALAHKAN KITA SECARA LANGSUNG, MAKA IA AKAN BERU-SAHA MENGHAN-CURKAN KITA DARI DALAM.

Saya mencatat hal itu, supaya Anda melihat bahwa meskipun sebagian praktik sihir itu memang berasal bukan dari umat Tuhan, tujuan utama praktik itu adalah untuk bisa menyusup di tengah-tengah jemaat.

Ketika kita memperhatikan bagaimana kedua jenis praktik sihir itu bekerja, kita segera mengerti kedua siasat yang digunakan ini: Jika praktik sihir tak mampu mengalahkan kita secara langsung, maka ia akan berusaha menghancurkan dari dalam. Lihatlah saja contoh Bileam. Pada mulanya, praktik sihir itu berusaha mengutuk umat Tuhan secara langsung. Bileam telah disewa khusus untuk mengutuki Israel, tetapi selama bani Israel tetap taat, Tuhan tak membiarkan Bileam mengutuki mereka. Tiap kali Bileam berusaha mengutuki, ia justru memberkati Israel. Padahal itu berlawanan dengan kehendaknya sendiri dan pasti menjengkelkan Raja Balak yang menyewanya.

Jika Anda membaca kisah Alkitab itu dengan teliti dan menyimak sekian banyak ayat, Anda akan melihat Bileam tak pernah menyerah. Hal seperti itu memang biasa. Karena tahu ia tak dapat mengutuki Israel secara langsung, maka Bileam menggunakan pendekatan yang kedua. Ia mengusulkan kepada Raja Balak untuk membujuk bani Israel melalui wanita-wanita Moab yang disusupkan ke tengah-tengah umat, kemudian disuruh ikut menyembah berhala mereka. Setelah sang raja berhasil menimbulkan dosa ini di tengah-tengah bani Israel, akhirnya kutuk datang dari Tuhan sendiri yang menimpa mereka, tetapi kutuk itu bukan dari Bileam.

Demikianlah cara kerjanya praktik sihir. Jika tidak dapat mengalahkan secara langsung, ia akan berusaha menggoda kita untuk melakukan sesuatu yang mendatangkan kutuk Tuhan. Sebab memang demikianlah cara kerja yang telah ditetapkan Tuhan di alam semesta ini.

Pasukan Kelima

Tahukah Anda, bahwa Gereja benar-benar tak dapat dikalahkan dari luar? Yesus berkata mengenai apa yang dialami-Nya sendiri: "Penguasa dunia datang dan ia tidak berkuasa sedikit pun atas diri-Ku" (lihat Yohanes 14:30). Sebab Iblis tidak mempunyai apa-apa untuk menuntut Yesus, ia tak dapat mengalahkan-Nya. Seandainya gereja juga bisa berkata: "Iblis tidak berkuasa sedikitpun atas kita", maka Gereja juga akan kuat. Itu sebabnya Iblis akan memakai cara lain untuk mengalahkan Gereja yaitu melalui pasukan kelima.

"IBLIS TIDAK BERKUASA SEDIKITPUN ATAS KITA."

Mengenai asal mula istilah "pasukan kelima" itu, ijinkan saya untuk bercerita sedikit. Pada tahun 1936 saya masih berusia 21 tahun dan waktu itu saya sedang melakukan "petualangan" bersama seorang kawan. Pada masa itu kami melancong dari Prancis ke Spanyol menuju pegunungan Pyrenee. Ketika sampai di Spanyol, tahu-tahu kami berada di tengah suatu konflik bersenjata, sebuah perang saudara yang sama sekali tidak kami perkirakan sebelumnya. Dalam perang saudara itu ada dua kelompok bangsa Spanyol yang bertikai, dan yang pada akhirnya dimenangkan seorang Jenderal bernama Franco.

Menurut cerita, waktu itu ada seorang jenderal Spanyol yang sedang menggempur sebuah kota musuhnya. Seorang jenderal lain datang kepadanya dan bertanya: "Bapak Jenderal, bagaimana rencana Anda untuk merebut kota yang satu ini?"

Jawab jenderal yang pertama: "Begini, saya mempunyai empat pasukan yang akan maju menyerang kota itu – satu dari utara, satu dari selatan, satu dari timur dan satu dari barat." Kemudian ia berhenti sejenak, lalu berkata: "Tetapi kuharap pasukanku yang kelima-lah yang akan mengalahkan kota ini."

Lalu jenderal yang kedua bertanya: "Di manakah pasukan Anda yang kelima itu?"

Jawab jenderal yang pertama: "Di dalam kota."

Jadi, "pasukan kelima" itu adalah sekelompok orang di dalam kota yang akan berkhianat, sehingga memihak kepada para penyerang yang di luar. Yang bisa membuat Gereja kalah, hanyalah "pasukan kelima" yang berada di dalamnya. Kita tak pernah bisa dikalahkan oleh serangan dari luar, baik secara individual maupun secara korporat.

Jika saya dapat berkata: "Iblis tidak berkuasa sedikitpun atas diriku", bagaimana pun Iblis takkan mampu mengalahkanku. Jika kita dapat berkata sebagai sekelompok orang Kristen: "Iblis tidak berkuasa sedikitpun atas kita", maka Iblis tak berdaya sedikit pun menghadapi kita. Itu sebabnya strategi iblis adalah untuk menyusupkan diri ke tengah-tengah Gereja melalui agen-agen dan pasukannya.

Dalam bab berikut kita akan beralih dari membahas hal-hal yang bersifat umum kepada hal-hal yang bersifat khusus dan melihat bagaimana dampak dari praktik sihir atas Gereja.

—— *7* ——

Musuh dalam Gereja

> Celakalah kamu yang memutarbalikkan ... yang gelap dan yang terang.
>
> Yesaya 5:20, BIMK

KETIKA Paulus menegur jemaat Galatia dan berkata bahwa mereka telah terkena sihir, ia mengawali kalimatnya dengan kata-kata sebagai berikut: "Hai orang-orang Galatia yang bodoh!" Tentu tak ada orang yang senang dikatakan bodoh! Tetapi jujur saja, masih banyak juga orang Kristen yang bodoh.

Paulus tidak berteteng aling-aling, dan ia jelas sekali menuding kebodohan umat seperti kita baca di bab yang terdahulu: "Hai orang-orang Galatia yang bodoh, siapakah yang telah mempesona [*menyihir*] kamu?" Secara harfiah istilah "mempesona" dalam bahasa Yunani itu artinya: "memukul dengan mata." Ini mengingatkan kita kepada kepercayaan mistik yang ada pada masyarakat Yunani mengenai "mata jahat (yang menyihir)." Pernah, seorang imam Kristen Ortodoks Yunani mendatangi saya sekian puluh tahun yang lalu. Beliau sudah juga menerima baptisan Roh Kudus, dan beliau meminta bantuan saya. Katanya, ada orang yang "melemparkan mata yang jahat padanya", dan ia memakai kata *baskaino,* yaitu istilah yang sama seperti terdapat di surat Galatia. Artinya, melemparkan sebuah kutuk pada seseorang. Di Markus 7:21-23 dikatakan:

93

> Sebab dari dalam, dari hati orang, timbul segala pikiran jahat, percabulan, pencurian, pembunuhan, perzinahan, keserakahan, kejahatan, kelicikan, hawa nafsu, iri hati, hujat, kesombongan, kebebalan. Semua hal-hal jahat ini timbul dari dalam dan menajiskan orang.

Imam itu tahu benar bahwa mata yang menyihir ini bukan sekadar takhayul saja. Mari kita membaca selanjutnya isi surat Galatia tadi:

> Hai orang-orang Galatia yang bodoh, siapakah yang telah mempesona kamu? Bukankah Yesus Kristus yang disalibkan itu telah dilukiskan dengan terang di depanmu? Hanya ini yang hendak kuketahui dari pada kamu: Adakah kamu telah menerima Roh karena melakukan hukum Taurat atau karena percaya kepada pemberitaan Injil? Adakah kamu sebodoh itu? Kami telah mulai dengan Roh, maukah kamu sekarang mengakhirinya di dalam daging?
>
> Galatia 3:1-3

Rupanya hal-hal yang dilakukan umat di Galatia itu merupakan akibat dari praktik sihir.

Bagaimana Praktik Sihir Bekerja

Dalam bahasa teologia modern, kira-kira istilah apakah yang akan kita gunakan untuk persoalan yang dihadapi gereja di Galatia itu? Istilah modernnya adalah *legalisme*. Saya mengalami *shock* ketika tiba-tiba menyadari bahwa sebenarnya legalisme merupakan bentuk ekspresi dari praktik sihir di dalam Gereja. Sejak itulah saya mulai mengerti apa yang sesungguhnya terjadi pada umat Kristen. Saya mulai melihatnya dari kaca mata yang baru.

Menurut Anda, salahkah kiranya bila kita berkata bahwa legalisme merupakan masalah terbesar di kalangan umat Kristen? Benarkah bahwa masalah tersebut sesungguhnya juga merupakan sebuah ekspresi dari praktik sihir? Barangkali Anda menjawab: "Ah, tidak mungkin, pak Prince." Kalau begitu, mungkin kita semua perlu bertanya pada diri sendiri: Benarkah umat Kristen zaman sekarang jauh lebih "matang rohani" dibandingkan dengan umat Kristen pada zaman Galatia?

Galatia adalah sebuah jemaat Perjanjian Baru yang terkenal dinamis. Mereka penuh Roh Kudus dan selalu bersaksi mengenai mukjizat yang terjadi di antara mereka. Mereka bahkan dapat langsung mendengar sendiri khotbah Rasul Paulus pada waktu itu. Berapa banyakkah gereja modern yang dapat berkata bahwa mereka jauh lebih baik daripada jemaat di Galatia?

Di masa sekarang istilah *legalisme* lebih seperti sebuah gurauan yang sering dipakai untuk menggambarkan orang-orang yang mungkin kurang cocok dengan kita. Ijinkanlah saya untuk memberi dua definisi legalisme yang dapat mengklarifikasi. Definisi pertama, legalisme itu berarti "berusaha menjadi orang benar atau saleh dengan taat kepada peraturan-peraturan atau hukum."

Hampir semua terjemahan Alkitab Perjanjian Baru menyatakan bahwa kebenaran tidak dapat dihasilkan dengan cara mentaati hukum. Pola dari hukum adalah hukum Taurat Musa. Maksudnya adalah hukum Taurat Musa merupakan pola dari semua hukum yang ada karena hukum itu bersifat ilahi, sempurna dan diberikan oleh Tuhan. Jadi, bila kebenaran tidak dapat dicapai dengan cara mentaati hukum Taurat Musa maka tidak ada satu hukum lain pun yang dapat menghasilkan kebenaran yang Tuhan tuntut dari manusia.

Kemungkinan kedua dari definisi *legalisme* adalah "menambah-nambahi sesuatu kepada ketetapan-ketetapan Tuhan mengenai kebenaran." Artinya, kita membebani umat Tuhan untuk berbuat lebih dari pada yang dituntut oleh Tuhan sendiri dari mereka. Dengan demikian, kita menyejajarkan diri dengan Tuhan. Jika Tuhan sendiri berkata sudah cukup berbuat begini begitu, maka tak ada gereja atau lembaga agama mana pun yang berhak menambahi satu peraturan yang lain lagi.

Praktik Sihir Mengecohkan Orang

Untuk memahami bagaimana praktik sihir bekerja, mari kita membaca kembali tulisan Paulus di ayat 1 itu: "Siapakah yang telah mempesona kamu? Bukankah Yesus Kristus yang disalibkan itu telah dilukiskan dengan terang di depanmu?" (Galatia 3:1).

Kata-kata ini menunjukkan, praktik sihir bekerja dengan membutakan umat Tuhan, supaya tidak melihat apa yang sesungguhnya tercapai dengan kematian Yesus pada kayu salib. Karena mereka dibutakan demikian, mereka pun mencari lagi sumber lain yang dapat menjamin mereka menjadi orang yang benar.

Ada tiga aspek di sini mengenai hal yang dicapai oleh Tuhan Yesus ketika mati di kayu salib, dan ketiga-tiga aspek itu berkaitan dengan hukum. Pertama, sekali untuk selama-lamanya, Yesus telah menghapuskan hukum sebagai suatu metode atau sarana untuk mencapai kebenaran di mata Tuhan: "Karena Kristus adalah kegenapan hukum Taurat, sehingga kebenaran diperoleh tiap-tiap orang yang percaya" (Roma 10:4). Entah kita beragama Katolik atau Protestan, Yahudi atau bukan Yahudi, ketentuan itu berlaku bagi semuanya juga. Begitu kita percaya (pada salib Yesus), kita terlepas dari hukum sebagai suatu sarana atau metode untuk menjadi benar di mata Tuhan.

Yang kedua, dan ini pasti membuat banyak pihak tidak senang mendengarnya: Kematian Yesus pada kayu salib merupakan hukuman Tuhan atas manusia yang penuh dengan kedagingan dan dosa. Roma 6:6 berkata: "Kita tahu, bahwa manusia lama kita telah turut disalibkan." Tuhan bermurah hati. Karena Yesus yang menanggung hukuman, bukan kita -- padahal seharusnya kita yang dihukum. Tetapi kalau kita benar-benar ingin tahu sikap atau pendapat Tuhan mengenai tabiat manusia yang penuh dosa dan kedagingan itu, cobalah kita gambarkan Yesus yang terpaku pada kayu salib itu. Penyaliban itu merupakan "kata akhir" Tuhan (pendapat-Nya) mengenai manusia lama. Kayu salib telah dirancang khusus untuk manusia lama, dan tempat yang pantas bagi manusia lama itu adalah pada kayu salib. Nanti, di bab 9 dan 10 kita akan membahas lebih jauh tentang manusia yang penuh kedagingan ini.

> **KEMATIAN YESUS PADA KAYU SALIB MERUPAKAN HUKUMAN TUHAN ATAS MANUSIA YANG PENUH DENGAN KEDAGINGAN DAN DOSA.**

Ketiga, ada pula sebuah pesan kayu salib, mengenai cara hidup kita setelah menjadi orang Kristen. Salib itu juga sebuah prinsip batiniah, bukan saja sesuatu yang lahiriah, di mana harga tebusan nyawa kita telah dilunasi. Paulus berkata di Galatia 5:24: "Barangsiapa menjadi milik Kristus Yesus, ia telah menyalibkan daging dengan segala hawa nafsu dan keinginannya."[1] Hal ini tidak mungkin seandainya Yesus tidak disalibkan. Prinsip penyangkalan diri, penolakan terhadap keinginan daging, yang berlaku untuk kehidupan (orang Kristen) merupakan bagian dari apa yang dikerjakan Yesus di kayu salib itu.

Apabila orang dibutakan oleh praktik sihir (sampai tidak bias melihat realita di kayu salib), sesungguhnya mereka kehilangan ketiga dimensi tersebut. Mereka tidak lagi dapat memahami bahwa sebenarnya Tuhan telah membatalkan hukum sebagai sebuah sarana/metoda untuk menjadi benar di mata Tuhan. Mereka tidak lagi dapat memahami bahwa kayu salib itu sebenarnya merupakan *keputusan akhir* Tuhan terhadap manusia lama kita yang penuh dosa. Dan mereka tidak menjalankan lagi prinsip penyaliban dalam kehidupan mereka, yaitu penyangkalan terhadap nafsu kedagingan. Mereka masih saja penuh kedagingan, menyenangkan diri sendiri serta puas dengan diri sendiri.

Mengapa Legalisme Begitu Menarik Bagi Manusia?

Legalisme itu memang sangat menarik dan bisa "membius" pikiran manusia: Konsep ini memuaskan naluri kesombongan yang ada pada manusia. Itu sebabnya orang suka dengan "ideologi" tersebut. Itu sebabnya orang bisa begitu fanatik pada agama yang bersifat legalistis.

Saya pernah bertahun-tahun tinggal di Timur Tengah di antara "kaum Kedar" dan sangat paham mengenai seluk-beluk agama mereka. Sudah sering saya berkata, bahwa dalam kurun waktu empat belas abad belum ada satu pun orang yang berhasil dibahagiakan oleh agama tersebut. Tidak satu pun. Agama itu memang sangat kaku dan menyusahkan hidup dan membuat orang merasa dirinya seperti diperbudak. Kalau begitu, mengapakah mereka begitu bersemangat mengabdi kepada

---

[1] Galatia 5:24, BIMK: "Orang-orang yang sudah menjadi milik Kristus Yesus, orang-orang itu sudah mematikan tabiat manusianya dengan segala nafsu dan keinginannya."

agamanya? Sebab pada dasarnya, agama ini memuaskan kebutuhan mereka akan kesombongan. Penganutnya dapat bercerita panjang lebar mengenai apa saja yang mereka telah lakukan untuk mendapat perkenan Allah.

Hal ini tidak terbatas kepada "kaum Kedar" saja. Ciri ini memang ada pada semua umat beragama, termasuk Kristen. Kita bisa merasa bangga mengenai amal perbuatan kita, lalu menjadi sama saja seperti Kain, anak Adam yang mempersembahkan hasil bumi. Padahal bumi sendiri sudah terkutuk oleh Tuhan! Itulah sesungguhnya ulah atau tabiat manusia yang lama. Tabiat lama sebenarnya sudah terkutuk oleh Tuhan, dan apa pun yang kita persembahkan kepada Tuhan itu sebenarnya sudah terkutuk. Tak mungkin Tuhan dapat menerimanya.

Berkali-kali Paulus berkata: "Kamu diselamatkan karena kasih karunia oleh iman; itu bukan hasil usahamu ... jangan ada yang memegahkan diri" (lihat Efesus 2:8-9). Pernyataan ini dapat Anda temukan sedikitnya tiga atau empat kali dalam Alkitab Perjanjian Baru. Dari dulu saya selalu merenung: *Mengapa dikatakan di ayat ini, "supaya jangan ada yang memegahkan diri"?* Lalu tiba-tiba saya mulai mengerti. Manusia memang suka dengan legalisme, sebab legalisme memberikan padanya sesuatu yang dapat dibanggakan. Ini sama seperti tokoh Farisi yang berkata: "Ya Allah, aku mengucap syukur kepada-Mu, karena aku tidak sama seperti semua orang lain, bukan perampok, bukan orang lalim, bukan pezinah dan bukan juga seperti pemungut cukai ini; aku berpuasa dua kali seminggu, aku memberikan sepersepuluh dari segala penghasilanku" (lihat Lukas 18:11-12). Padahal orang itu tidak benar di mata Tuhan. Kalau kita masih juga berpikir dapat mempersembahkan sesuatu kepada Tuhan dari tabiat manusia yang sudah tercemar dosa, sebenarnya itu sama saja seperti kita berkata kepada Tuhan bahwa sebenarnya Yesus itu tak perlu disalibkan, karena hal itu tidak berarti apa-apa.

Itulah yang dikatakan Paulus, bahwa seandainya kebenaran dapat diperoleh dengan mematuhi hukum, sesungguhnya Kristus telah mati sia-sia (lihat Galatia 2:21). Tuhan tidak senang dengan kita, apabila kita berkata begitu kepada-Nya. Pasti Tuhan tidak senang kalau kita tidak menghormati Yesus. Itu bukan berarti Tuhan akan mengusir kita dari hadirat-Nya, tetapi itu berarti kita tidak berkenan kepada-Nya. Sebab kita terang-terangan menyangkal atau mengingkari apa yang telah dikerjakan Yesus pada kayu salib.

Berikut ini sebuah fakta yang menarik: Dalam Alkitab, Paulus menulis surat kepada cukup banyak gereja – jemaat Roma, jemaat Korintus, jemaat Kolose, jemaat Efesus, dan seterusnya. Hampir semua surat itu ia awali dengan ucapan syukur kepada Tuhan untuk orang-orang yang ia salami dalam suratnya, bahkan juga kepada jemaat Korintus. Padahal di Korintus itu ada anggota jemaat yang tidur dengan ibu tirinya, dan ada orang-orang yang mabuk pada waktu mengikuti Perjamuan Kudus. Tetapi Paulus tetap mengucap syukur kepada Tuhan karena kasih karunia-Nya kepada orang-orang itu.

Namun ketika menulis surat kepada jemaat Galatia, Paulus begitu sengit, sehingga tak ada sedikit pun kata-kata pujiannya kepada mereka. Salah satu kalimat pembukaannya malah berkata: "Aku heran, bahwa kamu begitu lekas berbalik dari ... kasih karunia Kristus." Padahal di gereja itu tak ada jemaat yang berzinah. Mereka tidak pernah mabuk. Apa sebenarnya permasalahan jemaat Galatia? Legalisme! Di mata Paulus, hal ini lebih gawat daripada dosa-dosa kedagingan yang lainnya, yang sering dikutuk oleh orang-orang agamawi.

Akibat-akibat Legalisme

Mari kita simak apa saja akibatnya, apabila praktik sihir menawan hati umat Tuhan sehingga terjebak dalam legalisme. Khususnya, bagaimana itu berakibat negatif pada panggilan dan tugas Kerajaan yang harus mereka tunaikan.

Pertama, siapa pun umat Tuhan yang karena praktik sihir telah dibutakan mata rohaninya mengenai karya kayu salib, akhirnya lebih mengandalkan amal perbuatan mereka sendiri dan terjebak kembali kepada supremasi hukum.

Kedua, legalisme tidak memberi tempat untuk perkara-perkara supranatural (mukjizat) yang merupakan "hak" dan kedaulatan Tuhan untuk melakukannya. Paulus berkata mengenai mukjizat-mukjizat sebagai berikut: "Jadi bagaimanakah sekarang, apakah ia yang menganugerahkan Roh kepada kamu dengan berlimpah-limpah dan yang melakukan mukjizat di antara kamu, berbuat demikian karena kamu melakukan hukum Taurat atau karena kamu percaya kepada pemberitaan Injil?" [BIMK: "Allah memberikan Roh-Nya kepadamu dan mengadakan keajaiban-keajaiban di antara kalian. Apakah Allah melakukan itu karena kalian menjalankan hukum agama atau karena kalian mendengar Kabar Baik itu dan percaya kepada Kristus?"] (lihat Galatia 3:5). Tentu saja, jawabannya bahwa mukjizat-mukjizat itu terjadi karena orang mendengar dengan penuh iman. Apabila gereja menjadi legalistis karena pengaruh praktik sihir, biasanya gereja kehilangan kesempatan untuk mengalami mukjizat atau hal-hal supranatural. Masalahnya adalah legalisme, karena Tuhan memang tidak sudi memberikan mukjizat kepada orang yang masih juga "berusaha" dengan kedagingan mereka. Upaya kedagingan itu tak pernah bermanfaat. Terjadi suatu degradasi atau penurunan derajat iman, lalu para pakar teologia pun mulai berteori bahwa mungkin Tuhan sudah menarik kembali hal-hal supranatural yang ajaib – itu hanya berlaku untuk zaman para rasul, katanya. Pertama, kita berdosa karena menolak mukjizat, kemudian kita menambah dosanya lagi dengan mengajarkan bahwa Tuhan telah menarik kembali mukjizat tersebut. Sesungguhnya itu suatu dusta besar – suatu dusta teologia – yang memang cukup efektif untuk menutupi kegagalan kita.

Ketiga, bila kita balik kembali kepada supremasi hukum, itu jelas mendatangkan kutuk. Semestinya kita mendapat berkat Tuhan, tetapi sebaliknya kita tetap di bawah kutuk Tuhan.

Mari kita membaca surat Galatia dalam ayat yang terkemudian:

> Karena semua orang, yang hidup dari pekerjaan hukum Taurat [coba hilangkan saja kata Taurat], berada di bawah kutuk. Sebab ada tertulis: "Terkutuklah orang yang tidak setia melakukan segala sesuatu yang tertulis dalam kitab hukum [Taurat]."
>
> Galatia 3:10

Soalnya, apabila kita ingin membenarkan diri dengan hukum, kita harus konsekuen mematuhi *semua* hukum *di sepanjang waktu*. Kita tak boleh memilih hukum-hukum tertentu saja, lalu mengabaikan hukum lainnya. Hukum itu merupakan sebuah sistem yang bersifat total. Kita harus mematuhi *semua* hukum di sepanjang waktu. Kalau tidak, hukum itu tidak bermanfaat sama sekali supaya kita diterima di sisi Tuhan.

> Dan bahwa tidak ada orang yang dibenarkan di hadapan Allah karena melakukan hukum Taurat adalah jelas, karena: "Orang yang benar akan hidup oleh iman." Tetapi dasar hukum Taurat bukanlah iman, melainkan siapa yang melakukannya, akan hidup karenanya. Kristus telah menebus kita dari kutuk hukum Taurat dengan jalan menjadi kutuk karena kita, sebab ada tertulis: "Terkutuklah orang yang digantung pada kayu salib!"
>
> Ayat 11-13

Perhatikan, bahwa kata *kutuk* muncul tiga kali dalam ayat terakhir ini. Apakah yang menyebabkan kutuk tersebut? Tak lain, tak bukan, hukum itu sendiri. Mengapa kita menjadi terkutuk? Karena kita meninggalkan kasih karunia dan hal-hal supranatural (yang selalu berbarengan dengan kasih karunia) dan kembali lagi mengandalkan upaya kita sendiri.

Boleh jadi Anda berkata: "Ya, tapi itu 'kan di bawah Taurat Musa." Benar, hal itulah yang dimaksudkan oleh Paulus. Tetapi untuk kita semua orang bukan Yahudi, ternyata ada juga sebuah kutuk yang tercatat di kitab Nabi Yeremia: "Beginilah firman Tuhan: 'Terkutuklah orang yang mengandalkan manusia, yang mengandalkan kekuatannya sendiri, dan yang hatinya menjauh dari pada Tuhan!'" (Yeremia 17:5).

Kita terkena kutuk apabila mengandalkan kekuatan daging. "Terkutuklah orang yang mengandalkan manusia." Berapa banyak gereja sekarang ini masih penuh dengan orang-orang yang lebih banyak mengandalkan manusia? Artinya, termasuk mengandalkan diri sendiri juga. Menurut Alkitab, orang yang melakukan demikian berada di bawah sebuah kutuk. Mengapa? Karena "hatinya menjauh dari Tuhan."

Saya berpendapat, memang begitulah perjalanan sejarah Gereja selama ini. Katakanlah, misalnya pada suatu hari Tuhan melawat umat-Nya, lalu umat mengalami kasih karunia dan kuasa-Nya yang supranatural (disertai banyak mukjizat). Namun jarang sekali keadaan tersebut berlangsung lebih dari satu generasi. Sesudah itu, umat mulai berpaling kembali kepada upaya diri sendiri, peraturan manusia dan sistem-sistem buatan manusia.

Terjatuh dalam Kesesatan yang Besar

Pada dasarnya, apa kesalahan atau kesesatan dari legalisme? Ini penting, sebab kesesatan paling mendasar ternyata suatu kesesatan fatal. Kesesatan mendasar adalah bahwa Gereja telah menolak Roh Kudus. Dan apabila kita menolak Roh Kudus, terciptalah sebuah vakum, suatu kekosongan, yang akhirnya justru diisi oleh kuasa gelap melalui praktik sihir. Ini tidak lebih daripada hukum sebab-akibat.

Saya bukan seorang pakar sejarah Gereja, tetapi kesimpulan saya mengenai sejarah Gereja itu begini: Selama hampir dua puluh abad umat Kristen telah berupaya menemukan sebuah sistem yang benar-benar "aman", supaya kita tak perlu lagi mengandalkan Roh Kudus. Patut disayangkan, karena sistem seperti itu memang tidak ada. Dalam jangka panjang, hal yang justru paling berbahaya adalah berhenti mengandalkan Roh Kudus.

Para pemimpin gereja memang takut terhadap sesuatu yang sulit untuk "dikendalikan". Tetapi kalau pemimpin gereja *bisa* mengendalikan sesuatu, apa pun juga itu, sesungguhnya akan tidak cukup efektif untuk melaksanakan apa yang harus dikerjakan. Jadi, jika kita puas dengan sesuatu yang masih bisa "dikendalikan", sesungguhnya kita puas dengan sesuatu yang tidak dapat diterima oleh Tuhan. Banyak orang merasa, mengandalkan Roh Kudus itu terlalu berbahaya. Dalam artian tertentu, memang itu ada benarnya. Misalnya, sekalipun "mengikuti Roh Kudus" kita tetap bisa menarik kesimpulan yang salah, atau mengambil tindakan yang keliru. Hal itu sudah pernah terjadi. Tetapi Anda perlu tahu, bahwa tidak mengandalkan Roh Kudus justru jauh lebih berbahaya. Padahal Allah Roh Kudus, yang menduduki posisi ketiga dalam Tritunggal ini, sifat-Nya sangat lembut, sangat sabar dan sangat sopan. Tetapi bukankah kita telah menghina Dia, jika terus-menerus berkata: "Terima kasih, Roh Kudus, tetapi maaf, kami tidak butuh Engkau"? Dan hal itu pasti akan menimbulkan malapetaka.

Apabila kita hendak mencapai kebenaran dengan mengikuti ketentuan hukum, sesungguhnya kita memberi peluang kepada tabiat daging. Itulah sebabnya mengapa kita mengalami begitu banyak masalah dari orang-orang yang bersifat legalistis, yang mengotot mempertahankan supremasi hukum. Yang menyalibkan Yesus dan para rasul adalah orang-orang Yahudi yang memegang supremasi hukum, bukan para pelacur atau pemungut cukai. Saya mau berterus terang kepada Anda, bahwa sesungguhnya masalah terbesar yang dihadapi Tuhan adalah umat beragama itu sendiri. Hal ini jelas dinyatakan di Roma 7:5: "Sebab waktu kita masih hidup di dalam daging, hawa nafsu dosa, yang dirangsang oleh hukum Taurat, bekerja dalam anggota-anggota tubuh kita, agar kita berbuah bagi maut."[2]

Mengapa timbul keinginan-keinginan yang penuh dosa itu? Karena ketika saya masih hidup di bawah (supremasi) hukum, saya berkata: "Baiklah, aku akan melakukannya." Padahal pada dasarnya saya lebih mengandalkan kedagingan saya. Apabila saya memberi peluang besar kepada tabiat daging, berarti saya mengandalkan kedagingan (keduniawian) saya. Apa yang ada dalam tabiat daging? Jawabnya ada di ayat berikut ini, dan saya mau memberitahu Anda sebelumnya, bahwa hasilnya tidak begitu bagus. Inilah yang kita beri peluang, pada waktu kita mengandalkan kemampuan dan kesalehan kita sendiri:

> Perbuatan daging telah nyata, yaitu: percabulan, kecemaran, hawa nafsu, penyembahan berhala, sihir, perseteruan, perselisihan, iri hati, amarah, kepentingan diri sendiri, percideraan, roh pemecah, kedengkian, kemabukan, pesta pora dan sebagainya. Terhadap semuanya itu kuperingatkan kamu – seperti yang telah kubuat dahulu— bahwa barang siapa melakukan hal-hal yang demikian, ia tidak akan mendapat bagian dalam kerajaan Allah.
>
> Galatia 5:19-21[3]

---

[2] Roma 7:5, BIMK: "Sebab, dahulu kita hidup menurut sifat-sifat manusia. Pada waktu itu keinginan-keinginan yang berdosa, yang timbul karena adanya hukum agama, memegang peranan dalam diri kita. Itu sebabnya kita melakukan hal-hal yang mengakibatkan kematian."

[3] Galatia 5:19-21, BIMK: "Keinginan tabiat manusia nyata dalam perbuatan-perbuatan yang cabul, kotor dan tidak patut; dalam penyembahan berhala dan ilmu guna-guna; dalam bermusuh-musuhan, berkelahi, cemburu, lekas marah, dan mementingkan diri sendiri;

Kata-kata yang tercantum di sini tidak semua persis sama dalam berbagai terjemahan Alkitab, tetapi pada dasarnya ada empat macam atau kategori dari perbuatan dosa. Yang pertama adalah *imoralitas seksual* (perzinahan, gendak [dosanya bila belum kawin], dan kenajisan). Yang kedua adalah dunia *okultisme* (dunia setan) dan *agama-agama sesat* (penyembahan berhala, perdukunan). Yang ketiga adalah *kehidupan yang melanggar batas* (kemabukan, berpesta-pora dan sebagainya). Yang keempat dan yang terutama adalah *segala bentuk pertengkaran dan perpecahan*. Itu sebabnya gereja-gereja tidak pernah berhenti mengalami perpecahan. Yang menjadi isu bukanlah perbedaan doktrin teologia, melainkan sifat kedagingan kita. Sifat kedagingan tak dapat berdamai dengan dirinya sendiri, apalagi dengan saudara seiman. Begitu umat Kristen mulai berpikir dan bertindak secara kedagingan, Anda dapat pastikan bahwa gereja itu akan mengalami perpecahan.

KUNCI KEBERHASILAN UNTUK MENEMUKAN PANGGILAN ANDA DAN MEMENUHINYA ADALAH: BERHENTI MENGANDALKAN DIRI SENDIRI.

Mengapa banyak denominasi gereja mempunyai begitu banyak organisasi? Mengapakah mereka mengalami begitu banyak perpecahan? Karena legalisme mereka yang begitu keras, yang menghasilkan perbuatan-perbuatan daging. Bisa saja orang Kristen menjauhi kemabukan dan perbuatan amoral, tetapi tampaknya mereka tak pernah lepas dari perselisihan, kepahitan dan kebencian.

Kemana Semestinya Anda Harus Bergantung

Kunci keberhasilan untuk menemukan panggilan Anda dan memenuhinya adalah: berhenti mengandalkan diri sendiri. Terus terang, Anda sendiri sebenarnya tak dapat diandalkan atau dipercayai. Ilmu

---

perpecahan dan berpihak-pihak, serta iri hati, bermabuk-mabukan, berpesta-pesta dan lain sebagainya. Terhadap semuanya itu saya peringatkan kalian sekarang sebagaimana saya peringatkan kalian dahulu juga, bahwa orang-orang yang melakukan hal-Hal seperti itu tidak akan menjadi anggota umat Allah."

yang paling penting Anda pelajari dalam kehidupan Kristiani adalah: belajar untuk tetap bergantung kepada Roh Kudus setiap saat. Dengan kata lain, jangan pernah memutuskan sesuatu mengenai panggilan atau pekerjaan Anda untuk Kerajaan Allah tanpa bimbingan petunjuk Roh Kudus.

Saya masih mengingat suatu saat yang sungguh bermakna, ketika Tuhan berkenan berbicara melalui sebuah nubuat memakai mulut saya sendiri. Tuhan berkata, saya akan memasuki sebuah tahap yang baru dalam pelayanan, bahwa saya sedang menempuh suatu jalan yang belum pernah saya lalui. Tuhan berkata: *Kamu harus sangat peka. Jangan melangkah mendahului Aku. Jangan kamu bicara satu kata pun sebelum Aku mengucapkannya.* Kata-kata itu semakin menambah kesadaran saya, bahwa ketergantungan kepada Roh Kudus memang merupakan kunci sukses. Tetapi jangan Anda mengira bahwa hal ini mudah bagi saya. Adapun karakter saya, saya termasuk orang yang cukup independen, sebab saya tak mau tergantung kepada siapa pun. Saya cukup sukses dalam kehidupan dan di banyak bidang saya lumayan berhasil. Salah seorang teman akrab saya berkata, di antara semua orang yang dia kenal, sayalah orang yang paling tidak mau diatur orang. Dan saya kira kawan saya itu benar menilai diri saya. Tantangan terbesar yang paling sering harus saya hadapi dalam kehidupan sebagai seorang Kristen adalah: berhenti mengandalkan diri sendiri.

Berikut ini adalah contoh persoalan yang menjadi pergumulan bagi saya. Saya cenderung untuk mengatakan ceplas-ceplos apa yang muncul di pikiran saya. Padahal tidak selalu itulah waktu terbaik untuk mengatakannya. Mungkin ketika bercakap-cakap dengan seseorang, saya hampir saja mau berkata sesuatu, tetapi tiba-tiba Roh Kudus berbisik: *Sekarang bukan waktunya untuk berkata begitu.* Jika saya sungguh bersandar kepada Roh Kudus, tentu saya akan memperhatikan petunjuk-Nya, lalu menunggu saja. Memang diperlukan kesabaran untuk menunggu. Apakah Anda suka berdoa meminta kesabaran dari Tuhan? Sebaiknya begitu. Tetapi yang penting, Anda mengingat bahwa Tuhan mempunyai cara-Nya sendiri untuk mengajarkan kesabaran kepada kita. Dalam Alkitab King James yang sudah kuno itu [terbit tahun 1611, *redaksi*], istilahnya dalam bahasa Inggris untuk *kesabaran* adalah *longsuffering* (lama menderita), dan pada umumnya kita harus belajar kesabaran itu dengan menderita dahulu dan cukup lama waktunya.

Saya yakin bahwa Anda sendiri pun pernah merasakan sentuhan-sentuhan Roh Kudus yang lembut seperti ini. Misalnya, Anda merencanakan untuk bepergian mengendarai mobil. Pada waktu masuk mobil, apakah Anda merasakan Tuhan menyuruh Anda berdoa dahulu? Di masa-masa modern ini mobil merupakan salah satu kendaraan yang cukup berbahaya, karena selalu saja ada kemungkinan untuk mendapat kecelakaan lalu lintas. Apakah Anda sudah berdoa meminta perlindungan Tuhan? Tidak lupakah Anda mengenakan sabuk pengaman? Saya mengenal beberapa saudara seiman yang mati dalam kecelakaan mobil hanya karena lupa mengenakan sabuk pengaman.

Setelah hidup saya mencapai umur yang cukup lanjut usia ini, saya mulai belajar untuk tidak frustrasi apabila tidak semua hal berjalan seperti keinginan saya. Saya telah belajar, bahwa apabila Tuhan membiarkan sesuatu terjadi, seringkali Ia mempunyai maksud tertentu. Dalam situasi-situasi demikian, semestinya kita segera meresponi Tuhan dan berkata: "Roh Kudus, tunjukkanlah kepadaku." Saya belum menjadi sempurna, tetapi saya sungguh merindukan hubungan intim dengan Roh Kudus. Saya sudah mencapai tahapan di mana saya tidak mengandalkan daging saya lagi. Saya tahu, kedagingan saya takkan mampu memberikan sesuatu yang saya inginkan.

Terbebas dari Legalisme

Hukum Musa yang diberikan Tuhan kepada bangsa Israel sesungguhnya merupakan "peta jalan" yang sempurna dalam segala hal. Paulus jelas berkata begitu: hukum Taurat itu "kudus, dan perintah itu juga adalah kudus" (Roma 7:12). Seandainya ada manusia yang teliti mengikuti peta jalan itu, pasti ia akan mencapai kebenaran yang sempurna. Namun mengapa hukum Musa tidak bisa membawa orang kepada kebenaran? Karena sebagai manusia kita mempunyai daging atau tabiat yang lemah. Menurut Alkitab, semua manusia dilahirkan dengan masalah batiniah, yaitu sering melawan kehendak Tuhan. Sekalipun dalam hati kita mau patuh kepada peraturan, sang pemberontak yang ada di hati ini akan sering bangkit dan menggagalkan upaya kita yang paling tulus sekalipun. Apalagi jika kita mulai hidup legalistis, maka kita akan merasa cengkeraman praktik sihir yang jahat dan justru membelenggu diri kita secara rohani.

Berdasarkan pengalaman saya sendiri, setelah menyadari keadaan saya yang sesungguhnya, saya menyadari bahwa tidak cukup untuk sekadar berubah pikiran. Saya harus benar-benar bertobat dan meminta Tuhan membebaskan diri saya dari pemberontakan dan belenggu rohani legalisme. Saya tidak berkata itu adalah dosa yang tidak mungkin diampuni, tetapi seringkali kita telah menghina Roh Kudus.

Ada suatu contoh aneh yang teringat oleh saya, yaitu dari masa muda saya ketika saya masih kuliah di Universitas Cambridge, London. Saya mempunyai rekan bernama Smithers, yang benar-benar berjiwa anarkis. Ia seorang mahasiswa "pemberontak", baik secara filosofi maupun keyakinannya. Smithers berjanggut panjang yang berwarna hitam, dan model begini jarang terlihat di masa-masa itu. Ia cukup dikenal sebagai seorang "pemberontak" dan tingkah lakunya memang kurang ajar.

Waktu itu ada seorang dosen di King's College yang saya kenal, seseorang yang cukup bergengsi dan berkedudukan tinggi. Suatu hari beliau memutuskan untuk menemui Smithers, untuk bertanya apakah perlu beasiswa untuk studi lanjutan. Kami, para mahasiswa tahu bahwa Smithers itu pasti akan bersikap kurang ajar terhadap dosen itu, karena prinsip-prinsip anarkis yang dianutnya. Sebab itu sesudah selesai wawancara itu, kami pun bertanya kepada Smithers: "Lalu, bagaimana sikapmu ketika bertemu dengan dosen tadi?"

Jawab Smithers: "Saya menganggapnya angin saja."

Saya menyampaikan cerita ini, karena menurut hemat saya, sebagian besar orang Kristen pun menganggap Roh Kudus seperti angin saja. Kita juga bersikap seakan-akan Roh Kudus itu tidak ada. Kita menganggap sepi akan Dia, dan sebenarnya itu suatu penghinaan. Kita telah menghina Roh Kudus. Padahal Ia penuh kasih karunia, dan sebenarnya kita perlu benar-benar bertobat. Sesudah itu, kita perlu minta supaya Tuhan melepaskan diri kita. Kita perlu dilepaskan dari roh perhambaan yang telah membelenggu kita sekian lama, sehingga tidak juga menemukan panggilan hidup kita, apalagi menjalaninya.

Apakah Anda merasa, bahwa apa yang baru saja saya gambarkan ini tepat sekali menjelaskan masalah yang sedang Anda hadapi? Mungkin itu masalah yang telah Anda gumuli selama bertahun-tahun. Anda telah berupaya keras, tetapi merasa belum pernah mengalami hal-hal yang diceritakan dalam Perjanjian Baru itu dalam hidup Anda. Bersediakah Anda sekarang juga memberi tanda kepada Roh Kudus, bahwa Anda sedang mengalami krisis? Mungkin Anda boleh berkata begini kepada Roh Kudus:

> *Roh Kudus, aku sudah habis akal. Aku tak tahu harus ke mana. Dan aku dalam keadaan putus asa. Maafkan aku, karena selalu mengabaikan-Mu dan mengikuti jalan serta keinginanku sendiri. Ampunilah aku, ya Roh Kudus. Sekarang aku mau menyerah kepada-Mu. Aku merindukan hubungan rohani yang bersatu dengan Yesus, seperti diceritakan dalam Alkitab. Maukah Engkau memberikannya kepadaku? Maukah Engkau membantuku?*
>
> *Ya Roh Kudus, maafkan aku bila aku telah menghina-Mu. Aku telah berkeras hati dan mengabaikan-Mu. Aku mengandalkan diri dan kekuatanku sendiri. Ampunilah dan lepaskan aku dari roh perbudakan yang membelengguku. Aku berdoa dalam nama Yesus. Amin.*

Lalu Bagaimana Sekarang?

Berikut ini adalah fakta yang sungguh mengherankan, yang mungkin pernah atau pun tidak pernah terpikir oleh Anda. Segera sesudah Tuhan memberikan Hukum Taurat kepada Nabi Musa untuk disampaikan kepada bangsa Israel, apakah dosa pertama yang dilakukan oleh bangsa Israel? Israel adalah umat-Nya, suatu bangsa yang telah diselamatkan/dibebaskan Tuhan dari perbudakan di Mesir – bukan dengan hukum, melainkan dengan iman! Justru dosa yang mereka langsung lakukan adalah melanggar kedua perintah pertama hukum Taurat itu, yaitu: jangan mempunyai ilah yang lain dan jangan menyembah berhala.

Ada pihak-pihak tertentu yang mengajarkan, bahwa tidak heran kalau orang melanggar hukum, karena hukum itu memang terlalu berat untuk dipatuhi. Tetapi dalam konteks di sini, pengajaran itu sesungguhnya keliru sama sekali. Sebenarnya lebih mudah untuk patuh kepada hukum Tuhan pada waktu itu. Justru lebih sulit bagi bangsa Israel untuk membuat lembu mas tersebut lalu menyembahnya. Mengapa mereka begitu cepat jatuh dalam dosa? Sebab hukum yang diberikan kepada mereka justru memprovokasi atau merangsang jiwa pemberontak yang ada pada mereka.

Bila kita tidak dibantu, paling-paling kita hanya dapat berkata: "Ya Tuhan, aku belum bisa mematuhi perintah-Mu. Perintah-Mu itu sempurna. Hukum-Mu itu sebuah peta jalan yang sempurna. Tetapi saya tersandung dan jatuh setiap kali mencoba mengikuti peta itu."

Syukurlah, Tuhan telah memberi kita seorang Pemandu, yaitu Roh Kudus. Seandainya kita memberi kepada Roh Kudus peta jalan tadi, pasti Ia akan berkata: *Terima kasih, Aku sudah tahu jalannya dan tidak memerlukan peta itu. Hanya satu hal yang perlu kaulakukan: peganglah erat-erat tangan-Ku dan biarkan Aku membimbingmu.*

Berikut ini ada dua pertanyaan penting yang harus Anda jawab. Pertama, pernahkah Anda mendengar khotbah di mana hamba Tuhan berkata, engkau harus dilahirkan kembali? Pasti engkau akan berkata, Sudah. Oleh karena itu, pertanyaan saya yang kedua adalah: Pernahkah engkau mendapat pengajaran yang jelas, yang praktis dan sistematis, bagaimana engkau akan dibimbing oleh Roh Kudus?

Dari jawaban Anda terhadap kedua pertanyaan tadi, kita melihat salah satu masalah pokok yang terdapat pada umat Kristiani. Banyak orang Kristen mungkin saja sudah lahir baru, tetapi mereka belum diajari bagaimana mereka bisa dibimbing oleh Roh Kudus. Mereka sudah "masuk" Kerajaan Allah, tetapi bingung karena belum menemukan panggilan atau tujuan hidup mereka yang sebenarnya. Tampaknya mereka tak pernah melangkah maju untuk mulai menunaikan tugas khusus yang disiapkan Tuhan dalam Kerajaan-Nya. Mengapa? Karena mereka belum mendapat pengajaran yang mutlak diperlukan, yaitu bagaimana caranya untuk mendapatkan bimbingan Roh Kudus.

Itulah topik pembahasan kita dalam bab berikutnya.

8

Pembimbing Anda

Tetapi apabila Ia datang, yaitu Roh Kebenaran, Ia akan memimpin kamu ke dalam seluruh kebenaran.

Yohanes 16:13

DI seluruh jagat raya ini tak ada yang bisa menggantikan peranan Roh Kudus. Roh ini benar-benar tidak ada duanya, dan Ia sanggup melakukan apa yang tak mampu dilakukan oleh orang dan kekuatan mana pun. Dialah satu-satunya yang dapat mengerjakan sesuatu dalam diri kita, sesuai dengan kehendak Tuhan.

Ada sebuah ayat di Alkitab Perjanjian Baru yang berkata: "Inilah firman TUHAN kepada Zerubabel bunyinya: 'Bukan dengan keperkasaan dan bukan dengan kekuatan, melainkan dengan roh-Ku,' firman TUHAN semesta alam" (Zakharia 4:6). Kata-kata tersebut mengungkapkan sesuatu yang amat penting bagi kita. Tuhan semesta alam sendiri mengatakannya. Dialah yang berkuasa dan memerintah atas segala malaikat di surga dan di bumi. Tuhan berkata: "Umat manusia harus berubah total dalam hatinya. Tiada kekuatan lain yang bisa mengerjakan perubahan batiniah itu. Keperkasaan atau kekerasan takkan berhasil. Dipaksa pun tak akan berhasil. Peraturan apapun takkan berhasil. Pemerintah mana pun takkan berhasil. Hanya satu yang sanggup mengerjakannya, yaitu Roh Kudus."

Saya ingin agar Anda benar-benar mencamkan hal ini.

TAK ADA YANG DAPAT MENGGANTIKAN PERANAN ROH KUDUS. Anda harus bergantung sepenuhnya kepada Roh Kudus untuk benar-benar memenuhi panggilan atau tujuan yang disiapkan Tuhan bagi Anda setelah Anda menyatu dengan Kristus. Anda takkan dapat melakukannya tanpa bantuan Roh Kudus. Tak ada yang dapat menggantikan peranan Roh Kudus. Anda tak akan berhasil dengan sekadar menimba ilmu sebanyak-banyaknya. Bakat atau talenta pun tak ada gunanya. Anda takkan berhasil sekalipun memakai banyak uang. Tiada sesuatu dan tak seorang pun yang sanggup melakukannya, kecuali Roh Allah, yaitu Roh Kudus.

Satu-satunya Jalan Menuju Kedewasaan

Dalam surat kirimannya kepada Jemaat Roma, Paulus membuat pernyataan yang luar biasa ini: "Semua orang, yang *dipimpin* Roh Allah, adalah anak Allah" (Roma 8:14). Jadi, yang memenuhi syarat menjadi anak Allah adalah orang-orang yang dipimpin (dituntun, dibimbing) Roh Kudus. Seperti saya katakan, betapa menyedihkan bahwa banyak orang telah "lahir kembali" oleh Roh Allah, namun belum tahu bagaimana caranya untuk dapat dibimbing oleh-Nya. Padahal tiada cara lain untuk menjadi dewasa dalam persekutuan dengan Kristus.

Dalam teks asli Yunani, kata kerja *dipimpin* itu ditulis dalam bentuk *present continuous tense* (sekarang dan berkelanjutan). Jadi, sebenarnya ayat itu berkata: "Semua orang yang (*senantiasa/terus*) dipimpin oleh Roh Allah adalah anak Allah." Orang dipimpin Tuhan tidak hanya dalam kebaktian di gedung gereja pada hari Minggu pagi atau pada waktu berlutut di pinggir ranjang tempat tidur, saat mau berdoa. "Dipimpin senantiasa" itu harus setiap hari, setiap jam dan dari momen satu ke momen berikutnya. Yang terus-menerus dibimbing Roh Allah – mereka itulah yang akhirnya menjadi putra-putri Allah yang akil balig.

Saya sendiri ada pengalaman pribadi yang luar biasa dengan Roh Kudus, begitu saya mulai mengenal Yesus semasa Perang Dunia II. Waktu itu saya di dalam tangsi militer, terkapar di lantai di mana saya merasakan kuasa Tuhan lebih dari sejam lamanya. Pengalaman itu sungguh aneh bagi saya. Perjumpaan saya yang pertama kali dengan Yesus itu sekaligus merupakan perkenalan saya dengan Roh Kudus dan kuasa-Nya.

Sejak waktu itu Roh Kudus menjadi suatu realitas bagi saya. Saya belajar terus mengenai Roh Kudus, saya pun percaya akan Dia dan setelah menjadi pengkhotbah, saya banyak sekali berkhotbah mengenai Dia. Saya berkali-kali berkhotbah: "Anda harus dilahirkan kembali oleh Roh Allah." Namun, kalau saya mengingat kembali ke masa lalu itu, dengan sejujurnya dan sedih saya harus mengakui bahwa waktu itu Roh Kudus tidak lebih dari sebuah "kendaraan" yang saya manfaatkan. Seperti saya memanggil kendaraan ambulans ketika timbul keadaan darurat. Dan selalu saja ambulans itu datang dan setia menolong saya, tetapi hubungan saya dengan Roh Kudus itu sifatnya hanya "numpang lewat" saja.

Sebagian penyebabnya adalah karena saya memang terlalu "larut" dalam kegiatan keagamaan. Seperti saya katakan, agama dan Roh Kudus itu sebenarnya tak pernah bisa menyatu dengan baik. Jika kita penuh dengan ritual atau upacara keagamaan, otomatis kita akan lebih bergantung kepada upacara itu dan bukan kepada Roh Kudus. Pada masa awal pelayanan, saya banyak memakai bahasa roh, namun hakikat rohaninya kosong. Supaya akhirnya sembuh dari "penyakit" itu, Tuhan mengijinkan saya mengalami banyak hal – ditimpa oleh berbagai masalah – dan semua itu jelas untuk menyadarkan, betapa saya tak mampu berbuat apa-apa tanpa Roh Kudus.

Sementara membaca buku ini, boleh jadi Anda sendiri sedang mengalami berbagai masalah dan frustrasi juga, bahkan mungkin sakit hati. Anda mungkin berkata, "Ya Tuhan, mengapa jadi begini hidupku?" Mungkin salah satu penyebab mengapa Tuhan mengijinkan masalah-masalah dalam hidup Anda adalah untuk menunjukkan betapa Anda memerlukan Roh Kudus – setiap hari, setiap jam dan setiap saat.

Sebab memang tak ada jalan lain untuk benar-benar berhasil dalam kehidupan Kristiani.

Padahal Roh Kudus itu siap menolong. Kita tak perlu membujuk-bujuk-Nya supaya menolong. Seandainya memang ada masalah, itu bukan karena Dia tak sudi menolong. Masalahnya adalah kita sendiri. Alkitab berkata: "Sebab keinginan daging berlawanan dengan keinginan Roh dan keinginan Roh berlawanan dengan keinginan daging" (Galatia 5:17). Pada dasarnya, yang dimaksud di sini adalah bahwa dari diri sendiri, kita tidak mampu mengejar perkara-perkara Tuhan. Apa sebabnya? Karena dalam tabiat lama (kedagingan) kita sudah tertanam suatu penolakan atau keengganan untuk berurusan dengan Roh Allah. Jadi, kita harus bersedia dulu untuk tidak dikendalikan lagi oleh sifat kedagingan itu. Kita harus membiasakan diri untuk mematikan "daging", menganggapnya sudah turut "mati" melalui kematian Yesus di kayu salib. Dan setelah mati demikian, kita pun harus belajar hidup bagi Tuhan dengan pertolongan Roh Kudus.

Tak seorang manusia pun yang dapat memiliki kemampuan demi-kian secara instan. Memang ada juga yang cepat berhasil melakukan perubahan itu, dan biasanya itulah orang-orang Kristen yang sangat mencolok perubahannya. Umumnya mereka itu bukan para rohaniwan. Mungkin mereka itu malah orang-orang biasa saja, yaitu anggota Tubuh Kristus. Seringkali yang berhasil benar-benar mematikan keinginan daging itu adalah para pendoa syafaat, orang-orang yang tidak pernah tampil di depan umum, yang suka berdoa di tempat-tempat tersembunyi.

Pelajaran yang saya ajarkan ini sungguh penting. Anda harus berhasil dalam panggilan atau tujuan hidup Anda. Anda harus sungguh serius memikul tanggung jawab Kerajaan yang disiapkan bagi Anda. Dan Anda harus berhasil mengatasi kesulitan serta mengalahkan musuh yang menyerang Anda. Anda perlu dipimpin oleh Roh Kudus sendiri.

Roh Kudus dengan Berbagai Aspeknya

Mari kita mulai mempelajari beberapa konsep sederhana yang meng-gambarkan berbagai aspek yang terdapat pada Roh Kudus.

Roh Kudus Mempunyai Kepribadian

Hal pertama yang penting disadari adalah bahwa Roh Kudus itu merupakan suatu sosok Pribadi. Jangan kita sekedar menghafal setengah kalimat dalam Kredo Para Rasul yang berbunyi: "Aku percaya akan Roh Kudus, gereja kudus yang am," dan seterusnya. Menurut saya, umat Kristen pada umumnya sungguh dirugikan, karena pernyataan iman yang resmi ini menyebut Pribadi ketiga dari Allah Tritunggal itu dengan kalimat yang begitu singkat.

Patut diperhatikan bahwa Roh Kudus itu enggan menonjolkan diri, bahkan Ia ingin main di latar belakang saja. Ia tak pernah menarik perhatian kepada diri-Nya sendiri dan selalu memusatkan perhatian kepada Tuhan Yesus Kristus. Namun demikian, kita tak boleh mengabaikan-Nya, sebab kita akan rugi besar bila melakukannya.

Mari kita membaca Injil Yohanes untuk mengetahui, apa kata Yesus mengenai hal ini. Dalam perikop ayat-ayat berikut Yesus memberitahu para pengikut-Nya, bahwa Ia akan meninggalkan mereka sebagai manusia, dan akan pergi kembali kepada Bapa di surga. Saat itu Yesus berkata, Ia telah mengatur supaya mereka akan tetap diayomi sesudah kepergian-Nya. Pengayoman-Nya itu akan dilakukan melalui Pribadi lain yang akan datang dari surga (setelah Yesus kembali ke surga). Sosok Pribadi lainnya itu tentu saja adalah Roh Kudus. Yesus berkata: "Namun benar yang Kukatakan ini kepadamu: Adalah lebih berguna bagi kamu, jika Aku pergi. Sebab jikalau Aku tidak pergi, Penghibur itu tidak akan datang kepadamu, tetapi jikalau Aku pergi, Aku akan mengutus Dia kepadamu" (Yohanes 16:7).

Dalam berbagai terjemahan Alkitab, Roh Kudus dijuluki sebagai Penghibur, Penolong, atau Penasihat. Alkitab versi Roma Katolik memakai istilah yang diambil dari kata Yunani *parakletos*, yang berarti "orang yang dipanggil untuk mendampingi". Boleh jadi, kata paling ekuivalen dengan ini adalah *advocate* (advokat, pengacara), suatu istilah hukum. Ini menunjukkan Roh Kudus adalah pribadi yang dipanggil untuk membantu sebagai pendamping, untuk membela perkara Anda di pengadilan apabila Anda sendiri tidak sanggup melakukannya. Semua julukan itu menggambarkan sifat-sifat Roh Kudus, bahwa Ia seorang Penghibur, Penolong, Penasihat, Advokat (pengacara), yaitu Parakletos.

Ada dua hal yang perlu diperhatikan secara khusus. Yang pertama, Yesus berkata: "Secara pribadi Aku meninggalkan kalian." Jadi, ketika Anda membaca buku ini, pada saat ini juga Yesus adalah sosok Pribadi yang duduk di sebelah kanan Allah Bapa di surga. Ia tidak berada di bumi lagi. Yang kedua, ketika Yesus berkata kepada para pengikut-Nya: "Setelah Aku kembali ke surga, sebagai gantinya Aku akan meminta Bapa untuk mengutus Pribadi *yang lain*" (lihat Yohanes 14:16). Kiranya ungkapan *yang lain* itu diperhatikan baik-baik. Mengapa? Karena itu berarti, Roh Kudus juga suatu pribadi, sama seperti Yesus dan Bapa merupakan suatu Pribadi.

Alkitab Perjanjian Baru, demikian juga seluruh Alkitab, mengungkapkan sifat Allah yang Tritunggal – satu Allah yang bersosok tiga pribadi: Bapa, Anak dan Roh Kudus. Masing-masing merupakan sebuah ekspresi dari ketritunggalan tersebut dan semuanya merupakan sosok Pribadi tersendiri. Saya perhatikan, umat Kristen pada umumnya tidak sulit memahami bahwa Bapa bersifat Pribadi, begitu juga Yesus. Tetapi banyak orang sulit memahami bahwa Roh Kudus juga suatu Pribadi, walaupun dalam bentuk yang agak berbeda.

JELAS, SUPAYA TAK ADA YANG RAGU BAHWA ROH KUDUS MERUPAKAN SUATU PRIBADI.

Di beberapa ayat kemudian di pasal yang sama dari Injil Yohanes, Yesus berkata: "Tetapi apabila Ia datang, yaitu Roh Kebenaran, Ia akan memimpin kamu ke dalam seluruh kebenaran" (Yohanes 16:13).

Alkitab Perjanjian Baru mulanya ditulis dalam bahasa Yunani dan dalam bahasa itu semua kata benda terdiri dari tiga jenis, yaitu jenis maskulin (jantan), feminin (betina) dan neuter (netral). Dalam bahasa Inggris pembedaan kata-kata benda yang berjenis kelamin itu tidak ada, tetapi sebagai kata gantinya dipakai istilah *he* (pria), *she* (wanita) dan *it* (yang bukan pria/ wanita). Dalam bahasa Perancis, kata *jendela* berjenis kelamin maskulin, sedangkan *pintu* itu feminin. Itulah jenis kelamin dalam arti gramatika (tatabahasa).

Dalam bahasa Yunani, istilah Roh, *pneuma,* sesungguhnya bukan maskulin dan bukan juga feminin, melainkan neuter, tiada berjenis kelamin. Jadi, kalau menggunakan kata ganti yang neuter, orang Yunani (dan bahasa Inggris juga) menggunakan kata ***it***. Tetapi heran sekali, dalam kata-kata yang terekam di Alkitab ini, Yesus jelas-jelas melanggar kaidah tatabahasa ketika Ia bicara dengan para pengikut-Nya. Karena Ia tidak memakai kata ganti ***it***, melainkan kata ganti yang lain. Yesus berkata: "Tetapi apabila Ia datang, yaitu Roh Kebenaran, Ia ..." (Dalam versi bahasa Inggris: "When *He*, the Spirit of truth, has come.") Mengapa Yesus tidak memakai kata *it*? Jelas, supaya tak ada yang ragu bahwa Roh Kudus merupakan suatu Pribadi. Roh Kudus tidak bisa dikatakan *it*. Roh Kudus bukanlah sekadar "pengaruh" yang bersifat abstrak atau sebuah "doktrin". Ia adalah sebuah sosok Pribadi.

Kebenaran ini sangat penting untuk dimengerti. Jika kita tidak memahami hal ini, kita akan selalu mengalami masalah ketika berkomunikasi dengan Roh Kudus. Begitu juga, saya akan sulit berkomunikasi dengan istri saya, jika saya hanya menganggap angin lalu. Pasti pernikahan kami akan gagal pada akhirnya. Namun, banyak juga orang yang hubungannya kurang baik dengan Roh Kudus, karena tidak menyadari bahwa Ia berkepribadian.

Roh Kudus Hadir

Poin kedua yang saya minta Anda perhatikan, adalah bahwa Yesus berkata kepada para pengikut-Nya: "Untunglah bahwa Aku akan pergi, sebab jika Aku tidak pergi, sang Penolong takkan datang. Tetapi jika Aku pergi, maka Aku akan mengutus-Nya menggantikan-Ku" (lihat Yohanes 16:7). Banyak orang Kristen heran membaca kata-kata Yesus ini. Jadi, di situ Yesus berkata: "Lebih baik bagimu kalau Aku nanti berada di surga dan Roh Kudus berada di bumi, daripada kalian tetap bersama-Ku di dunia tetapi Roh Kudus tetap di surga."

Kemungkinan besar diam-diam Anda pernah berkata di hati Anda: "Alangkah indahnya, ya, seandainya kita bersama Yesus waktu Ia berada di bumi dulu itu? Maka kita dapat bersekutu dengan Dia sebagai manusia." Ya, tentu saja akan indah! Tetapi dalam ayat ini sesungguhnya

Yesus berkata: "Namun demikian, kalian justru lebih beruntung kalau Aku berada di surga dan Roh Allah yang berada di bumi."

Jikalau Anda mempelajari sejarah perkembangan Gereja, jelas sekali apa yang dikatakan Yesus itu. Ketika Roh Kudus datang ke dunia pada hari Pentakosta, begitu dahsyat perubahan yang dialami oleh para pengikut Yesus, yang tidak mereka alami ketika Yesus masih berada di tengah-tengah mereka. Bahkan sampai detik-detik terakhir Perjamuan Kudus itu, masih juga para pengikut Yesus bertengkar satu sama lain, mempersoalkan siapa di antara mereka yang terbesar. Yesus menjelaskan begitu banyak kebenaran yang luar biasa kepada mereka, mengenai kematian dan kebangkitan yang akan Ia alami, dan sebagainya. Tetapi tampaknya sebagian besar informasi yang disampaikan itu tidak mereka perhatikan sama sekali.

Tetapi ketika Roh Kudus datang pada hari Pentakosta, mereka langsung mendapat gambaran yang jelas, siapakah Yesus sebenarnya. Tiba-tiba mereka mulai mengerti, apa artinya kematian dan kebangkitan Yesus itu, dan mereka mulai paham apa yang dikatakan dalam Alkitab. Sebelum hari Pentakosta itu, tak mungkin Petrus berani bangkit berdiri dan menjelaskan nubuat Nabi Yoel mengenai hal yang baru saja mereka alami itu. Pemahaman tersebut tidak diperoleh secara bertahap. Pengertian itu terjadi dalam sekejab! Saat Roh Kudus tiba, sikap dan pemahaman mereka mengenai kebenaran rohani mengalami perubahan secara drastis.

Roh Kudus itu Tuhan

Fakta penting yang ketiga mengenai Roh Kudus sesungguhnya merupakan pengembangan dari fakta yang pertama. Roh Kudus bukan saja suatu Pribadi, tetapi Ia juga Tuhan. Allah Bapa itu Tuhan, Allah Putra itu Tuhan, demikian pun Allah Roh itu Tuhan. Ia sederajat dengan dua anggota lainnya dari Allah Tritunggal. Sebagian dari kredo (pernyataan iman) konsili gereja di Nicea berkata: "Roh Kudus ... yang disembah bersama dengan Bapa dan Anak." Penyembahan memang hanya boleh diberikan kepada Tuhan. Di 2 Korintus Paulus berkata dengan begitu sederhana: "Sebab Tuhan adalah Roh; dan di mana ada Roh Allah, di situ ada kemerdekaan" (2 Korintus 3:17). Istilah Tuhan di

Alkitab Perjanjian Baru sederajat dengan nama suci Allah yang tertulis dalam Alkitab Perjanjian Lama, yaitu *Yahweh*. Itulah nama Allah yang esa dan benar. Oleh karena itu, apabila Paulus berkata: "Sebab Tuhan adalah Roh," yang ia maksudkan adalah: "Roh itu adalah Allah, Dialah Tuhan."

Selanjutnya Paulus menulis: "... di mana ada Roh Allah, di situ ada kemerdekaan." Di ayat ini kemerdekaan (kebebasan) diperbandingkan dengan keterikatan kepada suatu perangkat hukum. Bagaimana caranya kita mendapat kemerdekaan/ kebebasan? Hanya satu caranya. Di mana Roh Kudus berada, di situlah terdapat kemerdekaan. Pernah saya mendengar seseorang menerjemahkan ayat itu (secara parafrase) sebagai berikut: "Di mana Roh Kudus dipuja sebagai Tuhan, di situlah terdapat kemerdekaan."

Orang-orang Kristen Pentakosta (dan saya salah seorang di antaranya) dan banyak orang Kristen lain sering mempunyai konsep yang aneh-aneh mengenai kemerdekaan (*liberty*) itu. Misalnya ada yang berkata: Kita belum benar-benar merdeka, kalau kita belum mulai menari-nari di atas panggung gereja pada pukul 6.45 sore. Atau: Kita belum benar-benar merdeka (bebas) jikalau tidak semuanya bertepuk tangan. Ada pengkhotbah yang berkata, kalau umat belum menghentakkan kakinya di atas panggung, itu berarti mereka belum menikmati kebebasan sejati. Menurut hemat saya, tidak salah juga, pengkhotbah memiliki kebebasan penuh untuk menghentakkan kakinya di atas panggung, tetapi hal itu sendiri takkan saya sebut sebagai kebebasan sejati.

Yang namanya kebebasan itu tidak selalu berarti tak pernah absen mengikuti kebaktian gereja pada hari Minggu. Kebebasan yang dimaksudkan, bukan saja kalau orang bisa mengikuti gerak gerik dan irama tertentu. Semua itu relatif, karena benarkah Roh Kudus yang mendorong kita untuk berbuat demikian? Atau kita hanya melakukannya karena sudah menjadi tradisi agama? Tradisi agama biasanya menimbulkan keterikatan.

Seharusnya kita juga sama hormatnya terhadap Roh Kudus, seperti kita menghormati Allah Bapa dan Anak-Nya. Soalnya di sini, tak mungkin orang memiliki akses yang lebih kepada Tuhan, selain dari apa yang kita dapatkan di dalam Roh Kudus. Sebab begitulah prinsip dalam ketritunggalan Allah. Untuk memiliki akses kepada Allah Tritunggal, siapa pun yang diutus sebagai perwakilan-Nya harus dihormati. Ketika Bapa mengutus Anak-Nya, Ia berkata: "Mulai sekarang tak seorang pun bisa datang kepada-Ku kecuali melalui Anak-Ku. Kalian tak boleh datang kepada-Ku tanpa melalui Dia yang mewakili-Ku itu. Sebab dalam keadaan apa pun juga, Aku harus menghormati Perwakilan yang telah Ku-tunjuk."

Begitu selesai dengan tugas-Nya, Yesus langsung kembali kepada Bapa di surga. (Memang, ini persoalan teologia yang terlalu rumit untuk dimengerti hanya dengan penjelasan melalui beberapa kalimat.) Tetapi sebagaimana saya mengertinya, Allah Bapa dan Putera telah bersama-sama mengutus Roh Kudus. Dan prinsip yang sama berlaku juga di sini. Kita, anak-anak manusia, tidak mempunyai akses kepada Bapa dan Anak kecuali melalui Roh Allah. Tak mungkin untuk langsung datang kepada Bapa dan Anak, tanpa melewati Roh Kudus. Paulus menulis di Efesus pasal 2: "Karena oleh Dia kita kedua pihak dalam satu Roh beroleh jalan masuk [*akses*] kepada Bapa" (Efesus 2:18).

> **JADI, KITA (UMAT KRISTEN) HARUS SEPENUHNYA BERGANTUNG KEPADA ROH KUDUS.**

Umumnya kalangan Kristen Injili berkata bahwa kita mempunyai akses terhadap Allah Bapa melalui Anak-Nya, Yesus. Hal itu benar, tetapi itu belumlah kebenaran yang seutuhnya. Jalan masuk bagi kita kepada Allah Bapa adalah melalui Sang Putra oleh (lewat) Roh Allah. Dari kedua arah, entah manusia yang menghadap Tuhan atau Tuhan yang sedang melawat kita, kita tidak boleh mengabaikan peranan Roh Kudus. Jika kita mengabaikan peranan Roh Kudus, kita tak akan mendapat akses atau "jalan masuk" kepada Tuhan dan Tuhan pun tidak mempunyai akses kepada kita. Jadi, kita (umat Kristen) harus sepenuhnya bergantung kepada Roh Kudus.

Merpati dan Anak Domba

Alkitab sesungguhnya memberi kita suatu gambaran yang indah mengenai apa yang didambakan Roh Kudus dalam hati setiap orang.

Namun, hal itu hanya ditemukan-Nya dalam sosok satu orang saja: Yesus.

> Dan Yohanes memberi kesaksian, katanya: "Aku telah melihat Roh turun dari langit seperti merpati, dan Ia tinggal di atas-Nya. Dan aku pun tidak mengenal-Nya, tetapi Dia, yang mengutus aku untuk membaptis dengan air, telah berfirman kepadaku: Kalau engkau melihat Roh itu turun ke atas seseorang dan tinggal di atas-Nya, Dialah itu yang akan membaptis dengan Rolh Kudus. Dan aku telah melihat-Nya dan memberi kesaksian: Ia inilah Anak Allah."
>
> Yohanes 1:32-34

Ada suatu tanda yang menunjukkan bahwa Yesus itu benar-benar Mesias, yaitu Roh Kudus akan turun pada-Nya dalam satu bentuk tertentu. Tetapi sesungguhnya bukan itu yang paling bermakna. Yang paling bermakna, Roh Kudus akan "tinggal di atas-Nya". Roh Kudus sudah sering turun ke atas orang lain, namun kemudian orang itu mulai berkata dan berbuat sesuatu yang membuat Ia "pergi". Sebaliknya, Yesus belum pernah berkata atau berbuat sesuatu yang membuat sang Merpati itu terbang pergi.

Sekarang, lihatlah gambaran yang diberikan oleh Yohanes Pembaptis ketika ia mengenalkan Yesus kepada kita. "Pada keesokan harinya Yohanes melihat Yesus datang kepadanya dan ia berkata: 'Lihatlah Anak domba Allah, yang menghapus dosa dunia' " (Yohanes 1:29). Yohanes menggambarkan Yesus seperti seekor Anak Domba.

Di dalam ayat-ayat itu kita melihat dua sosok Pribadi dalam Allah Tritunggal, yaitu Anak Allah dan Roh Kudus, keduanya digambarkan mewakili dunia hewan. Yesus digambarkan seperti seekor anak domba, sedangkan Roh Kudus digambarkan seperti seekor burung merpati.

Ini merupakan suatu gambaran kebenaran yang indah sekali. Apakah yang sesungguhnya dicari oleh sang Merpati? Yang dicari oleh-Nya itu adalah sifat-sifat Anak Domba. Apabila Ia menemukan sifat-sifat Anak Domba, Ia tidak hanya turun, tetapi juga ingin tinggal terus padanya. Saya percaya burung merpati yang digambarkan di sini adalah burung merpati putih yang tulus dan manis. Perlu kiranya diketahui, bahwa burung merpati ini salah satu dari sedikit jenis burung yang dapat melihat dengan kedua matanya terfokus kepada obyek tertentu. Pada dasarnya, merpati itu burung yang sangat pemalu dan mudah sekali terbang pergi apabila dibuat terkejut. Semua ini menunjukkan bahwa kita perlu benar-benar menjaga "perasaan" Roh Kudus.

Saya dulu pernah mengajar di sebuah gereja anak-anak. Kejadiannya di kota Yerusalem pada tahun 1946. Kami bergereja di rumah yang kami tempati di situ. Kebaktian-kebaktian kami berlangsung di lantai dasar, di ruangan yang besar dekat pintu masuk. Dan mimbar ditempatkan di hadapan pintu yang menuju beranda rumah. Waktu itu saya berdiri di belakang mimbar dengan membelakangi pintu tersebut. Kebetulan di belakang saya, di bagian beranda rumah terdapat sebuah meja bundar. Di atas meja diletakkan taplak meja yang sebenarnya sebuah kain selendang yang biasa digunakan wanita-wanita Arab di sini. Pada hari itu saya sedang mengajar mengenai Roh Kudus kepada anak-anak itu. Saya bercerita bahwa Roh Kudus itu seperti seekor merpati, dan kalau ingin merpati itu tetap tinggal bersama kita, maka harus berhati-hati sekali dan jangan mengucapkan atau berbuat sesuatu yang membuat burung Merpati itu terusik dan terbang pergi.

Sementara mengajar hal itu, saya melihat perhatian semua anak-anak tertuju kepada saya. Mereka tampak diam, dan tidak bergerak sama sekali. Mata mereka berbinar-binar tertuju kepada saya. Belum pernah saya alami anak-anak itu demikian terfokus perhatiannya. Tanpa setahu saya, seekor burung merpati putih telah hinggap di atas taplak meja lalu berdiri di situ. Tentu saja, pemandangannya indah sekali, karena merpati itu berwarna putih, sedangkan kain taplak itu berwarna hitam. Anak-anak begitu terpukau. Mereka takut burung itu akan terbang pergi, kalau mereka membuat gerakan yang mengusiknya.

Rupanya ketika saya berkhotbah itu, Tuhan sendiri campur tangan dan memberi sebuah ilustrasi kepada anak-anak itu. Kebenaran tersebut takkan pernah saya lupakan, karena apa yang saya lihat ketika perhatian anak-anak itu terkonsentrasi itu. Dalam hati saya berpikir: *Alangkah indahnya kalau semua orang Kristen menyadari bahwa Roh Kudus seperti itu, sehingga kita sungguh berhati-hati dalam sikap dan hubungan kita dengan Dia.*

Sifat-sifat Seekor Anak Domba

Sekarang mari kita perhatikan sifat-sifat dari Anak Domba itu. Dalam Alkitab anak domba menggambarkan sifat-sifat tertentu yang pasti akan membuat Roh Kudus tertarik: kemurnian, kerendahan hati dan pengorbanannya (juga karena kehidupannya dipersembahkan menjadi kurban). Apakah Anda rindu supaya Roh Kudus juga tinggal terus bersama Anda? Maka sifat-sifat inilah yang perlu Anda kembangkan: kemurnian, kerendahan hati dan hidup yang tidak bersifat mementingkan diri, yaitu kehidupan yang dipersembahkan kepada Kristus dan Jemaat-Nya. Maka sang Merpati akan hinggap pada diri Anda dan Anda tidak membuatnya terbang dan pergi.

Yesus berkata, seluruh pelayanan-Nya dimungkinkan karena Roh Kudus hadir dalam diri-Nya. Yesus tak pernah memuji diri sendiri atas segala sesuatu yang diperbuat-Nya. Ketika berada di sinagoga di Nazaret, kota di mana Ia bertempat tinggal dulu, orang menyerahkan kitab Nabi Yesaya kepada-Nya.

> Kepada-Nya diberikan kitab nabi Yesaya dan setelah dibuka-Nya, Ia menemukan nas, di mana ada tertulis: "Roh Tuhan ada pada-Ku, oleh sebab Ia telah mengurapi Aku, untuk menyampaikan kabar baik kepada orang-orang miskin; dan Ia telah mengutus Aku untuk memberitakan pembebasan kepada orang-orang tawanan, dan penglihatan bagi orang-orang buta, untuk membebaskan orang-orang yang tertindas, untuk memberitakan tahun rahmat Tuhan telah datang."
>
> Lukas 4:17-19

Apabila kita ingin melakukan pelayanan seperti yang tertulis dalam nas tadi sebagaimana kita terus melangkah di dalam panggilan kita, sesungguhnya kita harus seperti Tuhan Yesus juga. Hal itu hanya dimungkinkan dengan pengurapan Roh Kudus. John Wesley pernah mengutip kata-kata ayat tersebut dalam sebuah jurnal yang ditulisnya, beliau berkata: "Saya kira bahwa kata-kata tersebut berlaku juga untuk setiap orang yang telah dipanggil untuk memberitakan Injil." Tak ada jalan lain untuk bisa berhasil, kecuali dengan pengurapan Roh Kudus. Seberapa suksesnya orang mengemban panggilannya, itu tergantung seberapa jauhnya yang bersangkutan mendapat pengurapan Roh Kudus. Jikalau Yesus sendiri tak dapat melakukannya tanpa Roh Kudus, yakinlah bahwa Anda dan saya pun tak akan dapat melakukannya.

Paulus menulis:

> Dan janganlah kamu mendukakan Roh Kudus Allah, yang telah memeteraikan kamu menjelang hari penyelamatan. Segala kepahitan, kegeraman, kemarahan, pertikaian dan fitnah hendaklah dibuang dari antara kamu, demikian pula segala kejahatan.

Efesus 4:30-31

Di bagian akhir perikop itu Paulus menyebutkan sifat-sifat yang dicari oleh sang Merpati sebagai berikut: "Tetapi hendaklah kamu ramah seorang terhadap yang lain, penuh kasih mesra dan saling mengampuni, sebagaimana Allah di dalam Kristus telah mengampuni kamu" (ayat 32). Sifat-sifat ini adalah tanggung jawab kita sendiri. Inilah caranya untuk menarik Roh Kudus, dan membuat-Nya betah tinggal di antara kita.

Jangan Berbalik Kembali

Jadi, apakah peran dan fungsi Roh Kudus pada dasarnya? Saya percaya, kita hanya dapat dipersatukan dengan Kristus melalui Roh Kudus. Kita diberitahu dalam Galatia 5:18 mengenai hal ini: "Jikalau kamu memberi dirimu dipimpin oleh Roh, maka kamu tidak hidup di bawah hukum Taurat."[1] Ketika kita hidup dalam kedagingan, kita masih berada di bawah (dikuasai oleh) hukum. Yesus telah mati untuk sifat kedagingan kita, supaya manusia lama kita turut dimatikan melalui kematian-Nya. Setelah "mati", barulah kita bisa dipersatukan dengan Kristus yang bangkit dari kematian. Paulus menggambarkan tentang dipersatukannya dengan Kristus ini seperti suatu pernikahan. Mungkin orang yang agamawi kurang senang mendengar hal ini, tetapi Alkitab

---

[1] Galatia 5:18, BIMK: "Kalau Roh Allah memimpin kalian, maka kalian tidak dikuasai oleh hukum agama."

dengan jelas menggunakan kata-kata yang penuh gairah mengenai hubungan kita dengan Yesus.

Dalam mengikuti panggilan hidup, jangan kita mengandalkan peraturan-peraturan atau perangkat agama. Roh Kudus tidak sudi berbagi dengan sistem atau perangkat apa pun. Apabila "Ishak" datang, maka "Ismail" pun harus angkat kaki. Keduanya tak mungkin tinggal bersama di bawah satu atap.

Ibu Kate-Booth-Clibborn adalah putri William Booth, pendiri Bala Keselamatan. Ialah yang membawa Bala Keselamatan ke negara Perancis. Konon ia berkata begini: "Kristus mencintai kita (umat-Nya) dengan penuh gairah dan Ia menghendaki supaya kita mencintai-Nya juga dengan penuh gairah." Banyak kita masih kurang bergairah dalam pemujaan kita kepada Yesus, dan gairah itu hanya dapat kita peroleh melalui Roh Kudus. Roh Kudus-lah yang memungkinkan kita untuk 'menikah' dan bersatu dengan Kristus yang telah mengalami kebangkitan."

Menurut hemat saya, persekutuan dan kesatuan kita dengan Yesus itu hanya mungkin apabila kita sungguh-sungguh menyembah-Nya. Apabila dengan bantuan Roh Kudus kita menyembah Kristus yang telah dibangkitkan dari kematian itu, di situlah kita baru bersatu dengan Dia. "Tidak tahukah kamu," demikian tanya Paulus, "bahwa [orang] yang mengikatkan dirinya pada perempuan cabul, menjadi satu tubuh dengan dia? ... Tetapi siapa yang mengikatkan dirinya pada Tuhan, menjadi satu roh dengan Dia" (1Korintus 6:16-17). Apabila berzinah, tubuh jasmani seseorang akan dipersatukan dengan seorang pelacur. Demikian juga, roh orang Kristen dipersatukan dengan Roh Allah melalui Roh Kudus. Tuhan sedang mencari orang-orang yang sungguh-sungguh bergairah untuk menyembah-Nya dalam Roh dan kebenaran.

Di sinilah kita melihat betapa perlunya ada transformasi atau perubahan total dalam kehidupan, yaitu dalam gaya hidup serta sikap-sikap kita. Dengan pertolongan Roh Kudus, kita bisa melihat pada diri sendiri apa adanya, lalu mulai mengambil langkah-langkah menuju kemerdekaan yang didambakan.

9

"Pribadi" Anda Harus Bekerjasama

Aku, manusia celaka! Siapakah yang akan melepaskan aku dari tubuh maut ini? Syukur kepada Allah! oleh Yesus Kristus, Tuhan kita.

Roma 7:24-25

DALAM keseluruhan pewahyuan Perjanjian Baru disebutkan dua orang tanpa nama yang memainkan peran cukup penting. Bahkan dapat dikatakan, jikalau Anda tidak benar-benar mengenal kedua orang tersebut secara luar dalam, Anda takkan pernah mengerti dengan baik isi pesan Perjanjian Baru, apa lagi menerapkan hal-hal yang dikatakan mengenai panggilan serta pertumbuhan pribadi Anda dalam kerajaan Allah. Siapakah gerangan kedua insan itu? Dua insan itu disebut *manusia lama* dan *manusia baru* dalam Alkitab TB (Terjemahan Baru) – mirip dengan istilah Alkitab King James Version, yang memakai bahasa ilustratif yang indah. Dalam terjemahan yang lebih modern, seperti Alkitab BIMK (Bahasa Indonesia Masa Kini), ia disebut *tabiat lama* dan *tabiat baru*.

Paulus berkata dalam surat kirimannya kepada Jemaat Efesus: "Tetapi kamu bukan demikian. Kamu telah belajar mengenal Kristus. Karena kamu telah mendengar tentang Dia dan menerima pengajaran di dalam Dia menurut kebenaran yang nyata dalam Yesus" (Efesus 4:20-21). Perlu dicatat, bahwa Paulus menulis hal itu kepada umat Kristen yang sudah *committed* (yang berjanji setia). Namun bagaimana pun juga, menurut Paulus. sebagian mereka mungkin belum juga mendengar kebenaran yang hendak Tuhan singkapkan mengenai kedudukan mereka di dalam Kristus. Keadaannya demikian juga dengan banyak orang Kristen yang sebenarnya cukup bersungguh-sungguh. Mereka belum pernah mendengar kebenaran mengenai manusia lama dan manusia baru itu.

> Yaitu bahwa kamu, berhubung dengan kehidupan kamu yang dulu, harus menanggalkan manusia lama, yang menemui kebinasaannya oleh nafsunya yang menyesatkan, supaya kamu dibaharui di dalam roh dan pikiranmu, dan mengenakan manusia baru, yang telah diciptakan menurut kehendak Allah di dalam kebenaran dan kekudusan yang sesungguhnya.
>
> Efesus 4:22-24[1]

Menurut Alkitab, ada dua hal spesifik yang harus dilakukan orang Kristen sehubungan dengan kedua *manusia* tersebut:

1. Menanggalkan manusia lama
2. Mengenakan manusia baru

Jelas, jika ingin berbuat demikian, kita harus terlebih dahulu tahu siapa manusia lama dan manusia baru itu. Mari kita mulai melihat asal usul dan karakter dari manusia lama itu, seperti digambarkan Paulus: "... manusia lama, yang menemui kebinasaannya [*yang sedang dirusakkan*, menurut terjemahan alternatif] oleh nafsunya yang menyesatkan ..."

Perikop ayat tadi mengandung tiga kata kunci: dirusakkan (*corrupted*), *nafsu*, dan *menyesatkan*. Kita mulai dengan kata "menyesatkan" atau *menipu*. Manusia lama sesungguhnya merupakan produk dari tipu daya atau penyesatan dari Iblis. Dengan kata lain, manusia lama merupakan apa yang dihasilkan apabila kita mempercayai dan mengikuti dusta Iblis.

---

[1] Efesus 4:22-24, BIMK: "Sebab itu tanggalkanlah manusia lama dengan pola kehidupan lama yang sedang dirusakkan oleh keinginan-keinginannya yang menyesatkan. Hendaklah hati dan pikiranmu dibaharui seluruhnya. Hendaklah kalian hidup sebagai manusia baru yang diciptakan menurut pola Allah; yaitu dengan tabiat yang benar, lurus dan suci."

Untuk memahami sepenuhnya mengenai dusta Iblis itu, kita harus membaca kembali catatan Alkitab mengenai penciptaan dan sejarah awal mulanya umat manusia. Tentu Anda mengingat, bahwa sesudah Adam dan Hawa diciptakan, Tuhan memperingatkan mereka untuk jangan makan dari buah pohon tertentu di Taman itu – yaitu Pohon Pengetahuan akan Yang Baik dan Yang Jahat. Tuhan menyampaikan suatu peringatan yang tidak main-main: "... pada hari engkau memakannya, pastilah engkau mati" (Kejadian 2:17).

Kita membaca di bab berikutnya di kitab Kejadian, bahwa Iblis pun muncul dalam wujud seekor ular, lalu mendatangi perempuan itu dan mencobainya. Pada hakikatnya, cobaan Iblis adalah supaya Hawa mengabaikan peringatan Tuhan dan melanggar saja perintah Tuhan yang diberikan melalui suaminya. Ketika membujuk Hawa melakukan hal tersebut, di situlah Iblis menciptakan dustanya, yaitu dusta di atas segala dusta.

PADA GILIRANNYA, HAWA NAFSU MENGHASILKAN DOSA.

Sesungguhnya Tuhan telah berkata: "Kamu pasti akan mati."

Tetapi Iblis berkata: "Sekali-kali kamu tidak akan mati!" (Kejadian 3:4).

Iblis jelas telah berdusta! Ketika ia menyangkal kebenaran sabda Tuhan, di situlah lahirnya manusia lama. Jadi, manusia lama adalah hasil tipu daya penyesatan, yaitu produk dari dusta Iblis. Hendaknya diingat, bahwa penyesatan atau tipu muslihat merupakan modus utama Iblis untuk menundukkan umat manusia. Di Wahyu 12:9 Iblis disebut "naga besar itu, si ular tua, yang disebut Iblis atau Satan, yang menyesatkan seluruh dunia."

Penyesatan tersebut memulai suatu proses degenerasi (kemerosotan moral). Menurut kitab Yakobus, penyesatan menghasilkan *hawa nafsu*. Nafsu merupakan keinginan jahat, yang sifatnya memberontak – keinginan yang berlawanan dengan kehendak Tuhan dan merugikan pihak yang mempunyai keinginan itu sendiri. Pada gilirannya, hawa nafsu menghasilkan dosa. Kemudian dosa menghasilkan kematian.

> Apabila seorang dicobai, janganlah ia berkata: "Pencobaan ini datang dari Allah!" Sebab Allah tidak dapat dicobai oleh yang jahat, dan Ia sendiri tidak mencobai siapa pun. Tetapi tiap-tiap orang dicobai oleh keinginannya sendiri, karena ia diseret dan dipikat olehnya. Dan apabila keinginan itu telah dibuahi, ia melahirkan dosa dan apabila dosa itu sudah matang, ia melahirkan maut.

> Yakobus 1:13-15

Manusia lama itu rusak total (bejat) di segala bidang – rohani, emosional dan fisik. Sesungguhnya, manusia lama itu merupakan "keturunan" Iblis. Di Kejadian 3:15, segera sesudah manusia melanggar perintah, Tuhan berbicara kepada ular mengenai keturunannya: "Aku akan mengadakan permusuhan antara engkau dan perempuan ini, antara keturunanmu dan keturunannya; keturunannya akan meremukkan kepalamu, dan engkau akan meremukkan tumitnya."[2] Manusia lama adalah keturunan Iblis, sebab sifat-sifatnya mirip dengan dia.

Yesus berkata kepada para pemimpin agama pada zaman-Nya: "Iblislah yang menjadi bapamu" (Yohanes 8:44). Sesungguhnya, Iblis adalah bapa dari orang-orang yang memberontak itu dan sifat iblis direproduksi dalam diri mereka. Sifat Iblis dapat disimpulkan dengan sebuah kata: *pemberontakan*. Iblis-lah biang segala pemberontakan yang terjadi di alam semesta. Sebab itu, mau tak mau manusia lama itu bersifat memberontak, seperti kata Alkitab: "Kita sekalian sesat seperti domba, masing-masing kita mengambil jalannya sendiri" (Yesaya 53:6). Tanda yang nyata dari manusia lama (tabiat lama): ia selalu menempuh jalannya sendiri. Ia memalingkan diri dari Tuhan dan mencari kehendak, kesenangan serta kepuasannya sendiri.

Fakta ini dijelaskan secara lebih rinci di kitab Efesus, di mana Paulus berkata sebagai berikut:

> Kamu dahulu sudah mati karena pelanggaran-pelanggaran dan dosa-dosamu. Kamu hidup di dalamnya, karena kamu mengikuti jalan dunia ini, karena kamu mentaati penguasa kerajaan angkasa [Iblis], yaitu roh

---

[2] Kejadian 3:15, BIMK: "Engkau dan perempuan itu akan saling membenci, keturunannya dan keturunanmu akan selalu bermusuhan. Keturunannya akan meremukkan kepalamu, dan engkau akan menggigit tumit mereka."

yang sekarang sedang bekerja di antara orang-orang durhaka. Sebenarnya dahulu kami semua juga terhitung di antara mereka, ketika kami hidup di dalam hawa nafsu daging dan menuruti kehendak daging dan pikiran kamu yang jahat.

Efesus 2:1-3[3]

Dalam Alkitab BIMK dikatakan: "Pada waktu itu kita adalah orang-orang yang kena murka Allah juga". Mengapakan kita terkena murka Allah juga? Karena kita hidup "menurut tabiat manusia" sehingga menjadi "orang-orang durhaka" (tidak taat kepada Allah, BIMK). Orang yang tidak taat selalu terkena murka Allah. Jadi di dalam diri kita sesungguhnya ada tabiat yang bejat dan suka memberontak, dan itulah yang dihasilkan oleh penyesatan (tipu daya) Iblis dan hawa nafsu keinginannya. Jadi, pendek kata: Ada jiwa pemberontak dalam diri kita semua. Dalam Alkitab pemberontak ini disebut "manusia lama."

Solusi-solusi yang Ditawarkan Oleh Manusia

Pada umumnya manusia mencoba mengatasi sifat memberontak ini dengan cara-cara yang tidak sesuai dengan solusi Tuhan. Ada banyak solusi yang ditawarkan oleh para psikolog dan pemikir kontemporer belakangan ini. Pada intinya solusi-solusi itu semunya dimulai dengan kata "self" (*diri sendiri*), seperti "*self-realization*" (merealisasikan diri), "*self-fulfillment*" (memuaskan diri sendiri), dan "*self-expression*" (mengekspresikan diri sendiri). Namun solusi ini justru harus dihindarkan oleh umat Kristen. Mengapa? Karena semua solusi tersebut mengijinkan sang "aku" untuk tetap berperan dan memegang kendali. Padahal diri sendiri ini seorang pemberontak. Selama beberapa generasi belakangan ini para pakar berpendapat, mendisiplin dan mengekang

---

[3] Efesus 2:1-3, BIMK: "Dahulu kalian mati secara rohani karena kalian berdosa dan melanggar perintah-perintah Allah. Pada waktu itu kalian mengikuti kebiasaan-kebiasaan dunia ini; berarti kalian taat kepada penguasa angkasa raya, yaitu roh yang sekarang menguasai hati orang-orang yang tidak taat kepada Allah. Dahulu kita semua sama juga dengan mereka; kita hidup menuruti tabiat manusia kita dan melakukan apa yang menyenangkan badan dan pikiran kita. Pada waktu itu kita adalah orang-orang yang kena murka Allah juga, sama seperti orang-orang lain."

anak-anak itu tidak perlu, bahwa anak-anak itu justru harus diberi kebebasan untuk mengekspresikan diri sendiri. Setahu saya, akhirnya kita terlambat menyadari, bahwa kita telah memberi kebebasan berekspresi kepada seorang pemberontak.

Kedua, solusi dari Tuhan *bukanlah* suatu perangkat hukum atau peraturan. Banyak orang mengira hukum atau peraturan merupakan sarana untuk mengatasi masalah yang dihadapi manusia lama. Tetapi, bukankah kita sudah melihat, bahwa dulu bangsa Israel diberi Hukum Musa, namun ternyata hukum itu gagal untuk mengubah karakter mereka? Itu bukan karena hukum Musa kurang baik. Menurut Paulus, di Roma pasal 7, hukum itu sendiri cukup baik, namun ia tak sanggup mengubahkan hati seorang pemberontak. Dan apabila hati seorang pemberontak tak dapat diubahkan, solusi apa pun yang ditawarkan pasti takkan berhasil untuk jangka panjang.

Ketiga, *bukan* agama yang menjadi solusi Tuhan untuk manusia lama. Agama-agama dapat diumpamakan seperti sebuah lemari es. Lemari es dapat menyembunyikan atau menghentikan pembusukan untuk sementara waktu, namun takkan berhasil mengubahkannya, bagaimana pun juga. Contohnya, ambillah sebuah apel yang masih segar. Tampaknya segar dan menarik untuk dimakan – namun jika buah itu dibiarkan, ia akan cepat layu karena proses korupsi atau pembusukan yang sudah mulai bekerja. Bisa saja kita untuk sementara menghentikan proses pembusukannya ketika apel itu ditaruh di lemari es. Tetapi pada akhirnya ia akan busuk juga, bahkan di dalam lemari es sekalipun.

Solusi dari Tuhan

Solusi dari Tuhan terhadap manusia lama sesungguhnya dapat dirangkum dengan sebuah kata yang semua kita kenal, yaitu *eksekusi* (dijatuhi hukuman mati). Tuhan tidak pernah menyuruh manusia lama itu pergi ke gereja atau ke psikiater (ahli kejiwaan). Tuhan tidak mau sekadar mereparasi manusia lama itu, mereformasinya atau membuatnya lebih agamawi. Tuhan langsung saja *mematikan* manusia lama ini. Tak ada solusi lain untuk pemberontak itu. Namun berita Injil adalah mengenai eksekusi atau hukuman mati yang dijatuhkan ketika Kristus disalibkan. Hal ini adalah kunci untuk mengerti pesan Injil.

Paulus berkata, Yesus telah memerdekakan anak-anak manusia (lihat Roma 7:24-25). Bagaimana caranya Ia membebaskan manusia? "Karena kita tahu, bahwa manusia lama kita telah turut disalibkan, supaya tubuh dosa kita hilang kuasanya, agar jangan kita menghambakan diri lagi kepada dosa" (Roma 6:6).

Satu-satunya cara untuk terbebas dari perbudakan dosa adalah dengan mengetahui dan percaya bahwa manusia lama kita (yang berbuat dosa serta mendatangkan maut itu) sudah turut mati bersama Yesus. Ketika Yesus mati pada kayu salib, sang "aku", manusia pemberontak itu telah disalibkan juga di dalam diri-Nya.

Sekian puluh tahun lalu, kira-kira pada masa perayaan Paskah, sekilas saya mendapat sebuah penglihatan mengenai bukit Kalvari (Golgota) di mana terpancang tiga buah kayu salib. Kayu salib di tengah yang paling menonjol di antaranya. Posisinya lebih tinggi dari kedua salib di kiri-kanannya. Ketika hal ini sedang terbayang di pikiran, tiba-tiba Roh Kudus bertanya kepada saya: *Buat siapakah sebenarnya kayu salib yang di tengah itu?* Dan sesudah itu, sepertinya Ia menambahkan pula: *Hati-hati menjawabnya. Berpikirlah baik-baik.*

Maka saya pun berpikir, lalu saya menjawab begini: "Kayu salib yang di tengah itu dibuat untuk Barabas." Memang demikian kisah ceritanya. Semulanya Barabas-lah orang yang akan dieksekusi pada kayu salib di tengah itu. Tetapi karena campur tangan Tuhan, mendadak terjadi perubahan pada saat-saat terakhir, dan Yesus-lah yang menggantikan tempatnya.

Kemudian Roh Kudus berkata kepada saya: *Jadi sesungguhnya Yesus-lah yang menggantikan posisi Barabas, karena kayu salib di tengah itu tadinya disiapkan buat Barabas. Namun pada akhirnya Yesus-lah yang disalibkan di kayu salib di tengah itu.*

Lalu saya menjawab Tuhan: "Ya, benar demikian."

Kemudian Roh Kudus bertanya: *Tetapi setahu-Ku, bukankah Yesus mati menggantikan engkau di salib itu?*

Lalu saya menjawab: "Ya, benar juga."

Kemudian Roh Kudus berkata: *Kalau begitu, sebenarnya kamulah penjahat Barabas yang digantikan oleh Yesus.*
Saat itulah saya tiba-tiba disadarkan, seperti mendapat sebuah pencerahan. Kini hal itu merupakan sebuah kebenaran yang tak pernah lagi saya bantah. Saya mengakuinya. Firman Tuhan mengatakannya, tetapi hanya Roh Kudus-lah yang dapat membantu kita mengertinya: *Kamu sendirilah penjahatnya! Manusia lama-mu adalah penjahat, dan tadinya kayu salib itu disiapkan untuk dia, dan hal itu dibenarkan oleh undang-undang Romawi. Kayu salib itu memang pas untuk diri kita. Ukurannya pas untuk Anda. Di situlah semestinya posisi Anda.*
Tetapi di sini kita mendapat berita gembira Injil yang menakjubkan, mengenai belas kasihan dan kemurahan Tuhan. Pada saat-saat yang terakhir terjadi suatu pertukaran di kayu salib tersebut. Yesus menggantikan tempat yang semestinya diisi oleh Barabas – manusia lama kita.

Kalau Begitu, Bagaimanakah Seharusnya Kita Hidup?

Pada pertukaran di kayu salib itu, Kristus telah memberi Diri-Nya untuk menggantikan diri kita. Ia menyatakan seolah-olah Dia yang telah melakukan pemberontakan itu, lalu melunasi hukuman yang dijatuhkan atas manusia pemberontak itu. Yesus telah di-eksekusi menurut keadilan Ilahi untuk menggantikan posisi kita. Oleh sebab itu merupakan suatu pertukaran, menurut Paulus bukan hanya Yesus yang mengidentifiksai diri-Nya dengan kita, tetapi di situ kita juga mengidentifikasikan diri dengan Yesus. Paulus mengatakannya sebagai berikut:

> Aku telah disalibkan dengan Kristus, namun aku hidup, tetapi bukan lagi aku sendiri yang hidup, melainkan Kristus yang hidup di dalam aku. Dan hidupku yang kuhidupi sekarang di dalam daging, adalah hidup oleh iman dalam Anak Allah yang telah mengasihi aku dan menyerahkan diri-Nya untuk aku.
>
> Galatia 2:19b-20[4]

---

[4] Galatia 2:19b-20, BIMK: "Saya sudah disalibkan bersama Kristus. Sekarang bukan lagi saya yang hidup, tetapi Kristus yang hidup dalam diri saya. Hidup ini yang saya hayati sekarang

"Ketika Kristus mati, sesungguhnya aku mati juga," demikian kata Paulus. "Itulah kematianku." Lalu ia melanjutkan: "Oleh sebab itu, aku sekarang sudah tidak hidup lagi." Nah, kalau Paulus sudah "mati", bagaimana pula bahwa ia ternyata "masih hidup"? Jawaban Paulus sederhana saja: "Yang hidup di dalamku sekarang adalah Kristus."

Sekarang kita semua juga dapat berkata seperti Paulus: "Kini Kristus-lah yang menghayati kehidupan-Nya dalam diriku. Yang hidup dan berfungsi sekarang ini bukan lagi manusia lamaku yang berdosa atau pemberontak itu. Sebagai gantinya, kini manusia baru, kodrat Yesus yang baru, yang membuahkan kesalehan Yesus dalam diriku, serta memampukan aku untuk suatu kehidupan yang sungguh berbeda sama sekali."

Beberapa waktu kemudian Paulus menyatakan kembali prinsip itu dalam surat kirimannya kepada Jemaat Kolose, di mana ia berkata kepada sesama orang Kristen yang percaya: "Sebab kamu telah mati dan hidupmu tersembunyi bersama dengan Kristus di dalam Allah. Apabila Kristus, yang adalah hidup kita, menyatakan diri kelak, kamu pun akan menyatakan diri bersama dengan Dia dalam kemuliaan"[5] (Kolose 3:3-4). Kapankah sebenarnya kita sudah mati? Kita mati ketika Yesus mati; sesungguhnya kematian Yesus adalah kematian kita juga. Sekarang hidup ini bukan milik kita sendiri – yang kita miliki ini adalah hidup

> **KITA MATI KETIKA YESUS MATI; SESUNGGUHNYA KEMATIAN YESUS ADALAH KEMATIAN KITA JUGA.**

yang tersembunyi, hidup yang dirahasiakan. Hidup kita ini tidak bisa dimengerti oleh dunia ini, karena mereka hanya memakai panca indera jasmaninya saja.

---

adalah hidup oleh iman kepada Anak Allah yang mengasihi saya dan mengurbankan diri-Nya untuk saya."

5 Kolose 3:3-4, BIMK: "Sebab kalian sudah mati, dan hidupmu tersembunyi bersama Kristus di dalam Allah. Nah, sumber hidupmu yang sejati adalah Kristus dan bila Ia tampak nanti kalian juga akan tampil bersama-sama dengan Dia dalam kebesaran-Nya!"

Sekali lagi kita dapat berkata bersama Paulus: "Bukan aku lagi yang hidup, tetapi Kristus-lah yang hidup dalam diriku. Hidupku sekarang – dalam zaman ini, dalam tubuh yang sekarang ini – kuhayati dengan iman akan Anak Allah yang mencintaiku dan memberi diri-Nya untukku." Inilah sesungguhnya kebenaran luar biasa yang diungkapkan oleh Alkitab: Kita, orang Kristen telah beralih dari alam maut kepada alam kehidupan.

Dikuburkan, Kemudian Dibangkitkan

Suatu pertukaran yang lain telah terjadi pula, yaitu pertukaran ajaib ketika kita beralih dari kematian kepada kehidupan. Kita menyatukan jati diri dengan Yesus dalam segala sesuatu yang terjadi sesudah kematian-Nya: kita dikuburkan, kemudian dibangkitkan juga. Lihatlah penjelasan injil yang mencakup segala-galanya, seperti diuraikan Paulus dalam surat 1 Korintus:

> Dan sekarang, saudara-saudara, aku mau mengingatkan kamu kepada Injil yang aku beritakan kepadamu dan yang kamu terima, dan yang di dalamnya kamu teguh berdiri. Oleh Injil itu kamu diselamatkan, asal kamu teguh berpegang padanya, seperti yang telah kuberitakan kepadamu – kecuali kamu telah sia-sia saja menjadi percaya. Sebab yang sangat penting telah kusampaikan kepadamu, yaitu apa yang telah kuterima sendiri, ialah bahwa Kristus telah mati karena dosa-dosa kita, sesuai dengan Kitab Suci, bahwa Ia telah dikuburkan, dan bahwa Ia telah dibangkitkan, pada hari yang ketiga, sesuai dengan Kitab Suci.
>
> 1 Korintus 15:1-4[6]

Di sini Paulus menunjukkan apakah hakikat atau esensi berita Injil itu. Hakikat itu menyangkut Kristus dan menyangkut tiga pernyataan

---

[6] 1 Korintus 15:1-4, BIMK: "Dan sekarang, Saudara-saudara, saya mau kalian mengingat kembali akan Kabar Baik dari Allah yang saya beritakan dahulu kepadamu. Kalian menerimanya, dan percaya kepada Kristus karena Kabar Baik itu. Kalau kalian berpegang teguh pada apa yang saya beritakan itu, maka Kabar Baik itu menyelamatkan kalian; kecuali kalau Saudara percaya tanpa pengertian. Apa yang saya sampaikan kepada Saudara-saudara adalah yang sudah saya terima juga. Yang terpenting, seperti yang tertulis dalam Alkitab, saya menyampaikan kepadamu bahwa Kristus mati karena dosa-dosa kita; bahwa Ia dikubur, tetapi kemudian dihidupkan kembali pada hari yang ketiga. Itu juga tertulis dalam Alkitab."

secara berturut-turut. Pertama, Kristus mati; kedua, Ia dikuburkan; ketiga, Ia dihidupkan kembali pada hari ketiga. Itulah hati atau esensi Injil, dan hal ini sama sekali tidak didasarkan atas jasa apa pun yang diberikan oleh manusia, yang ditambahkan kepadanya.

Pada zaman dan di dalam konteks tulisan Paulus, "menurut Kitab Suci" tentunya berarti *menurut Alkitab Perjanjian Lama*. Mungkin kita bertanya: "Di manakah ayatnya dalam Perjanjian Lama yang berkata, Yesus akan dihidupkan kembali pada hari ketiga?" Dalam hati saya bertanya, apakah Anda pernah juga mengajukan pertanyaan itu? Selama bertahun-tahun saya sendiri tak dapat menjawab pertanyaan tadi, tetapi kurasa Tuhan telah memberi jawabannya kepada saya sekarang.

Pertama, menurut Yesus, Ia akan menjadi seperti Nabi Yunus dalam Perjanjian Lama. Kita tahu bahwa Yunus berada di perut ikan besar itu selama tiga hari. Begitu juga, menurut Yesus, Ia akan berada tiga hari dalam perut bumi. Pernyataan-pernyataan itu merupakan suatu gambaran. Tetapi satu-satunya ayat Perjanjian Lama yang saya tahu, di mana hal itu dinyatakan secara spesifik adalah di kitab Nabi Hosea:

> Mari, kita akan berbalik kepada TUHAN, sebab Dialah yang telah menerkam dan yang akan menyembuhkan kita, yang telah memukul dan yang akan membalut kita. Ia akan menghidupkan kita sesudah dua hari, pada hari yang ketiga Dia akan membangkitkan kita, dan kita akan hidup di hadapan-Nya.
>
> Hosea 6:1-2

Yang telah dibunuh akan dihidupkan kembali. Ia akan dihidupkan kembali, dan hal itu akan terjadi dalam waktu dua hari, tepatnya pada hari yang ketiga. Tetapi di sini adalah sebuah poin yang cukup bermakna: Semua itu berlaku bukan hanya untuk Yesus, tetapi juga untuk kita, orang-orang percaya. Di ayat itu tidak dikatakan: Tuhan akan "membangkitkan-*Nya*", melainkan Ia akan "membangkitkan *kita*."

Yesus menyatukan jati diri-Nya dengan kita ketika Ia mati untuk dosa-dosa kita. Marilah kita menyambut dan menerima "penyatuan jatidiri-Nya" itu, kemudian marilah kita menyatukan jatidiri dengan Dia dalam kematian, dan berkata juga seperti Paulus: "Aku telah disalibkan bersama Kristus." Maka terbukalah jalan untuk menyatukan jatidiri dengan Yesus bukan hanya dalam kematian-Nya, tetapi juga dalam segala sesuatu yang terjadi sesudah itu: Penguburan-Nya, kebangkitan-Nya dari kuburan, dan bahkan juga kenaikan-Nya ke surga.

Di ayat berikutnya Nabi Hosea berkata:

> Marilah kita mengenal dan berusaha sungguh-sungguh mengenal TUHAN; Ia pasti muncul seperti fajar, Ia akan datang kepada kita seperti hujan, seperti hujan pada akhir musim yang mengairi bumi.
>
> Hosea 6:3

YESUS MENYATUKAN JATI DIRI-NYA DENGAN KITA KETIKA IA MATI UNTUK DOSA-DOSA KITA.

Di sini kita melihat lagi sebuah gambaran mengenai kebangkitan Yesus dari kematian, di mana dikatakan, "Ia pasti muncul seperti fajar." Sesudah mengalami kegelapan semalam suntuk, tentu kebangkitan dari kematian adalah seperti fajar yang baru. Kemudian Nabi Hosea berkata juga: "Ia akan datang kepada kita seperti hujan, seperti hujan pada akhir musim yang mengairi bumi." Dalam Alkitab, turunnya Roh Kudus sering digambarkan seperti hujan musim semi dan hujan yang mengairi bumi.

Jadi, di sini kita sudah mendapat gambaran di muka, bukan saja mengenai kebangkitan dari kematian, tetapi juga mengenai turunnya Roh Kudus, 50 hari sesudah hari kebangkitan itu. Ayat di kitab Hosea ini menunjukkan, Yesus ditakdirkan untuk mati, lalu dihidupkan kembali pada hari ketiga. Tetapi ayat di sini juga menunjukkan bahwa kita harus mengalami penyatuan jatidiri dengan Yesus dalam kematian, penguburan dan kebangkitan kembali pada hari ketiga. Di sini dijanjikan, kita bukan saja akan mengenal fajar kebangkitan-Nya, tetapi juga turunnya hujan Roh Kudus, asalkan kita tetap berusaha mengenal Tuhan.

Ada satu hal khusus yang dituntut Tuhan sehingga kita dapat menyatukan jatidiri dengan Yesus dalam kematian, penguburan serta kebangkitan-Nya. Inilah baptisan yang dilakukan di depan umum. Dengan dibaptiskan, sesungguhnya kita "dikuburkan" bersama Kristus. Itu berarti, kita dipersatukan dengan Yesus dalam kematian-Nya. Dan Alkitab memberi jaminan ini kepada kita: Jika kita menyatu dengan Dia dalam penguburan, maka kita akan juga mengikuti Yesus dalam kebangkitan-Nya dari kematian, lalu mendapatkan suatu hidup yang baru (lihat Roma 6:3-5; Kolose 2:12).

Dilahirkan Kembali untuk Menjalani Pola Hidup yang Baru

Pada saat seorang bayi dilahirkan, yang keluar dahulu adalah kepalanya. Kita mengetahui, kalau kepala sudah keluar, pasti seluruh tubuhnya akan menyusul. Begitu juga dengan kelahiran rohani. Ketika dilahirkan dan "keluar" dari alam maut, Yesuslah yang terlebih dahulu keluar, sebagai Kepala dari Tubuh-Nya. Apa artinya itu? Artinya, kita yang telah menyatu dengan Dia (karena Dia menjadi Kepala kita) pada akhirnya akan mengikuti Dia dalam kelahiran itu untuk memasuki "dunia baru" yang diciptakan. Kita akan juga mengikuti Dia memasuki kepenuhan yang dialami tatkala Ia mati dan dibangkitkan dari kematian.

Karena Yesus adalah Kepala kita, sebagai anggota Tubuh-Nya kita yang telah dipersatukan dengan Dia akan juga mengalami kelahiran baru seperti Dia. Dari alam maut kita keluar mengikuti Yesus, mema- suki suatu orde baru, suatu kehidupan yang benar-benar baru – suatu persatuan dan kesatuan dengan Yesus yang akan membawa kita ke mana pun Ia pergi. Karena mempunyai hubungan yang demikian dengan Yesus, kita bukan saja akan mengalami kebangkitan dari kematian, tetapi juga akan naik ke dalam kemuliaan surgawi dan menempati posisi otoritas di sebelah tangan kanan Allah. Dengarkan bagaimana hal ini dijelaskan oleh Petrus:

> Terpujilah Allah dan Bapa Tuhan kita Yesus Kristus, yang karena rahmat-Nya yang besar telah melahirkan kita kembali oleh kebangkitan Yesus Kristus dari antara orang mati, kepada suatu hidup yang penuh pengharapan, untuk menerima suatu bagian yang tidak dapat binasa, yang tidak dapat cemar dan yang tidak dapat layu, yang tersimpan di surga bagi kamu.
>
> 1 Petrus 1:3-4

Ini merupakan kelahiran di mana kita keluar dari suatu orde lama memasuki suatu orde baru, suatu pola hidup baru, sejenis kehidupan yang baru. Dalam perikop tulisan Petrus itu terdapat tiga buah ungkapan yang menggambarkan orde baru tersebut, yang jauh lebih unggul dari orde lama kehidupan yang kita kenal selama ini. Warisan ini *tak dapat binasa* dan *tak dapat cemar* serta *tak dapat layu*. Kehidupan ini tak dapat rusak, entah dengan pembusukan, atau karena kontaminasi dosa. Ia tak dapat dicemarkan.

WARISAN INI *TAK DAPAT BINASA* **DAN** *TAK DAPAT CEMAR* **SERTA** *TAK DAPAT LAYU.*

Ia takkan pernah layu. Ia sama sekali tidak terpengaruh oleh segala kuasa kejahatan yang menimbulkan kerusakan, seperti kita sudah kenal selama ini.

Warisan yang baru ini sama sekali tidak seperti orde lama, di mana kita semua makin merosot sepanjang hidup ini dan pada akhirnya dikalahkan. Karena telah menyatukan jatidiri dengan Dia, kita keluar dari alam lama itu memasuki suatu alam baru di dalam Yesus. Kita telah dilahirkan kembali dan kini memiliki harapan yang sungguh-sungguh hidup.

Kita perlu mengerti kebenaran mulia yang satu ini, bahwa Yesus telah menjalani kematian, supaya kita boleh memasuki kehidupan Yesus sepenuhnya. Bila kita semakin mengerti hal ini, maka kita memasuki suatu kehidupan yang bukan saja baru, tetapi benar-benar berbeda. Dalam orde lama tampaknya tidak mungkin untuk mengetahui panggilan atau tujuan hidup kita masing-masing, apa lagi untuk mencapainya. Dalam orde baru itu kita terlepas dari kekalahan tersebut. Kita mulai melihat dan menghayati tugas-tugas Kerajaan, karena mengerti bahwa kita telah dipersatukan dengan Yesus. Seperti Paulus, kita dapat berkata: "Aduh, betapa celakanya aku ini! Siapakah yang akan membebaskanku dari perbudakan kepada tabiat lama yang hina dan mendatangkan maut ini? Syukur kepada Tuhan! Semuanya telah dilakukan oleh Yesus Kristus, Tuhan kita. Ia telah membebaskanku."

10

Pribadi Anda yang Baru:
Rencana Tuhan bagi Anda

Demikianlah hendaknya kamu memandangnya: bahwa kamu telah mati bagi dosa.

Roma 6:11

Yohanes Pembaptis berkata mengenai Yesus: "Ia harus makin besar, tetapi aku harus makin kecil" (Yohanes 3:30). Hal ini merupakan prinsip yang berlaku juga bagi kita semua. Yesus (yang melambangkan manusia baru) harus meningkat, tetapi aku (manusia lama) harus makin berkurang. Manusia baru harus makin meningkat sebagaimana manusia lama makin berkurang. Terlebih dahulu harus ada sesuatu yang mati, baru kemudian akan ada kebebasan untuk memenuhi panggilan hidup yang baru.

Namun, manusia lama tak akan menyerah begitu saja tanpa memberi perlawanan. Kita harus menaklukkan manusia lama ini, dan itu terjadi dalam dua tahapan. Pertama, dengan iman kita harus menerima apa yang Tuhan katakan mengenai manusia lama: "Manusia lama kita telah disalibkan bersama Dia" (Roma 6:6). Itulah fakta sejarah yang dinyatakan oleh Firman Tuhan. Kita harus dengan iman menerima fakta yang telah terjadi itu. Kita harus menerima keterangan Alkitab bahwa eksekusi (hukuman mati) manusia lama itu telah terjadi melalui

Yesus ketika mati di kayu salib. Iman kita berpegang teguh pada pernyataan-pernyataan Firman Tuhan, dan kita pun bersikap dan benar-benar mengimani bahwa diri kita sudah mati. Kita menganggap manusia lama sudah mati dieksekusi, dan kini kita hidup kembali bagi Allah di dalam Kristus. Kita mempercayai bahwa manusia baru itu kini telah hidup dan diaktifkan.

Yang kedua, proses yang digambarkan Paulus itu harus dijalani secara setahap demi setahap. Kita mengaminkan bahwa hal itu sudah terjadi – sekali untuk selama-lamanya, namun kita harus merealisasikan dan mewujudkannya dalam kehidupan sehari-hari. Selanjutnya Paulus berkata:

> Sebab itu hendaklah dosa jangan berkuasa lagi di dalam tubuhmu yang fana, supaya kamu jangan lagi menuruti keinginannya. Dan janganlah kamu menyerahkan anggota-anggota tubuhmu kepada dosa untuk dipakai sebagai senjata kelaliman, tetapi serahkanlah dirimu kepada Allah sebagai orang-orang, yang dahulu mati, tetapi yang sekarang hidup. Dan serahkanlah anggota-anggota tubuhmu kepada Allah untuk menjadi senjata-senjata kebenaran.
>
> Roma 6:12-13[1]

DEMIKIANLAH CARANYA MANUSIA BARU ITU BEROPERASI – MELALUI KETAATAN, DENGAN PENYERAHAN DIRI.

Manusia lama akan tetap berusaha dan berlagak seakan-akan ia masih berhak, sehingga kitalah yang harus mengalah dan membiarkannya menang. Kita harus menolak tegas tuntutan manusia lama itu. Menurut Yesus, untuk mengikuti Dia, langkah pertama adalah menyangkal diri. Artinya, kita harus berkata, Tidak! Setiap kali manusia lama berusaha memaksakan kehendaknya dan bertingkah serta me-

---

[1] Roma 6:12-13, BIMK: "Jangan lagi membiarkan dosa menguasai hidupmu yang fana agar Saudara jangan menuruti keinginanmu yang jahat. Janganlah juga Saudara menyerahkan anggota badanmu kepada kuasa dosa untuk digunakan bagi maksud-maksud yang jahat. Tetapi serahkanlah dirimu kepada Allah sebagai orang yang sudah dipindahkan dari kematian kepada hidup. Serahkanlah dirimu seluruhnya kepada Allah supaya dipakai untuk melakukan kehendak Allah."

ngendalikan keadaan, kita harus berkata: "Tidak! Hai manusia lama: kamu tidak berhak lagi. Kamu sudah mati. Aku takkan mengalah terhadapmu."

Di sisi positifnya, kita menyerahkan diri kepada Roh Kudus. Kita menyerahkan anggota-anggota tubuh kita kepada-Nya – setiap bagian dari tubuh dan kepribadian kita. Kita harus membiarkan Roh Kudus masuk dan mengambil alih kendali. Apabila kita melakukan ini, hasilnya adalah ketaatan. Demikianlah caranya manusia baru itu beroperasi – melalui ketaatan, dengan penyerahan diri. Manusia baru adalah kebalikan dari sang pemberontak yang tadinya berperilaku membangkang.

Paulus berpesan kepada kita: "Supaya kamu dibaharui di dalam roh dan pikiranmu, dan mengenakan manusia baru, yang telah diciptakan menurut kehendak Allah di dalam kebenaran dan kekudusan yang sesungguhnya" (Efesus 4:23-24).

Dari sini kita belajar banyak hal yang dapat membantu untuk berkembang maju dalam ketaatan kita. Pertama, manusia baru itu mulai ada, karena kreativitas Tuhan yang menciptakannya. Manusia baru ini tidak pernah bisa diciptakan oleh manusia dengan upayanya sendiri – entah dengan ritual agama atau amal perbuatan atau kepatuhan kepada peraturan (legalisme). Selanjutnya, tindakan kreatif atau penciptaan Tuhan itu berlandaskan kebenaran, yaitu kebenaran Firman Allah. Manusia baru merupakan kebalikan dari manusia lama, yang dihasilkan oleh dusta Iblis. Selain itu, sifat dasar manusia baru itu diwarnai oleh dua hal, yaitu *kebenaran* dan *kekudusan*. Pada akhirnya, manusia baru itu, kata Paulus, menjadi serupa dengan Tuhan, atau "selaras dengan maksud tujuan Allah" (seperti tertulis di catatan pinggir Alkitab pada umumnya). Kedua istilah itu sama-sama baik dan benar, dan saya kira yang dimaksudkan Paulus adalah kedua-duanya hal tersebut. Manusia baru diciptakan sesuai dengan rencana Tuhan yang semula, dan keserupaan dengan Allah sedang dikembalikan dalam manusia baru tersebut.

> Jangan lagi kamu saling mendustai, karena kamu telah menanggalkan manusia lama serta kelakuannya, dan telah mengenakan manusia baru

yang terus menerus diperbaharui untuk memperoleh pengetahuan yang benar menurut gambar Khalik-Nya.

Kolose 3:9-10

Di situ kita seperti melihat sekeping uang logam dari kedua sisinya: Rencana Tuhan bagi manusia lama dan rencana Tuhan bagi manusia baru. Berikut ini adalah empat pertanyaan yang akan selanjutnya dibahas dalam bab ini, untuk mengerti bagaimana asal-usul, karakter, maksud tujuan dan respon dari manusia baru itu:

Bagaimana manusia baru itu mulai ada?

Bagaimana manusia baru dalam diri kita menjadi semakin dewasa?

Apakah rencana Tuhan bagi manusia baru itu?

Bagaimanakah tanggung jawab kita mengenai hal ini pada akhirnya?

Titik Awal

Bagaimana manusia baru itu mulai ada? Injil Yohanes memberi sebuah pernyataan mengenai asal-usul manusia baru ini:

> Tetapi semua orang yang menerima-Nya [Yesus] diberi-Nya kuasa supaya menjadi anak-anak Allah, yaitu mereka yang percaya dalam nama-Nya; orang-orang yang diperanakkan bukan dari darah atau dari daging, bukan pula secara jasmani oleh keinginan seorang laki-laki, melainkan dari Allah.

Yohanes 1:12-13

Manusia baru mulai ada melalui sebuah proses kelahiran. Di Yohanes 3:5 Yesus berbicara tentang kelahiran baru ini dengan kata-kata, "dilahirkan dari air dan Roh." Rasul Petrus berkata sebagai berikut: "Karena kamu telah dilahirkan kembali bukan dari benih yang fana, tetapi dari benih yang tidak fana, oleh firman Allah, yang hidup dan yang kekal" (1 Petrus 1:23[2]).

Pertama, yang dimaksudkan dengan benih yang tidak fana (tak dapat mati/binasa) itu adalah Firman Allah yang tertulis. Firman itu bersifat ilahi, kekal dan tak dapat binasa. Karakter atau sifat yang dihasilkannya

---

[2] 1 Petrus 1:23, BIMK: "Sebab melalui sabda Allah yang hidup dan yang abadi itu, kalian sudah dijadikan manusia baru yang bukannya lahir dari manusia, melainkan dari Bapa yang abadi."

juga bersifat ilahi, kekal dan tak dapat binasa. Dengan kata lain, apabila kita dengan iman menerima Firman Tuhan dan menaatinya, maka Roh Allah akan menghasilkan kodrat Allah sendiri dalam diri kita yang bersifat ilahi, kekal dan tak dapat binasa.

Yang dimaksudkan dengan benih yang tidak fana atau tak dapat binasa ini juga menunjuk kepada pribadi Yesus sendiri, yaitu Firman Allah yang menjelma menjadi manusia. Di Yohanes 1:1 jabatan Firman (Sabda) Allah disebutkan tiga kali dalam ayat yang satu ini: "Pada mulanya adalah Firman, dan Firman itu bersama Allah, dan Firman itu adalah Allah." Yang dimaksudkan di sini adalah sosok Pribadi yang pernah menjelma menjadi manusia dan memasuki dunia "ruang dan waktu", yaitu manusia yang dikenal sebagai Yesus dari kota Nazaret. Di kitab Wahyu kita mendapat gambaran mengenai Yesus ini yang akan kembali ke dunia untuk memerintah dalam segala kemuliaan dan dengan kuasa atau otoritas: "Dan Ia memakai jubah yang telah dicelup dalam darah dan nama-Nya ialah: 'Firman Allah'" (Wahyu 19:13[3]).

Sesungguhnya Injil itu adalah Firman Allah yang "dikhotbahkan", sedangkan Yesus pribadi adalah Firman Allah yang hidup. Di antara keduanya terdapat suatu hubungan yang bersifat langsung. Apabila kita menerima dan percaya akan Firman yang disampaikan atau dikhotbahkan, maka itu akan menjadi seperti suatu benih. Benih itu akan menghasilkan suatu sifat atau kodrat yang baru dalam diri kita, karena ketaatan kita yang dihasilkan oleh karya Roh Kudus. Kodrat yang baru ini sifatnya sama seperti benih yang akan dihasilkannya – ia bersifat ilahi, kekal dan tak dapat binasa. Pada dasarnya, manusia lama itu kondisinya sudah bejat dan rusak. Tetapi manusia baru itu tidak fana dan tak dapat rusak/binasa, serta melahirkan kodrat Yesus Kristus, Anak Allah dalam diri kita.

Membuka Pikiran Terhadap Kebenaran

Bagaimana manusia baru ini dapat menjadi semakin dewasa, sehingga rencana Allah pun mulai tergenap dalam diri kita? Mari kita kembali ke

---

[3] Wahyu 19:13, BIMK: "Jubah yang dipakai-Nya telah dicelup dalam darah. Dan Ia disebut 'Sabda Allah'."

Efesus pasal 4 dan melihat bahwa ada sesuatu yang harus kita lakukan (menurut Paulus) di antara saat "menanggalkan manusia lama" (ayat 22) dan saat "mengenakan manusia baru" (ayat 24). Kata Paulus, kita harus "dibaharui di dalam roh dan pikiran" [sebuah terjemahan alternatif berkata "dibaharui roh pikiranmu"]. Sesuatu harus terjadi dalam pikiran – sebuah perubahan total dalam cara kita berpikir.

Hal ini hanya dapat dikerjakan oleh Roh Kudus. Oleh karena itulah, ayatnya menyebutkan "roh". Dahulu pikiran kita pernah dikuasai dan dikendalikan oleh dusta-dusta serta penyesatan Iblis. Tetapi kini kita perlu membuka pikiran terhadap Roh Kudus, yaitu roh kebenaran, yang membawa kebenaran Tuhan kepada kita.

> Janganlah kamu menjadi serupa dengan dunia ini, tetapi berubahlah oleh pembaharuan budimu [artinya, pikiranmu], sehingga kamu dapat membedakan manakah kehendak Allah: apa yang baik, yang berkenan kepada Allah dan yang sempurna.
>
> Roma 12:2

Paulus mengajar supaya kita jangan menjadi serupa dengan dunia ini – artinya, jangan membiarkan manusia lama tetap berkuasa dalam hidup kita. Sebaliknya, untuk menemukan kehendak Tuhan, kita harus diubahkan dengan mengembangkan dan mematangkan manusia baru. Baik di Efesus 4 maupun Roma 12, menurut Paulus ada satu tahap penting dalam pengembangan dan pematangan manusia baru itu, yaitu kita harus membaharui pikiran. Dan ini adalah karya Roh Kudus. Paulus menjelaskan lebih jauh apa yang harus terjadi, ketika ia berdoa bagi umat di Efesus: "Dan supaya Ia menjadikan mata hatimu terang, agar kamu mengerti pengharapan apakah yang terkandung dalam panggilan-Nya: betapa kayanya kemuliaan bagian yang ditentukan-Nya bagi orang-orang kudus" (Efesus 1:18[4]).

"Pengharapan apakah yang terkandung dalam panggilan-Nya" – itulah yang semakin jelas apabila manusia baru berkembang penuh.

---

[4] Efesus 1:18, BIMK: "Saya memohon agar Allah membuka pikiranmu sehingga menjadi terang; supaya kalian mengerti apa yang kalian dapat harapkan dari Allah yang memanggil kalian. Juga supayan kalian tahu betapa melimpah berkat-berkat yang indah yang disediakan Allah bagi umat-Nya."

Tetapi terlebih dahulu mata hati kita harus dicerahkan oleh Roh Kudus. Dari kata-kata tersebut tersirat, bahwa hati kita tadinya masih dalam kegelapan dan kebodohan (ketidak-tahuan). Roh Kudus perlu membawa terang kebenaran kepada kita. Melalui kebenaran, mata kita akan tercelik sehingga dapat melihat dengan jelas, apa sesungguhnya panggilan yang telah Tuhan sediakan bagi kita dalam manusia baru itu.

Roh Kudus membantu kita dalam hal ini dengan memakai ayat-ayat Alkitab sebagai sebuah cermin. Menurut Yakobus, ada orang yang memandang Firman Tuhan, tetapi kemudian pergi tanpa mengalami perubahan. Percuma saja, menunjukkan Firman Tuhan kepada orang-orang seperti itu. Walaupun melihat dirinya di cermin, mereka membalikkan badan lalu pergi. Mereka lupa akan apa yang mereka lihat di cermin itu dan tidak berbuat sesuatu untuk berubah. Menurut Yakobus, mereka seharusnya "meneliti hukum yang sempurna, yaitu hukum yang memerdekakan orang, dan ... bertekun di dalamnya, jadi bukan hanya mendengar untuk melupakannya, tetapi sungguh-sungguh melakukannya ... [dan] ia akan berbahagia oleh perbuatannya" (Yakobus 1:25[5]).

Cermin itu menunjukkan kedua sosok tersebut, yaitu manusia lama dan manusia baru. Ia memperlihatkan, pertama-tama, bagaimana tabiat kita, manusia lama sebenarnya, yaitu penjahat Barabas yang memang patut dipakukan pada kayu salib. Kemudian, jikalau kita menerima baik vonis hukuman yang dijatuhkan padanya, dan percaya apa yang dijanjikan Tuhan, maka cermin itu memperlihatkan bagaimana kita dapat menjadi manusia baru, menjadi seperti apa nantinya karena kemurahan Tuhan. Itulah yang disampaikan Paulus dalam 2 Korintus 3:18:

> Dan kita semua mencerminkan kemuliaan Tuhan dengan muka yang tidak berselubung. Dan karena kemuliaan itu datangnya dari Tuhan yang adalah Roh, maka kita diubah menjadi serupa dengan gambar-Nya dalam kemuliaan yang semakin besar.

---

[5] Yakobus 1:25, BIMK: "Hukum Allah sempurna dan mempunyai kekuatan untuk memerdekakan manusia. Dan orang yang menyelidiki dan memperhatikan baik-baik serta melakukan hukum-hukum itu, dan bukannya mendengar saja lalu melupakannya, orang itu akan diberkati Allah dalam setiap hal yang dilakukannya."

Perhatikan sekali lagi kata "diubah" itu. Ingat pula apa kata Paulus, bahwa kita harus diubahkan dengan membaharui pikiran kita. Sesungguhnya, pada waktu kita memandang kepada cermin Firman Tuhan dan mulai melihat kemuliaan Tuhan, di situlah pikiran kita akan dibaharui. Menurut gambar itulah Tuhan ingin mengubahkan kita – yaitu gambar Allah yang dipulihkan dalam diri manusia baru. Kita juga melihat bahwa perubahan dalam diri kita itu merupakan sebagian dari proses kemenangan yang berkesinambungan ("dari kemuliaan kepada kemuliaan"). Dan yang mengerjakan proses tersebut adalah Roh Kudus. Namun Ia hanya berkarya dalam diri kita apabila kita terus memandang kepada cermin Firman Tuhan.

> **NAMUN IA HANYA BERKARYA DALAM DIRI KITA APABILA KITA TERUS MEMANDANG KEPADA CERMIN FIRMAN TUHAN.**

Rencana Tuhan bagi Kita

Apakah rencana Tuhan bagi manusia baru? Apakah sebenarnya maksud tujuan Tuhan ketika menciptakan manusia baru itu? Untuk menjawab pertanyaan itu, kita perlu kembali kepada maksud tujuan Allah yang semula bagi umat manusia. Ketika berbicara mengenai posisi serta hubungan kita dengan Tuhan di dalam Kristus, Paulus berkata:

> Aku katakan "di dalam Kristus", karena di dalam Dialah kami mendapat bagian yang dijanjikan – kami yang dari semula ditentukan untuk menerima bagian itu sesuai dengan maksud Allah, yang di dalam segala sesuatu bekerja menurut keputusan kehendak-Nya
>
> Efesus 1:11

Hal ini sungguh suatu kabar baik. Di bab 2 kita telah berbicara mengenai bagaimana kita telah dikenal sejak dahulu, dipratetapkan dan dipilih sebagai bagian dari panggilan kita. Selanjutnya kita mengerti, bahwa Tuhan takkan pernah meninggalkan kita setelah menetapkan tujuan-Nya itu! Kita sudah selaras dengan rencana Allah, yang mengerjakan segala sesuatu sesuai dengan tujuan kehendak-Nya. Pada akhirnya, segala sesuatu akan berjalan selaras dengan kehendak-Nya. Hal ini berlaku untuk rencana-Nya yang semula ketika menciptakan manusia. Memang rencana-Nya terganggu karena ulah Iblis dan ulah manusia yang berdosa, namun bagaimana pun akhirnya mereka takkan dapat menggagalkan rencana-Nya. Manusia sering khawatir kalau rencananya tertunda, tetapi Tuhan tidak begitu. Sesungguhnya Tuhan itu bukan main sabarnya. Mungkin memerlukan waktu bertahun-tahun atau berabad-abad, bahkan sekian zaman lamanya. Tetapi pada akhirnya maksud tujuan dan rencana-Nya akan berhasil.

Rencana Tuhan yang semula ketika menciptakan umat manusia dapat dibaca pada bagian awal dari Alkitab:

> Berfirmanlah Allah: "Baiklah Kita menjadikan manusia menurut gambar dan rupa Kita, supaya mereka berkuasa atas ikan-ikan di laut dan burung-burung di udara dan atas ternak dan atas seluruh bumi dan atas segala binatang melata yang merayap di bumi.
>
> Kejadian 1:26

Kita memperhatikan bagaimana Tuhan berbicara mengenai manusia. Ia mulai menyebutnya "manusia" (dalam bentuk tunggal), tetapi kemudian juga "mereka" (dalam bentuk jamak). Ia berkata: "Baiklah Kita menjadikan manusia." Kemudian Tuhan berkata: "Supaya mereka berkuasa." Dengan kata lain, di situ Tuhan menyatakan tujuan-Nya mengenai seluruh umat manusia, bukan hanya untuk satu insan saja.

Dalam pernyataan Tuhan ini kita melihat dua tujuan utama. Yang pertama adalah supaya manusia menunjukkan keserupaannya dengan Tuhan. Dalam kisah Penciptaan yang diberikan dalam pasal-pasal pembukaan kitab Kejadian, Tuhan menciptakan manusia pada hari keenam, dan sesudah itu Ia beristirahat. Lalu Tuhan menikmati Sabat-Nya pada hari ketujuh. Di situ kita melihat bahwa Tuhan tidak mau berhenti sebelum berhasil menciptakan manusia yang serupa dengan Dia. Segala hal dalam proses penciptaan itu berakhir klimaksnya pada satu tujuan utama, yaitu bahwa Tuhan "mereproduksi" ciptaan-Nya yang serupa dengan Dia. Saya percaya, bahwa hal ini juga berlaku mengenai proses penciptaan yang baru. Tuhan takkan beristirahat sebelum Ia mendapatkan diri-Nya di-reproduksi!

Tujuan yang kedua bagi manusia adalah supaya mereka menjalankan kekuasaan atau otoritas Tuhan sebagai perwakilan-Nya. Tuhan berkata mengenai manusia: "Biarlah mereka memerintah." Kemudian Ia menambahkan: "atas seluruh bumi." Jadi, manusia direncanakan untuk menjadi penguasa yang ditunjuk Tuhan dan menjalankan kekuasaan Tuhan atas seluruh bumi sebagai wakil-Nya.

Kedua maksud tujuan yang direncanakan Tuhan itu sempat digagalkan karena manusia jatuh dalam dosa. Pertama, gambar dan keserupaan manusia dengan Tuhan telah ternoda oleh dosa. Kedua, manusia yang sebenarnya direncanakan menjadi penguasa, akhirnya menjadi budak yang dikuasai, yaitu budak dosa dan budak Iblis.

Tanggung Jawab dan Takdir Kita

Pada akhirnya, bagaimanakah tanggung jawab kita sebagai manusia? Ingat: Tuhan akan selalu berhasil menjalankan rencana dan tujuan-Nya. Roma 8:29 memberikan pengertian ini kepada kita: "Sebab semua orang yang dipilih-Nya dari semula, mereka juga ditentukan-Nya dari semula untuk menjadi serupa dengan gambaran Anak-Nya, supaya Ia, Anak-Nya itu, menjadi yang sulung di antara banyak saudara."[6]

Rencana Tuhan, yaitu takdir Tuhan bagi manusia baru, adalah pertama, untuk mereka menjadi serupa dengan gambar Anak-Nya. Dengan demikian, Yesus Kristus dapat menjadi yang sulung di antara sekian banyak saudara. Rencana Tuhan adalah untuk menghasilkan banyak anak, yang semuanya mereproduksi keserupaan dengan Yesus, yaitu Anak-Nya yang tertua, yang sulung, yang Tunggal. Di dalam ciptaan yang baru, di dalam manusia baru, itulah tanggung jawab kita yang pertama.

Tanggung jawab kita yang kedua adalah untuk menjalankan kekuasaan Allah sebagai perwakilan-Nya. Sesudah kebangkitan-Nya

---

[6] Roma 8:29, BIMK: "Mereka yang telah dipilih oleh Allah, telah juga ditentukan dari semula untuk menjadi serupa dengan Anak-Nya, yaitu Yesus Kristus. Dengan demikian Anak itu menjadi yang pertama di antara banyak saudara-saudara."

dari kematian, Yesus berkata kepada para pengikut-Nya: "Kepada-Ku telah diberikan segala kuasa di surga dan di bumi. Karena itu pergilah, jadikanlah semua bangsa murid-Ku" (Matius 28:18-19[7]).

Di sini kita sekali lagi menemukan ungkapan "karena itu," dan kita perlu mengerti mengapa Ia berkata demikian. Yesus berkata: "Kekuasaan telah diberikan kepada-Ku, tetapi sekarang Aku mengutus kalian untuk menjalankan kekuasaan tersebut dan bertindak atas nama-Ku, sebagai perwakilan-Ku." Adalah tanggung jawab kita untuk menjalankan kekuasaan

TANGGUNG JAWAB KITA YANG KEDUA ADALAH UNTUK MENJALANKAN KEKUASAAN ALLAH SEBAGAI PERWAKILAN-NYA.

Kristus itu atas nama-Nya dengan menjadikan segala bangsa pengikut-pengikut-Nya.

Hal ini diekspresikan dalam dua tindakan yang harus dilakukan atas perintah Yesus. Pertama, baptis mereka dalam nama Bapa dan Anak dan Roh Kudus (lihat Matius 28:19). Dengan kata lain, dengan memakai nama Allah Tritunggal, itu tandanya bahwa kekuasaan Allah Tritunggal ada di belakang segala sesuatu yang kita kerjakan. Tindakan kedua adalah mengajar mereka untuk mentaati segala sesuatu yang diperintahkan Yesus (lihat ayat 20). Pengajaran kita merupakan sebuah ekspresi dari otoritas Kristus yang diwakilkan kepada kita. Kita tidak disuruh mengajar apa saja yang ingin kita sampaikan atau sesuka hati kita. Tidak, kita ditugaskan untuk menyampaikan segala sesuatu yang telah diajarkan Yesus kepada para pengikut yang pertama. Proses ini harus terus berlanjut sampai pada kesudahan zaman, dan itulah yang dikatakan Yesus: "Dan ketahuilah, Aku menyertai kamu senantiasa sampai kepada akhir zaman" (ayat 20).

Matius 28:18-20, BIMK: "Seluruh kuasa di surga dan di bumi sudah diserahkan kepada-Ku. Sebab itu pergilah kepada segala bangsa di seluruh dunia, jadikanlah mereka pengikut-pengikut-Ku. Baptislah mereka dengan menyebut nama Bapa, dan Anak, dan Roh Allah. Ajarkan mereka mentaati semua yang sudah Kuperintahkan kepadamu. Dan ingatlah Aku akan selalu menyertai kalian sampai akhir zaman."

Ada satu hal penting lagi yang harus kita perhatikan, yaitu: Maksud tujuan Tuhan bagi manusia baru itu tak mungkin dilaksanakan oleh orang-orang percaya secara individual. Untuk melaksanakannya, diperlukan "manusia baru" yang bersifat kolektif, yaitu Tubuh Kristus. Paulus berkata:

> Karena Dialah damai sejahtera kita, yang telah mempersatukan kedua pihak dan yang telah merubuhkan tembok pemisah, yaitu perseteruan, sebab dengan mati-Nya sebagai manusia Ia telah membatalkan hukum Taurat dengan segala perintah dan ketentuannya, untuk menciptakan keduanya menjadi satu manusia baru di dalam diri-Nya, dan dengan itu mengadakan damai sejahtera,
>
> Efesus 2:14-15

Manusia baru yang satu ini mencakup seluruh umat Allah dan berfungsi melalui Tubuh Kristus yang bersifat kolektif. Paulus berkata: "Daripada-Nya [Yesus]lah seluruh tubuh, -- yang rapi tersusun dan diikat menjadi satu oleh pelayanan semua bagiannya, sesuai dengan kadar pekerjaan tiap-tiap anggota – menerima pertumbuhannya dan membangun dirinya dalam kasih" (Efesus 4:16[8]).

Kita harus menjadi satu Tubuh korporat yang lengkap, yang mengekspresikan manusia baru secara korporat. Manusia baru ini menghayati dan mewujudkan kembali pelayanan Yesus ketika masih di muka bumi, dan dengan demikian akan memenuhi tanggung jawab kita: Kita memperlihatkan Tuhan kepada dunia serta menjalankan kekuasaan Tuhan atas nama-Nya.

Sebelum kita berjalan dalam kemerdekaan manusia baru itu, kita takkan mungkin memenuhi panggilan kita, memajukan Kerajaan Allah, mencapai potensi kita yang maksimal atau menjalankan kekuasaan dengan sepantasnya. Baik secara individual maupun secara korporat. Mari kita lanjutkan dengan apa yang menjadi makna kemerdekaan bagi manusia baru kolektif, yaitu Tubuh Kristus.

---

[8] Efesus 4:16, BIMK: "Di bawah pimpinan-Nya, semua anggota tubuh itu tersusun rapi, dan saling dihubungkan oleh sendi-sendinya masing-masing. Dan kalau tiap-tiap anggota itu bekerja seperti yang seharusnya, maka seluruh tubuh itu akan bertumbuh menjadi dewasadan kuat melalui kasih."

11

Menyelesaikan Tugas Anda

> Roh dan pengantin perempuan itu berkata: "Marilah!"
>
> Wahyu 22:17

PADA intinya, yang dimaksudkan sebagai Tubuh Kristus adalah Mempelai perempuan-Nya. Dan pada waktu kita menyambut undangan Roh, itu berarti kita sudah mulai berjalan sesuai dengan panggilan kita. Maksud tujuan Tuhan belum tercapai apabila hanya Roh saja yang berkata: "Marilah," atau apabila kalangan pendeta berkata: "Marilah." Yang sedang ditunggu-tunggu Tuhan adalah bahwa seluruh Tubuh Kristus pun turut bersuara: "Marilah." Hal itu hanya akan terjadi, apabila kehendak Roh benar-benar dituruti oleh yang namanya Mempelai Perempuan.

Prinsip Mempelai Perempuan sesungguhnya merupakan puncak sejarah pengalaman manusia. Ke situlah perjalanan sejarah sedang diarahkan. Dan sungguh menarik kalau kita berpikir bahwa segenap perjalanan sejarah manusia pada akhirnya akan mencapai klimaks dalam suatu pernikahan. Sedikit sekali orang Kristen yang menyadari betapa pentingnya pernikahan di mata Tuhan. Memang, kita menjunjung tinggi pernikahan, dan kita semua percaya bahwa orang yang menikah harus setia. Tetapi menurut hemat saya, kita belum bergairah mengenai pernikahan sebagaimana mestinya.

Ruth dan saya pernah menulis sebuah buku yang berjudul *God is a Matchmaker* (dalam bahasa Indonesia berjudul *Jodoh Pilihan Tuhan*). Dalam buku ini dijelaskan bagaimana Anda bisa mengetahui rencana Tuhan untuk pernikahan Anda. Buku itu bukan sekadar berisi kiat-kiat bagaimana orang harus hidup sesudah menikah, melainkan bagaimana Anda perlu hidup sedemikian rupa, sehingga akan menikah dengan orang yang ditetapkan Tuhan sebagai jodoh Anda. Saya sungguh percaya bahwa Tuhan telah menetapkan jodoh bagi setiap orang yang hendak menikah. Saya mendengar orang-orang Kristen yang bersaksi: "Tuhan menunjukkan kepada saya rumah di mana saya akan tinggal ... mobil yang harus saya beli ... setelan jas yang harus saya gunakan." Seandainya benar Tuhan melakukan seperti diceritakan itu, sudah pasti jauh lebih penting bahwa Ia menunjukkan dengan siapa Anda harus menikah.

Saya sendiri telah menikah sampai dua kali. Secara ajaib dan supranatural Tuhan menunjukkan kepada saya wanita yang akan saya nikahi, dan hal itu bahkan terjadi sampai dua kali. Tuhan mengetahui bahwa saya memang kurang jeli untuk menyelami kepribadian orang (mungkin karena saya mudah terkecoh), maka Tuhan tidak mempercayakan kepada saya untuk memilih sendiri jodoh saya. Dengan sangat jelas Tuhan menunjukkan, siapa yang harus saya nikahi, dan saya sungguh bahagia bahwa dari dua kali menikah itu, setiap kali saya berhasil memilih orang yang tepat.

Busana Pengantin Perempuan

Awal sejarah manusia dimulai dengan sebuah pernikahan, dan demikian juga, akhir zaman akan ditandai oleh sebuah pernikahan. Rencana agung Tuhan bagi umat-Nya akan diselesaikan pada pesta perjamuan Pernikahan Anak Domba. Apabila Anda kurang tertarik mengenai perkawinan ini, sesungguhnya Anda belum sejalan dengan rencana besar Tuhan. Sebab pada waktu itu nanti seluruh jagad raya akan merayakannya secara hiruk pikuk. Tak pernah sebelumnya di seluruh alam semesta, kita akan mendengar puji-pujian yang begitu gegap gempita mengenai perayaan itu.

Marilah kita bersukacita dan bersorak-sorai, dan memuliakan Dia! Karena hari perkawinan Anak Domba telah tiba, dan pengantin-Nya telah siap sedia. Dan kepadanya dikaruniakan supaya memakai kain lenan halus yang berkilau-kilauan dan yang putih bersih!' (Lenan halus itu adalah perbuatan—perbuatan yang benar dari orang-orang kudus.)

Wahyu 19:7-8

Biasanya wanita yang akan menikah itu sangat pusing memikirkan busana pengantin yang akan dikenakannya pada upacara pernikahan. Saya melihat hal itu demikian di negeri dan kebudayaan manapun yang pernah saya kunjungi. Menurut saya, apabila wanita banyak meributkan mengenai busana pengantin, hal itu bukanlah sesuatu yang "duniawi" atau berlebihan. Saya malah percaya, hal itu sangat menyenangkan hati Tuhan.

Kepedulian mengenai busana pengantin juga dialami oleh Pengantin Perempuan Kristus. "Wanita" ini akan diberi busana pengantin yang sungguh istimewa: "Kain lenan halus yang berkilau-kilauan dan putih bersih!" Busana pengantin itu akan berkilau-kilauan. Kitab Wahyu berkata bahwa pakaiannya akan "teranyam" dari "perbuatan-perbuatan yang benar dari orang-orang kudus." Saya belajar sesuatu dari ayat tersebut. Supaya pengantin itu berpakaian sepantasnya – artinya seperti diharapkan Tuhan – pengantin (yaitu Gereja) harus melakukan segala sesuatu yang telah Tuhan perintahkan kepadanya. Kalau tidak, maka ia takkan mengenakan busana yang sepantasnya. Jadi, sebelum benar-benar siap untuk acara pernikahan itu orang-orang Kristen harus merampungkan tugasnya, yaitu semua perbuatan baik yang diharapkan Tuhan dari mereka – bukan saja secara pribadi masing-masing, melainkan juga secara korporat sebagai Tubuh Kristus.

PERBUATAN-PERBUATAN KEBENARAN (YANG SALEH) INI MERUPAKAN JUBAH YANG AKAN SETERUSNYA KITA KENAKAN DI DALAM KEKEKALAN.

Di bab 4 kita belajar bahwa pada saat diselamatkan kita mendapat kebenaran (kesalehan) sebagai hadiah atau karunia Tuhan, karena kita percaya kepada Yesus Kristus. Kebenaran itu kita peroleh begitu saja, tanpa harus mengerjakan sesuatu terlebih dahulu. Kebenaran itu diperhitungkan kepada kita. Jadinya, jubah kebenaran Kristus dihadiahkan kepada kita. Betapa indahnya hal itu! Tetapi di kitab Wahyu, yang disebutkan di ayat itu bukanlah kebenaran yang *diperhitungkan,* yaitu suatu hadiah yang diberikan karena kita beriman kepada Yesus. Yang disebut di ayat itu adalah kebenaran yang *diperoleh sebagai hasil suatu perjuangan,* kebenaran yang didapatkan atas dasar perilaku dan respon kita sendiri. Perbuatan-perbuatan kebenaran (yang saleh) ini merupakan jubah yang akan seterusnya kita kenakan di dalam kekekalan.

Tentu hal ini sangat memotivasi pada waktu menjalani panggilan saya. Saya harus mengingat terus untuk tidak lalai menjalankan perbuatan-perbuatan kebenaran yang telah ditetapkan Tuhan untuk pelayanan saya. Namun hal ini tidak hanya berlaku pada diri kita secara individual saja. Hal ini berlaku untuk kita semua sebagai Tubuh Kristus. Sebelum siap menghadiri Perjamuan Nikah Anak Domba, secara korporat kita harus menyelesaikan semua tugas yang dipercayakan, melaksanakan semua perbuatan saleh tersebut. Mari kita membaca kembali kata-kata itu tadi: "Dan kepadanya dikaruniakan supaya memakai kain lenan halus yang berkilau-kilauan dan yang putih bersih!' (Lenan halus itu adalah perbuatan-perbuatan yang benar dari orang-orang kudus.)"

Setiap perbuatan benar yang dilakukan dengan penuh iman dan ketaatan adalah seperti sehelai benang dari busana pengantin yang terbuat dari kain lenan itu. Mengingat bahwa sebagian umat Kristen masih belum juga merubah perilakunya, dalam hati saya bertanya apakah nantinya jubah pengantinnya akan terlalu pendek atau tidak menutupi bagian-bagian tubuhnya dengan sempurna? Wah, ini pertanyaan yang cukup menggelisahkan untuk dijawab. Sebaiknya kita semua, tanpa terkecuali, memberi perhatian pada hal ini. Sebelum Pengantin Perempuan itu benar-benar siap, kita harus melakukan dengan sempurna semua perbuatan benar yang telah ditugaskan kepada kita.

Tugas-tugas Kerajaan

Untuk menyiapkan diri bagi Perjamuan Nikah Anak Domba, pada dasarnya kita perlu mengerti benar, apa yang diminta Tuhan dari Gereja-Nya. Tanggung jawab Gereja (umat Tuhan) tentu menyangkut segala macam tugas yang dipercayakan kepadanya sehubungan dengan Kerajaan Allah.

Apabila Perjanjia Baru berbicara mengenai Injil (Kabar Baik), hampir selalu Alkitab menyebutnya sebagai "Injil Kerajaan." Jadi, Injil sesungguhnya adalah Kabar Baik atau kabar gembira, bahwa Tuhan akan menyelenggarakan Kerajaan-Nya di atas bumi ini. Sehubungan dengan Kabar Baik itu, ada tiga tanggungjawab utama yang telah dipercayakan kepada

KARENA KERAJAAN ALLAH ITU SESUNGGUH-NYA SUDAH ADA DALAM DIRI KITA.

Gereja. Pertama, Gereja harus mewartakan Kabar Baik mengenai Kerajaan itu. Yang kedua, secara korporat umat Kristen harus mendemonstrasikan atau memperagakan Kerajaan Allah dalam kehidupan mereka sehari-hari (sebagai Tubuh Kristus). Artinya, kita harus menunjukkan kepada semua orang, seperti apa kiranya Kerajaan Allah itu – dari gaya hidup dan cara bagaimana kita berhubungan satu sama lain. Karena Kerajaan Allah itu sesungguhnya sudah ada dalam diri kita. "Sebab Kerajaan Allah bukanlah soal makanan dan minuman, tetapi soal kebenaran, damai sejahtera dan sukacita oleh Roh Kudus" (Roma 14:17).

Sudah tentu, tanpa pertolongan Roh Kudus tak mungkin untuk memperagakan Kerajaan Tuhan. Bukan saja secara pribadi lepas pribadi, tetapi lebih penting lagi, secara korporat kita harus mendemonstrasikan bagi seluruh dunia karakter dari Kerajaan Tuhan melalui perilaku kehidupan kita – kehidupan yang penuh kebenaran, kedamaian dan sukacita di dalam Roh Kudus.

Tugas dan tanggungjawab Gereja yang ketiga adalah menyiapkan segala sesuatu untuk terselenggaranya Kerajaan Tuhan di muka bumi. Itulah yang ingin saya bahas dalam bab ini selebihnya. Sebab panggilan yang tertinggi adalah panggilan Tuhan untuk menjadi perwakilan Dia dan menyelaraskan diri dengan rencana serta tujuan-Nya. Bagaimana caranya kita harus menyiapkan jalan untuk terselenggaranya Kerajaan Tuhan di muka bumi ini?

Bagaimana Caranya Menyiapkan Jalan

Untuk menjawab pertanyaan tersebut kita akan membaca serangkaian ayat Alkitab dari Kitab Injil Matius.

Bertobat dan Menyelaraskan Diri

Pertama, kita sendiri perlu bertobat dari sifat kita yang masih selalu memberontak, dan mulai menyelaraskan diri dengan rencana Tuhan. "Sejak waktu itulah Yesus memberitakan: 'Bertobatlah, sebab Kerajaan Surga sudah dekat!'" (Matius 4:17).

Itulah pesan pertama yang disampaikan oleh Yesus. Yang pertama-tama Ia katakan adalah: "Sebentar lagi Kerajaan Surga akan tiba. Bertobatlah segera, berbaliklah dari perbuatanmu yang salah. Tinggalkanlah sikapmu yang memberontak itu, kebiasaanmu untuk mementingkan diri sendiri dan memaksakan kehendakmu, dan bersiap-siaplah untuk tunduk kepada Raja yang baru." Itulah sesungguhnya berita yang disampaikan oleh Yesus, menurut kitab Injil.

Selanjutnya kita membaca:

> Yesus pun berkeliling di seluruh Galilea; Ia mengajar dalam rumah-rumah ibadat dan memberitakan Injil Kerajaan Allah serta melenyapkan segala penyakit dan kelemahan di antara bangsa itu. Maka tersiarlah berita tentang Dia di seluruh Siria dan dibawalah kepada-Nya semua orang yang buruk keadaannya, yang menderita pelbagai penyakit dan sengsara, yang kerasukan, yang sakit ayan dan yang lumpuh, lalu Yesus menyembuhkan mereka.
>
> Matius 4:23-24

Tuhan ingin agar kita ambil bagian dalam melaksanakan rencana-Nya demi penyelenggaraan Kerajaan-Nya. Kita mendapati bahwa di mana pun juga orang menyebutkan mengenai Injil Kerajaan, misalnya, hal itu umumnya disertai dengan penyembuhan orang-orang yang sakit. Memang, Kerajaan Tuhan tidak dapat menerima bahwa masih ada juga orang-orang yang sakit. Kerajaan Tuhan dan sakit-penyakit, kedua hal tersebut tidak dapat hidup bersama. Di mana Kerajaan Tuhan tiba, di sana sakit-penyakit harus angkat kaki. Entah itu orang perorangan, entah itu di dalam Gereja.

Pilihlah Hal-hal yang Harus Diprioritaskan

Hal-hal apakah yang harus diutamakan dahulu untuk menyiapkan jalan bagi Kerajaan Tuhan? Pertama, kita selalu harus menghampiri Tuhan dengan pola dan tata cara yang benar. Lihatlah mengenai doa yang diajarkan Yesus kepada kita: "Bapa kami yang di surga, Dikuduskanlah Nama-Mu, Datanglah Kerajaan-mu, Jadilah kehendak-Mu di bumi seperti di surga" (Matius 6:9-10).

Apakah permintaan kita yang pertama setelah menghampiri Tuhan? "Datanglah Kerajaan-Mu." Bukan, "Berilah kami makanan kami yang secukupnya." Bukan, "Ampunilah dosa-dosa kami." Bukan pula, "Lepaskanlah kami daripada yang Jahat." Semua permohonan itu boleh-boleh saja, tidak ada yang salah. Tetapi untuk dapat benar-benar menyelaraskan diri dengan rencana Tuhan, permohonan yang lebih utama adalah: "Datanglah Kerajaan-Mu, Jadilah kehendak-Mu." Sesudah hidup kita selaras dengan rencana-rencana Tuhan, kita baru boleh mengajukan permohonan pribadi. Sebab sebelum menyesuaikan diri, dulu kita ini pemberontak yang menentang Tuhan. "Carilah dahulu Kerajaan Allah dan kebenarannya, maka semuanya itu akan ditambahkan kepadamu" (Matius 6:33). Perhatikan: Terlepas dari Kerajaan Allah, tak akan ada kebenaran atau kesalehan. Jikalau kita menolak untuk tunduk kepada Kerajaan Tuhan, kita masih juga berjiwa pemberontak, dan tak ada pemberontak yang dapat hidup dengan benar.

Sudahkah dapat dikatakan bahwa Anda memiliki skala prioritas yang benar? Sudahkah Anda mencari Kerajaan Tuhan terlebih dahulu? Atau, masihkah hal itu berada pada urutan yang terbawah? Apakah Anda lebih khawatir mengenai keperluan dan keinginan pribadi Anda, ketimbang Kerajaan Tuhan?

Ada satu hal yang saya perhatikan mengenai orang-orang yang belum lepas dari cengkeraman Iblis (dan saya sudah melayani ratusan orang yang demikian). Hampir semuanya mereka memiliki satu masalah: Mereka terfokus kepada diri sendiri. Itulah sesungguhnya "penjara" yang dibuat Iblis bagi orang-orang seperti itu. Diriku. Masalah-masalahku. Kebutuhanku. Hal-hal yang penting bagiku. Sesungguhnya, kalau Anda masih terus berkutat dengan kepentingan-kepentingan Anda sendiri, Anda belum hidup dalam Kerajaan Tuhan. Yesus berkata, harus terlebih dahulu mencari Kerajaan Tuhan, sesudah itulah "perkara-perkara lainnya", yaitu kebutuhan jasmani kita akan terpenuhi sendiri.

Benarkah Anda percaya akan hal itu? Saya mau beritahu Anda bahwa Tuhan itu tidaklah pelit. Bisa jadi, kadang-kadang pemimpin gereja yang bersifat pelit. Lembaga misi bersifat pelit. Tetapi Tuhan sama sekali tidak pelit. Seandainya nanti Anda dipecat dari lembaga di mana Anda melayani atau Anda di-PHK oleh mereka, jangan khawatir. Ijinkan saja diri Anda "jatuh" ke dalam pelukan Tuhan yang mahahidup. Ia akan memelihara Anda dengan lebih baik daripada kebanyakan organisasi agama.

Peragakan Kerajaan Tuhan

Selanjutnya, bagaimana pula kita menyiapkan jalan bagi Kerajaan Tuhan? Peragakan Kerajaan itu. Ketika pertama kali mengutus rasul-rasul-Nya, Yesus berkata: "Pergilah dan beritakanlah: Kerajaan Surga sudah dekat." Dan hal apakah yang pertama-tama harus kita lakukan, karena Kerajaan Surga sudah dekat? "Sembuhkanlah orang sakit; bangkitkanlah orang mati; tahirkanlah orang kusta; usirlah setan-setan" (Matius 10:7-8). Iblis sungguh membenci pelayanan-pelayanan tersebut, karena pelayanan itu merupakan demonstrasi atau peragaan yang menunjukkan bahwa Kerajaan Tuhan telah tiba.

Kenalilah Siapa Saja Lawan-lawan Anda

Jangan lupa bahwa Iblis pun mempunyai sebuah kerajaan.

Tetapi Yesus mengetahui pikiran mereka lalu berkata kepada mereka: "Setiap kerajaan yang terpecah-pecah past binasa dan setiap kota atau rumah tangga yang terpecah-pecah tidak dapat bertahan. Demikianlah juga kalau Iblis mengusir Iblis, ia pun terbagi dan melawan dirinya sendiri; bagaimanakah kerajaannya dapat bertahan? ... Tetapi jika Aku mengusir setan dengan kuasa Roh Allah, maka sesungguhnya Kerajaan Allah sudah datang kepadamu."

Matius 12:25-26, 28[1]

Sebelum Gereja selesai menjalankan tugasnya, kerajaan Iblis takkan dapat dihancurkan dan Kerajaan Allah tak dapat ditegakkan di bumi. Itu sebabnya, Iblis berusaha mati-matian untuk menyesatkan dan membutakan Gereja (umat Kristen), karena Iblis ingin tetap mempertahankan kekuasaannya. Hal ini dilakukan Iblis dengan mencegah Gereja supaya jangan melakukan hal-hal yang merupakan tanggung jawabnya yang utama. Sebab saat Gereja mulai berhasil menunaikan tugasnya, Iblis tahu bahwa riwayatnya pun sudah tamat.

Iblis tidak terlalu marah apabila ada satu atau dua jiwa diselamatkan. Ia bahkan tidak begitu murka, sekalipun ada orang yang memulai gereja-gereja yang baru. Tentu saja, Ia tidak senang atas hal itu, tetapi biarpun hal itu terjadi tidak berarti ia akan kehilangan kerajaannya. Ada dua perkara yang bisa terjadi sehingga menyebabkan Iblis kehilangan takhtanya – dan kedua hal itu adalah misi yang dipercayakan kepada Sang Pengantin Perempuan.

Siapkan Diri untuk Titik Akhir

Kedua ayat Alkitab berikut ini memberitahu apa yang harus terjadi sebelum dunia ini kiamat – dan kerajaan Iblis tamat riwayatnya:

Dan Injil Kerajaan ini akan diberitakan di seluruh dunia menjadi kesaksian bagi semua bangsa, sesudah itu barulah tiba kesudahannya.

Matius 24:14

---

[1] Matius 12:25-26, 28, BIMK: "Yesus mengetahui pikiran orang Farisi itu. Jadi Ia berkata kepada mereka, 'Kalau suatu negara terpecah dalam golongan-golongan yang saling bermusuhan, negara itu tidak akan bertahan. Dan sebuah kota atau keluarga yang terpecah-pecah dan bermusuhan satu sama lain akan hancur. Begitu juga di dalam kerajaan Iblis; kalau satu kelompok mengusir kelompok yang lain, maka kerajaan Iblis itu sudah terpecah-pecah dan akan runtuh. ... Tetapi Aku mengusir roh jahat dengan kuasa Roh Allah. Dan itu berarti bahwa Allah sudah memerintah di tengah-tengah kalian.'"

Sebab, saudara-saudara, supaya kamu jangan menganggap dirimu pandai, aku mau agar kamu mengetahui rahasia ini: Sebagian dari Israel telah menjadi tegar sampai jumlah yang penuh dari bangsa-bangsa lain telah masuk. Dengan jalan demikian seluruh Israel akan diselamatkan, seperti ada tertulis: "Dari Sion akan datang Penebus, Ia akan menyingkirkan segala kefasikan daripada Yakub.

Roma 11:25-26[2]

Menurut rencana Allah, Yesus tak dapat datang dan menegakkan Kerajaan-Nya sebelum dua hal berikut ini terjadi: Yang pertama, Gereja sudah selesai memberitakan Injil Kerajaan ke seluruh penjuru dunia, dan kedua, jumlah orang-orang bukan Yahudi yang "masuk" telah menjadi genap, dan bangsa Israel didamaikan kembali dengan Tuhan mereka melalui Sang Mesias. Kedua hal itulah yang ditentang Iblis dengan segala kekuatan, kelicikan dan kebusukannya. Sesungguhnya, sebagian besar kegiatan agama yang kita lakukan sebagai Gereja tidak sedikit pun mengganggu Iblis. Ia cukup puas dengan itu semua. Kerajaan Iblis bisa hidup bersama (ber-koeksistensi) dengan sebagian kekristenan gerejawi. Tetapi ada dua perkara yang paling ditakuti Iblis dan akan ia lawan secara mati-matian: pemberitaan Injil Kerajaan ke seluruh dunia kepada segala bangsa, dan kembalinya bangsa Israel kepada Tuhan.

Seandainya Anda tinggal di Timur Tengah, sesungguhnya Anda tinggal di tengah kancah peperangan, karena di situlah skenario zaman akhir ini akan "dimainkan". Kini segala pasukan setan sedang mengerahkan kekuatannya di daerah geografis yang relatif kecil di penghujung Timur Laut Tengah itu. Karena Iblis tahu kerajaannya akan tetap aman, selama ia dapat bercokol dan berkuasa di negara Israel.

Baik secara pribadi maupun secara korporat, semua orang Kristen harus bersikap serius mengenai tugas besar yang diberikan kepada

[2] Roma 11:25-27, BIMK: "Saudara-saudara! Saya harap kalian jangan merasa sudah tahu segala-galanya. Sebab ada sesuatu hal yang dikehendaki oleh Allah, tetapi yang belum diketahui orang. Dan saya mau kalian mengetahuinya; yaitu ini: Sebagian dari orang Yahudi berkeras kepala, tetapi sikap mereka itu akan berlangsung hanya sampai jumlah orang-orang bukan Yahudi yang datang kepada Allah sudah lengkap. Demikianlah semua orang yahudi akan selamat. Sebab di dalam Alkitab tertulis begini: 'Raja Penyelamat akan datang dari Sion; Ia akan menghapuskan segala kejahatan dari keturunan Yakub. Aku akan mengikat perjanjian ini dengan mereka pada waktu Aku mengampuni dosa-dosa mereka.'"

Mempelai Perempuan ini. Kita akan ambil bagian dalam menyiapkan kedatangan Kerajaan Allah di muka bumi, pada waktu kita menemukan panggilan Tuhan atas kehidupan kita dan hidup dengan setia dalam panggilan itu. Kita akan ambil bagian dalam melaksanakan doa yang diajarkan Yesus kepada semua pengikut-Nya: "Datanglah Kerajaan-Mu" – dan mempersembahkan mahkota kepada Sang Raja melalui kerajaan itu! Bab berikut ini akan membahas mengenai kedatangan Yesus yang kedua kalinya.

12

Apa yang Diharapkan dari Panggilan Anda

Maka kemuliaan TUHAN akan dinyatakan dan seluruh umat manusia akan melihatnya bersama-sama, sungguh, TUHAN sendiri telah mengatakannya.

Yesaya 40:5

SALAH satu hal yang ada dalam pikiran banyak orang Kristen dewasa ini adalah yang disebut *eskatologi*. Berkaitan dengan panggilan hidup kita dalam Kristus, di bab ini kita akan khusus membahas bagaimana seharusnya sikap dan pandangan orang Kristen terhadap kedatangan Yesus yang kedua kali.

Kemungkinan besar Anda pun sudah tahu, bahwa yang dimaksudkan dengan "eskatologi" itu adalah "pengetahuan mengenai hal-hal yang akan terjadi pada akhir zaman." Tetapi di sini saya mau berkata kepada Anda secara jujur, bahwa sebenarnya saya pun tidak tahu banyak mengenai segala sesuatu yang akan terjadi pada akhir zaman ini. Jadi eskatologi yang saya ajarkan di sini ada banyak "lubang"nya, banyak kekurangannya. Namun demikian, itu bukan berarti saya tidak dapat memiliki sikap atau pandangan obyektif mengenai berbagai fakta. Melalui pendidikan, saya telah dilatih untuk menganalisa makna dari berbagai istilah bahasa. Apa pun konsep-konsep awal yang saya miliki sebelumnya, saya selalu mencari tahu apa yang dikatakan oleh Alkitab. Biasanya saya terkejut juga, karena yang dikatakan Alkitab begitu berbeda daripada yang saya perkirakan sebelumnya.

Gereja Mula-mula: Sikap Berjaga-jaga dan Menunggu

Mari kita mulai dengan mempelajari bagaimana sikap atau pandangan umat Kristen abad pertama mengenai kedatangan Yesus yang kedua kalinya. Saya tidak tahu pasti bagaimana pandangan eskatologi mereka, tetapi sebaiknya kita menerima saja penjelasan Alkitab Perjanjian Baru mengenai pandangan orang-orang Kristen pada waktu itu. Maka kita dapat menyimpulkan bahwa umat Kristen pada masa itu sungguh berdebar-debar menantikan kedatangan kembali Tuhan Yesus.

Kita akan melihat sejumlah perikop ayat dari surat-surat kiriman tertentu dalam Alkitab Perjanjian Baru, dan saya kira Anda pun akan mulai mengerti, walaupun saya masih bisa menyebutkan lebih banyak lagi ayatnya. Kita akan mulai dengan surat kiriman Rasul Paulus kepada jemaat Korintus:

> Demikianlah kamu tidak kekurangan dalam suatu karunia pun sementara kamu menantikan penyataan Tuhan kita Yesus Kristus. Ia juga akan meneguhkan kamu sampai kepada kesudahannya, sehingga kamu tak bercacat pada hari Tuhan kita Yesus Kristus.
>
> 1 Korintus 1:7-8[1]

Jemaat di Korintus rindu menantikan kedatangan Yesus yang akan segera dinyatakan dan Paulus pun berjanji kepada umat bahwa Yesus akan menjaga supaya mereka tetap kuat sampai hari tersebut. Saya tidak ragu sama sekali, bahwa umat Kristen di Korintus sungguh-sungguh menantikan kedatangan Yesus pada hari tersebut.

Kemudian mari kita melihat satu ayat di 1 Korintus pasal 11, yang memerintahkan perayaan Perjamuan Kudus itu: "Sebab setiap kali

---

[1] 1 Korintus 1:7-8, BIMK: "... sehingga kalian tidak kekurangan satu berkat pun, sementara kalian menunggu Tuhan kita Yesus Kristus datang dan dilihat oleh semua orang. Kristus sendiri akan menjamin kalian sampai pada akhirnya; supaya pada waktu Ia datang kembali, kalian didapati tanpa cela."

kamu makan roti ini dan minum cawan ini, kamu memberitakan kematian Tuhan sampai Ia datang" (1 Korintus 11:26).

Paulus berkata, ayat-ayat yang memerintahkan perayaan Perjamuan itu telah diterimanya secara langsung dari Tuhan Yesus. Menurut ayat-ayat ini, setiap kali kita merayakan Perjamuan Kudus, berarti kita menantikan kedatangan kembali Tuhan Yesus. Jadi, menurut ayat itu, segala hal lain yang kurang penting harus mengalah apabila kita mengadakan Perjamuan atau Persekutuan Kudus. Tak ada sejarah atau masa lalu yang dikenang kecuali peristiwa

> **KITA AKAN TERUS MEMBERITAKAN KEMATIAN TUHAN YESUS SAMPAI SAATNYA IA DATANG KEMBALI.**

penyaliban Yesus, dan tak ada masa depan lain kecuali kedatangan kembali Tuhan Yesus. Kita akan terus memberitakan kematian Tuhan Yesus sampai saatnya Ia datang kembali. Saya percaya, begitulah semestinya pandangan yang benar mengenai soal ini. Salah satu manfaat dari Perjamuan tersebut adalah bahwa ia selalu mengingatkan kita bahwa Tuhan akan segera datang.

Sekarang kita akan melihat sejumlah ayat dari surat Rasul Paulus yang ditujukan kepada jemaat Tesalonika:

> Kiranya Dia menguatkan hatimu, supaya tak bercacat dan kudus, di hadapan Allah dan Bapa kita pada waktu kedatangan Yesus, Tuhan kita, dengan semua orang kudus-Nya
>
> 1 Tesalonika 3:13[2]

Umat Kristen di Tesalonika rindu menantikan kedatangan Tuhan, dan mereka menyiapkan diri supaya didapati suci dan tak bercacat cela pada waktu itu. Selanjutnya lagi, dalam surat yang sama kita membaca sebagai berikut:

---

[2] 1 Tesalonika 3:13, BIMK: "Dengan demikian Tuhan akan menguatkan hatimu, sehingga kalian suci dan tidak bercela di hadapan Allah Bapa kita, pada waktu Tuhan kita Yesus datang bersama semua orang yang menjadi milik-Nya."

> Ini kami katakan kepadamu dengan firman Tuhan: kita yang hidup, yang masih tinggal sampai kedatangan Tuhan, sekali-kali tidak akan mendahului mereka yang telah meninggal.
>
> 1 Tesalonika 4:15[3]

Sekali lagi, peristiwa besar yang ditunggu-tunggu umat Kristen adalah kedatangan Tuhan. Dan beberapa ayat kemudian dalam surat yang sama, kita membaca kata-kata sebagai berikut:

> Semoga Allah damai sejahtera menguduskan kamu seluruhnya dan semoga roh, jiwa dan tubuhmu terpelihara sempurna dengan tak bercacat pada kedatangan Yesus Kristus, Tuhan kita.
>
> 1 Tesalonika 5:23[4]

Tampaknya ada kaitan langsung antara pentingnya menjaga kekudusan dan harapan mereka menantikan kedatangan kembali Tuhan Yesus.

Selanjutnya, mari kita lihat beberapa ayat pula dari surat-surat kiriman Rasul Paulus kepada Timotius:

> Di hadapan Allah yang memberikan hidup kepada segala sesuatu dan di hadapan Kristus Yesus yang telah mengikrarkan ikrar yang benar itu juga di muka Pontius Pilatus, kuserukan kepadamu: Turutilah perintah ini, dengan tidak bercacat dan tidak bercela, hingga pada saat Tuhan kita Yesus Kristus menyatakan diri-Nya
>
> 1 Timotius 6:13-14[5]

---

[3] 1 Tesalonika 4:15, BIMK: "Mengenai hal itu, inilah ajaran Tuhan yang kami mau sampaikan kepadamu: Pada waktu Tuhan Yesus datang, kita yang masih hidup tidak akan mendahului orang-orang yang sudah meninggal terlebih dahulu."

[4] 1 Tesalonika 5:23, BIMK: "Semoga Allah sendiri yang memberikan kita sejahtera, menjadikan kalian orang yang sungguh-sungguh hidup khusus untuk Allah. Semoga Allah menjaga dirimu seluruhnya, baik roh, jiwa maupun tubuhmu, sehingga tidak ada cacatnya pada waktu Tuhan kita Yesus Kristus datang kembali."

[5] 1 Timotius 6:13-14, BIMK: "Dan sekarang, di hadapan Allah yang memberikan nyawa kepada segala sesuatu, dan di hadapan Kristus Yesus yang memberi kesaksian yang benar kepada Pontius Pilatus, saya minta ini daripadamu: Taatilah semua perintah itu secara murni dan tanpa cela sampai pada hari Tuhan kita Yesus Kristus datang kembali."

Sekali lagi, suatu saat atau momen yang dinantikan umat Kristen adalah kedatangan kembali Tuhan Yesus Kristus, dan untuk itulah mereka harus tetap setia. Kemudian kita menemukan lagi sebuah tantangan yang cukup serius untuk kita semua yang melayani sebagai pengkhotbah:

> Di hadapan Allah dan Kristus Yesus yang akan menghakimi orang hidup dan yang mati, aku berpesan dengan sungguh-sungguh kepadamu demi penyataan-Nya dan demi Kerajaan-Nya: Beritakanlah firman, siap sedialah baik atau tidak baik waktunya, nyatakanlah apa yang salah, tegorlah dan nasihatilah dengan segala kesabaran dan pengajaran.
>
> 2 Timotius 4:1-2[6]

Dalam surat kiriman yang sama, Paulus menulis pula beberapa ayat di pasal yang sama:

> Sekarang telah tersedia bagiku mahkota kebenaran yang akan dikaruniakan kepadaku oleh Tuhan, Hakim yang adil, pada hari-Nya; tetapi bukan hanya kepadaku, melainkan juga kepada semua orang yang merindukan kedatangan-Nya.
>
> 2 Timotius 4:8[7]

Hanya ada satu syarat untuk bisa menerima "mahkota kebenaran", yaitu bahwa kita adalah orang Kristen yang merindukan kedatangan Yesus.

Paulus menulis kepada Titus sebagai berikut:

---

[6] 2 Timotius 4:1-2, BIMK: "Kristus Yesus akan datang lagi ke dunia ini untuk mengadili orang-orang yang hidup dan yang mati; dan Ia akan datang untuk memerintah sebagai Raja. Oleh sebab itu saya minta dengan sangat kepadamu di hadapan Allah dan Kristus Yesus: Hendaklah engkau mengabarkan berita dari Allah itu, dan terus mendesak supaya orang mendengarnya, apakah mereka mau atau tidak. Hendaklah engkau meyakinkan orang, menunjukkan kesalahan, dan memberi dorongan kepada mereka. Ajarlah orang dengan sesabar mungkin."

[7] 2 Timotius 4:8, BIMK: "Dan sekarang hadiah kemenangan menantikan saya. Pada Hari Kiamat, Tuhan, Hakim yang adil itu akan menyerahkan hadiah itu kepada saya, karena saya hidup berbaik dengan Allah. Dan bukan saya saja yang akan menerima hadiah itu, tetapi juga semua orang yang menantikan kedatangan Tuhan dengan sangat rindu."

Karena kasih karunia Allah yang menyelamatkan semua manusia su-
dah nyata. Ia mendidik kita supaya kita meninggalkan kefasikan dan
keinginan-keinginan duniawi dan supaya kita hidup bijaksana, adil dan
beribadah di dalam dunia sekarang ini dengan menantikan penggenapan
pengharapan kita yang penuh behagia dan penyataan kemuliaan Allah
yang Maha Besar dan Juruselamat kita Yesus Kristus.

Titus 2:11-13[8]

Lagi-lagi, kita melihat kaitan yang erat antara kekudusan dan
pentingnya menantikan kedatangan Tuhan.

Karena itu, saudara-saudara, bersabarlah sampai kepada kedatangan
Tuhan! Sesungguhnya petani menantikan hasil yang berharga dari
tanahnya dan ia sabar sampai telah turun hujan musim gugur dan hujan
musim semi. Kamu juga harus bersabar dan harus meneguhkan hatimu,
karena kedatangan Tuhan sudah dekat!

Yakobus 5:7-8[9]

Tampaknya, kedatangan Tuhan juga merupakan motivasi umat
Kristen untuk dapat bertahan dan bertekun.

Rasul Paulus berbicara mengenai kita, umat Kristen:

Yaitu kamu, yang dipelihara dalam kekuatan Allah karena imanmu
sementara kamu menantikan keselamatan yang telah tersedia untuk
dinyatakan pada zaman akhir. Bergembiralah akan hal itu, sekalipun
sekarang ini kamu seketika harus berduka cita oleh berbagai-bagai
pencobaan. Maksud semuanya itu ialah untuk membuktikan kemurnian
imanmu – yang jauh lebih tinggi nilainya daripada emas yang fana, yang

---

[8] Titus 2:11-13, BIMK: "Sebab Allah sudah menunjukkan rahmat-Nya guna menyelamatkan
seluruh umat manusia. Rahmat Allah itu mendidik kita supaya tidak lagi hidup berlawanan
dengan kehendak Allah dan tidak menuruti keinginan duniawi. Kita dididik untuk hidup
dalam dunia ini dengan tahu menahan diri, tulus dan setia kepada Allah. Sekarang kita
sedang menantikan Hari yang kita harap-harapkan itu; pada Hari itu dunia akan melihat
keagungan Yesus Kristus, yaitu Allah Mahabesar dan Raja Penyelamat kita."

[9] Yakobus 5:7-8, BIMK: "Sebab itu, sabarlah Saudara-saudaraku, sampai Tuhan datang.
Lihatlah bagaimana sabarnya seorang petani menunggu sampai tanahnya memberi hasil
yang berharga kepadanya. Dengan sabar ia menunggu hujan musim gugur dan hujan musim
bunga. Hendaklah kalian juga bersabar dan berbesar hati,, sebab hari kedatangan Tuhan
sudah dekat."

diuji kemurniannya dengan api – sehingga kamu memperoleh puji-pujian dan kemulian dan kehormatan pada hari Yesus Kristus menyatakan diri-Nya. ... Sebab itu, siapkanlah akalbudimu, waspadalah dan letakkanlah pengharapanmu seluruhnya atas kasih karunia yang dianugerahkan kepadamu pada waktu penyataan Yesus Kristus.

1 Petrus 1:5-7, 13[10]

Lagi-lagi, kesan yang saya dapatkan adalah bahwa kedatangan Kristus merupakan motivasi utama orang percaya untuk hidup secara benar.

Yang terakhir, kita akan melihat surat kiriman yang pertama dari rasul Yohanes: "Maka sekarang anak-anakku, tinggallah di dalam Kristus, supaya apabila Ia menyatakan diri-Nya, kita beroleh keberanian percaya dan tidak usah malu terhadap Dia pada hari kedatangan-Nya" (1 Yohanes 2:28).

Sebagai orang yang khusus mempelajari bahasa, saya hanya ingin menegaskan satu fakta yang jelas sekali (tidak soal bagaimana pandangan eskatologis saya). Fakta itu dibuktikan oleh semua penulis dari surat-surat kiriman yang terdapat dalam Perjanjian Baru: Ada satu hal yang paling ditunggu-tunggu umat Kristen Perjanjian Baru, yaitu kedatangan Tuhan yang kedua kali. Kedatangan Tuhan-lah yang mendorong semangat mereka untuk berusaha hidup tanpa cacat-cela dan menjaga kekudusan. Menantikan Tuhan adalah syarat utama untuk menerima

MEREKA HIDUP DENGAN MATA YANG TERTUJU KEPADA KEDATANGAN TUHAN YESUS.

---

[10] 1 Petrus 1:5-7, 13, BIMK: "Semuanya itu adalah untukmu, karena kalian percaya kepada Allah. Maka kalian dijaga dengan kuasa Allah supaya kalian menerima keselamatan yang siap dinyatakan pada akhir zaman nanti. Karena itu hendaklah kalian bersuka hati, meskipun sekarang untuk sementara waktu kalian mengalami bermacam-macam cobaan. Tujuannya ialah untuk membuktikan apakah kalian sungguh-sungguh percaya kepada Tuhan atau tidak. Emas yang dapat rusak pun, diuji dengan api. Nah, iman kalian adalah lebih berharga dari emas, jadi harus diuji juga supaya menjadi teguh. Dan dengan demikian kalian akan dipuji dan dihormati serta ditinggikan pada hari Yesus Kristus datang kembali. ... Sebab itu, hendaklah kalian siap siaga. Waspadalah dan berharaplah sepenuhnya pada berkat yang akan diberikan kepadamu pada waktu Yesus datang nanti."

mahkota kebenaran. Kedatangan Tuhan itulah yang menolong mereka untuk bertekun dalam kesulitan. Hal itulah yang menjadi motivasi mereka untuk hidup dengan benar. Mereka hidup dengan mata yang tertuju kepada kedatangan Tuhan Yesus.

Pernah, dalam sebuah pertemuan umum saya mendapat kehormatan untuk menyampaikan penafsiran (mengenai sebuah pesan yang disampaikan dalam bahasa roh). Yang Tuhan katakan pada waktu itu, antara lainnya begini: *Pikiran manusia tidak mempunyai sarana apapun untuk menghitung seberapa dekatnya kita dengan saat kedatangan Tuhan.* Menurut hemat saya, pernyataan tersebut sungguh benar. Saya tidak percaya ada satu pun orang Kristen yang bisa menghitung seberapa dekatnya kita dengan saat kedatangan Tuhan. Tetapi menurut hemat saya, semua orang Kristen semestinya mempunyai sikap yang sama seperti umat Kristen dalam masa Perjanjian Baru, yaitu rindu menantikan kedatangan Tuhan.

Terkadang kita mempunyai bermacam-macam teori namun teori itu bertentangan dengan fakta sebenarnya. Saya mau menceritakan pengalaman saya kepada Anda. Mungkin Anda belum pernah seperti saya, yaitu merasa sakit namun tak ada dokter yang bisa menemukan penyakitnya. Waktu itu saya masih bersama pasukan tentara Inggris, dan selama enam minggu saya menderita sakit yang luar biasa di bagian rusuk saya. Pada waktu itu saya bertugas di infantri, dan tugas kami cukup berat. Saya sungguh tersiksa menjalani semua tugas saya. Lalu saya memeriksakan diri ke dokter dan menceritakan kepadanya mengenai sakit yang saya rasakan. Kemudian dokter menaruh stetoskop-nya di dada saya. Tetapi heran, ia tidak bisa mendengar apa-apa. Lalu saya disuruh menjalani berbagai tes kesehatan yang tersedia pada masa itu. Namun pada akhirnya dokter pun tidak dapat menemukan penyebab dari gangguan penyakit saya. Mereka menyimpulkan: "Sebenarnya kamu tidak sakit sama sekali!" Wah, bagaimana ini? Saya tidak mengada-ada mengeluh mengenai sakit yang saya rasakan, entah mereka menemukannya atau tidak.

Dengan pengalaman itu sebagai suatu contoh, baiklah kita mengkaji kembali pernyataan itu tadi. Entah eskatologi (teori akhir zaman) yang kita anut sesuai dengan hal itu atau tidak, menurut fakta, umat Tuhan pada zaman Perjanjian Baru rindu menantikan kedatangan Tuhan Yesus. Buat saya, hal itu merupakan sebuah fakta, tidak soal apakah saya setuju atau tidak.

Pola atau Gaya Hidup Baru

Jikalau memang begini pandangan yang dimiliki umat Kristen dalam gereja mula-mula, bukankah seharusnya orang Kristen zaman sekarang pun berpikiran demikian? Hal ini merupakan sebuah gaya hidup yang pernah saya perhatikan dan terkadang saya sendiri pun pernah hidup dengan pola demikian. Saya tidak berani berkata bahwa selalu mungkin untuk hidup dengan cara demikian, tetapi menurut hemat saya, semestinya kita harus mulai hidup dan bersikap demikian.

Pola atau gaya hidup ini ditandai oleh dua hal, dan kedua hal tersebut seharusnya ada, entah panggilan hidup apa yang diberikan Tuhan kepada Anda. Pertama-tama, semestinya gaya hidup Anda itu terutama termotivasi oleh panggilan Anda untuk membawa kabar Injil sampai ke segala pelosok dunia. Saya percaya, dan dengan jujur saya dapat berkata bahwa saya takkan pernah puas sebelum cita-cita itu kesampaian. Adapun peran apa yang Tuhan berikan kepada saya, itu soal lain. Tetapi itulah motivasi satu-satunya yang benar di mata Tuhan. Yang kedua, semestinya sebagai orang Kristen pola hidup dan panggilan kita merefleksikan bahwa kita sedang menantikan kedatangan Kristus yang kedua kali.

Mungkinkah Anda menjadi orang yang demikian? Seseorang yang hanya punya satu motivasi saja, yaitu untuk membawa berita Injil sampai ke penghujung dunia. Seseorang yang menantikan satu hal saja, yaitu kedatangan kembali Tuhan Yesus. Pola atau gaya hidup seperti ini akan sungguh berbeda dari pola hidup yang lain. Orang macam ini adalah manusia yang lain daripada yang lain. Saya pernah dekat dengan orang-orang seperti ini, bahkan sewaktu-waktu saya pun pernah hidup dengan gaya hidup yang demikian. Sekali mencicipi pola hidup demikian, Anda takkan puas lagi kalau tidak hidup dengan cara itu.

Kalau menurut ukuran standar agama atau sekuler pun, cara hidup seperti ini sama sekali tidak masuk akal. Saya sungguh merasa tertantang setelah mempelajari latar belakang dan sejarah lahirnya negara Israel. Saya merasa bahwa saya perlu mempelajari hal ini secara lebih mendalam, mengingat panggilan hidup saya. Saya mempelajari riwayat hidup David Ben Gurion, yang menjadi perdana menteri Israel yang pertama. Ketika itu Zionisme (ideologi yang mendasari berdirinya Republik Israel) ditertawakan dan dicemoohkan banyak orang, bahkan oleh sebagian besar warga Yahudi sendiri juga. Mereka menganggapnya suatu kegilaan yang tidak masuk akal, yang menjadi hobby segelintir orang saja. Dunia pada umumnya menganggap ideologi itu tidak progresif dan sungguh tidak masuk akal. Ben-Gurion sendiri berkata waktu itu: "Kita memang harus benar-benar gila untuk menjadi Zionis."

Itulah pola hidup yang saya maksudkan. Untuk menjalani pola hidup demikian, kita memang harus gila-gilaan. Tetapi kalau saya meninjau kembali, bagaimana akhirnya negara Israel dilahirkan, saya pikir tidak sia-sia juga mereka itu sedemikian "gila". Anda mungkin tidak bisa mengerti dan membayangkannya, kecuali Anda meneliti buku-buku yang ditulis dan diterbitkan pada waktu itu, yaitu antara Perang Dunia I dan Perang Dunia II. Pada waktu itu banyak "pakar" dengan pongahnya berkata, mustahil negara Israel dapat berdiri. Dalam edisi terbitan tahun 1911, Ensiklopedia Brittanica, mengutip seorang profesor Jerman yang membahas kemungkinan untuk menemukan dan memulihkan kembali lafalan bahasa Ibrani lama. (Ensiklopedia tersebut sesungguhnya merupakan karya intelektual yang dibanggakan banyak orang.) Dan profesor itu pun berkata: "Sangat kecil kemungkinan bahwa hal itu dapat terjadi, sama halnya bahwa suatu pemerintahan Yahudi masih bisa berdiri kembali di Timur Tengah." Ensiklopedia itu diterbitkan oleh para pakar itu pada tahun 1911. Betapa malunya para "pakar" tersebut, setelah akhirnya negara Israel berdiri 37 tahun kemudian pada tahun 1948.

Apabila kita harus hidup dengan cara yang saya gambarkan tadi, pasti kita akan dicemoohkan para pemimpin agama maupun pemimpin duniawi. Apabila saya melihat tantangan yang dihadapi kaum Zionis waktu itu, apa yang mereka hadapi itu sungguh luar biasa, mengingat bahwa daerah Palestina – yang kini menjadi negara Israel – pada waktu itu berada dalam kekuasaan dari Kerajaan Inggris. Dan akhirnya kaum

Zionis itu pun mendapat kemenangan. Entah bagaimana pendapat Anda mengenai negara Israel, saya pikir contoh mereka benar-benar mengagumkan. Maksud saya, tidak apalah, kalau kita berani sedikit gila-gilaan.

Saya percaya bahwa saya dapat mengatakan hal ini dengan penuh keyakinan, dan mudah-mudahan Anda menyadari bahwa saya masih memakai akal sehat. Saya bukan orang fanatik yang aneh. Saya juga tidak bersifat terlalu emosional. Saya mempunyai kepribadian yang cukup stabil dan seimbang. Dan beberapa kawan dekat saya mengatakan bahwa saya mempunyai buah untuk membuktikan hal ini. (Terima kasih karena ada kawan baik yang berkata begitu.) Saya sebenarnya tidak cukup puas dengan diri saya sendiri. Baiklah saya mengatakannya begini. Terkadang saya merasa takut karena mulai terlalu "dihormati" orang. (Ada kawan-kawan yang mengenal karakter saya, dan mengatakan hal itu tidak mungkin.) Saya ingin hidup secara radikal. Saya ingin maju berperang dan menantang raksasa Goliat itu. Saya siap menghadapi raksasa bengis itu, meskipun mungkin saya hanya membawa lima buah batu kerikil untuk ketapel saya. Pokoknya, saya siap untuk menghadapi raksasa itu. Dan tahukah Anda, apa yang saya pikir akan terjadi? Saya percaya bahwa kita akan memenangkan pertempuran.

Ya, saya sudah membaca Alkitab sampai bagiannya yang terakhir – di situ kita membaca bahwa kita sudah *pasti* menang.

13

Kerajaan Imam-imam

Sebab itu, hai saudara-saudara yang kudus, yang mendapat bagian dalam panggilan surgawi, pandanglah kepada Rasul dan Imam Besar yang kita akui, yaitu Yesus, yang setia kepada Dia yang telah menetapkan-Nya.

Ibrani 3:1-2

Kini kita telah mengidentifikasi diri (menyatukan jatidiri) dengan Yesus sebagai pengikut-Nya. Dalam praktiknya, bagaimanakah hal ini akan berdampak atas kehidupan kita sehari-hari sebagai orang percaya? Bagaimanakah hal ini akan menentukan pola hidup kita? Menjadi orang-orang semacam apakah kita ini?

Saya akan mengutip sebuah ayat Alkitab di bawah ini. Menurut saya, ayat ini bukan saja salah satu ayat yang paling menarik dalam Alkitab Perjanjian Baru, tetapi juga ayat yang paling menantang kita semua. Ayat tersebut terdapat di kitab Injil Yohanes. Adapun hal yang diceritakan terjadi langsung pada Minggu petang sesudah Yesus bangkit dari kuburan, yaitu ketika Ia menampakkan diri kepada semua pengikut-Nya yang sedang berkumpul untuk pertama kalinya. Para pengikut Yesus sedang berkumpul diam-diam di sebuah ruangan dan mereka mengunci ruangan itu karena takut akan masyarakat Yahudi. Namun tiba-tiba saja Yesus berdiri di tengah-tengah mereka. Beginilah kejadiannya:

Ketika hari sudah malam pada hari pertama minggu itu berkumpullah murid-murid Yesus di suatu tempat dengan pintu-pintu yang terkunci karena mereka takut kepada orang-orang Yahudi. Pada waktu itu datanglah Yesus dan berdiri di tengah-tengah mereka dan berkata: "Damai sejahtera bagi kamu!" Dan sesudah berkata demikian, Ia menunjukkan tangan-Nya dan lambung-Nya kepada mereka. Murid-murid itu bersukacita ketika mereka melihat Tuhan. Maka kata Yesus sekali lagi: "Damai sejahtera bagi kamu! Sama seperti Bapa mengutus Aku, demikian juga sekarang Aku mengutus kamu." Dan sesudah berkata demikian, Ia mengembusi mereka dan berkata: "Terimalah Roh Kudus."

Yohanes 20:19-22

Saya yakin para pengikut itu sedang merasa takut, sehingga senang sekali mendengarkan kembali ucapan syalom – "damai sejahtera" dari mulut Yesus. (Sampai sekarang ucapan "damai sejahtera" itu masih merupakan sapaan yang lazim dipakai orang di Timur Tengah). Para pengikut itu memang masih merasa was-was. Hampir-hampir saja mereka tak dapat percaya bahwa Yesus berada di tengah-tengah mereka lagi. Tetapi, yang mau saya garisbawahi di sini adalah ucapan Yesus saat itu: "Sama seperti Bapa mengutus Aku, demikian juga sekarang Aku mengutus kamu." Lalu Yesus mengembusi mereka, sehingga Roh Kudus masuk ke dalam pribadi semua pengikut itu dengan cara yang benar-benar baru. Kehidupan dan keberadaan Yesus diimpartasikan (dibagikan) kepada mereka melalui Roh Kudus. Lalu Ia berkata Ia akan mengutus mereka. Mengapa Yesus dapat menyampaikan kata-kata yang menakjubkan itu? Karena kini Ia telah meng-*impartasi* kehidupan dan kodrat Ilahi yang ada pada-Nya.

Bapa mengutus Yesus ke dunia untuk melaksanakan tugas yang benar-benar unik, yang tiada orang lain dapat melakukannya. Kini Yesus telah mengerjakan tugas tersebut dan kini Ia hendak kembali kepada Allah Bapa. Namun sebelum Yesus pergi, Ia memastikan akan ada orang-orang yang siap menjadi perwakilan-Nya di bumi. Ia berkata: "Seperti dulu Bapa mengutus-Ku untuk melakukan suatu tugas khusus, sekarang Aku mengutus kalian, pengikut-pengikut-Ku, untuk melakukan suatu tugas khusus. Aku akan kembali kepada Bapa, tetapi Aku bermaksud meninggalkan kalian sebagai perwakilan-Ku di dunia."

Hal-hal apakah yang dimaksudkan Yesus, ketika berkata "Seperti Bapa mengutus-Ku" itu? Untuk menjawab pertanyaan itu, marilah kita melihat sebuah perikop ayat dalam Injil Yohanes. Di Yohanes pasal 14 Filipus sedang berbicara kepada Yesus:

> Kata Filipus kepada-Nya: "Tuhan, tunjukkanlah Bapa itu kepada kami, itu sudah cukup bagi kami." Kata Yesus kepadanya: "Telah sekian lama Aku bersama-sama kamu, Filipus, namun engkau tidak mengenal Aku? Barangsiapa telah melihat Aku, ia telah melihat Bapa; bagaimana engkau berkata: Tunjukkanlah Bapa itu kepada kami. Tidak percayakah engkau, bahwa Aku di dalam Bapa dan Bapa di dalam Aku? Apa yang Aku katakan kepadamu, tidak Aku katakan dari diri-Ku sendiri, tetapi Bapa, yang diam di dalam Aku, Dialah yang melakukan pekerjaan-Nya."
>
> Yohanes 14:8-10

Dari jawaban tersebut kita melihat tiga perkara mengenai hubungan Yesus dengan Bapa-Nya. Pertama, kata-kata Yesus itu tidak berasal dari diri-Nya sendiri. Ia hanya menyampaikan hal yang diperintahkan oleh Bapa untuk dikatakan. Kedua, dalam pelayanan-Nya selama ini Ia tidak pernah melakukan sesuatu dengan kuasa atau kemampuan-Nya sendiri. Yesus berkata: "Sebenarnya bukan Aku yang melakukan ini. Yang melakukannya adalah Bapa yang mengerjakan karya-Nya melalui-Ku." Ketiga – dan yang ini lebih mengherankan lagi – apabila orang memandang Yesus, sesungguhnya mereka melihat Bapa. Ia berkata: "Kalian tidak perlu melihat Bapa. Kalian sudah cukup melihat-Ku. Dan jikalau kalian melihat-Ku, sesungguhnya kalian telah melihat Bapa."

Baiklah, saya ulangi kembali. Pertama, kata-kata Yesus itu berasal dari Allah Bapa. Kedua, Bapa melakukan pekerjaan atau karya-Nya melalui Yesus. Ketiga, apabila orang memandang kepada Yesus, mereka telah melihat Bapa.

Jadi, sebenarnya beginilah maksud Yesus. Ia berkata: "Sama seperti Bapa mengutus-Ku, demikian juga Aku mengutus kalian." Dengan kata lain: "Ada suatu hubungan tertentu antara Bapa dan Aku, dan hubungan itu akan sama seperti antara diri-Ku dan kalian, pengikut-pengikut-Ku."

Apa artinya semua ini? Artinya, kata-kata Yesus mengenai hubungan-Nya dengan Allah Bapa itu sesungguhnya berlaku juga mengenai hubungan kita dengan Yesus. Pertama, janganlah kita mengeluarkan kata-kata kita sendiri, sebab kita harus menyampaikan kata-kata yang berasal dari Yesus saja. Kedua, jangan kita melakukan karya atau pekerjaan kita sendiri. Karena yang melakukan pekerjaan-Nya dalam diri kita adalah Yesus, seperti Bapa juga melakukan pekerjaan-Nya melalui Yesus. Ketiga, apabila orang memandang kita, sesungguhnya mereka akan melihat Yesus. Nah, bukankah ini suatu tantangan dan sekaligus juga sebuah tanggungjawab?

Jadi, kita, para pengikut Yesus, merupakan perwakilan resmi Kristus di dunia, dan masing-masing kita harus mengerjakan tugas tertentu. Kebenaran yang sama disampaikan Paulus dengan indah sekali di kitab 2 Korintus:

> Jadi siapa yang ada di dalam Kristus, ia adalah ciptaan baru: yang lama sudah berlalu, sesungguhnya yang baru sudah datang. Dan semuanya ini dari Allah, yang dengan perantaraan Kristus telah mendamaikan kita dengan diri-Nya dan yang telah mempercayakan pelayanan pendamaian itu kepada kami. Sebab Allah mendamaikan dunia dengan diri-Nya oleh Kristus dengan tidak memperhitungkan pelanggaran mereka. Ia telah mempercayakan berita pendamaian itu kepada kami. Jadi kami ini adalah utusan-utusan Kristus [*duta Kristus,* versi Alkitab bahasa Inggris], seakan-akan Allah menasihati kamu dengan perantaraan kami; dalam nama Kristus kami meminta kepadamu: berilah dirimu didamaikan dengan Allah. Dia yang tidak mengenal dosa telah dibuat-Nya menjadi dosa karena kita, supaya dalam Dia kita dibenarkan oleh Allah.

2 Korintus 5:17-21

Proses ini mulai setelah adanya suatu ciptaan baru. Ini merupakan pengalaman puncak, ketika kita, pengikut Kristus, beralih dari kematian, memasuki suatu kehidupan baru. Kemudian, setelah dijadikan ciptaan baru, kita semua resmi menjadi duta-duta, yaitu utusan Allah dan utusan Kristus di muka bumi ini. Dulu Allah mendamaikan umat manusia dengan diri-Nya melalui Kristus, dan sekarang Kristus yang ada dalam diri kita masing-masing akan mendamaikan umat manusia dengan Tuhan. Kita adalah utusan-utusan Kristus, kata Paulus. Seakan-akan Allah membujuk anak-anak manusia untuk diperdamaikan dengan-Nya melalui kita. Karena kita sepenuhnya menyatukan jatidiri dengan Yesus, maka terjadilah pendamaian (rekonsiliasi) dengan Tuhan. Oleh sebab itu, ayat terakhir tadi berkata: "Dia [Yesus] yang tidak mengenal dosa telah dibuat [oleh Allah] menjadi dosa karena kita, supaya dalam Dia kita dibenarkan oleh Allah" (ayat 21).

> **SEAKAN-AKAN ALLAH MEMBUJUK ANAK-ANAK MANUSIA UNTUK DIPERDAMAIKAN DENGAN-NYA MELALUI KITA.**

Perhatikan dua hal yang ditekankan di situ. Pertama, kita, pengikut Kristus, diubahkan terlebih dahulu. Sebab tanpa hal itu, kita tak dapat mewakili Kristus sebagai utusan-Nya. Kita harus menjadi "ciptaan baru" terlebih dahulu. Kita harus "diciptakan kembali". Ciptaan (manusia) yang lama tidak mempunyai pesan apa pun untuk disampaikan.

Kedua, sekali lagi ijinkan saya untuk menekankannya, bahwa kabar baik yang kita bawa itu benar-benar didasarkan atas pertukaran (barter) ilahi yang terjadi pada kayu salib. Di atas Bukit Kalvari, demi umat manusia, Kristus yang tidak mengenal dosa dijadikan dosa oleh Allah, supaya di dalam Dia kita mendapatkan kebenaran Ilahi. Sebab itu, bayangkan diri Anda sebagai seorang juru damai yang telah terlebih dahulu diperdamaikan dengan Allah. Terlebih dulu Anda harus sudah diperdamaikan dengan Allah melalui Kristus. Sesudah itu, barulah Anda sanggup menjadi utusan Allah untuk memberitakan kabar pendamaian kepada umat manusia yang lainnya.

Raja dan Imam

Sekarang, mari kita mengikuti proses ini selangkah lebih maju lagi. Sebagai pengikut Yesus, kita telah mengidentifikasi diri (menyatukan jatidiri) bukan saja dengan kehidupan dan pelayanan Yesus di bumi, namun juga dengan kehidupan dan pelayanan Yesus pasca-kebangkitan-Nya, yaitu setelah Ia naik ke surga. Ketika Ia masuk surga, ada dua pelayanan besar yang dilakukan-Nya, yaitu pelayanan yang benar-benar unik dan yang terakhir: Yesus menjadi Raja sekaligus Imam. Sebagai pengikut-Nya, kita pun diundang untuk turut mengidentifikasi diri (menyatukan jatidiri) dengan Yesus dalam posisi tersebut.

Sejumlah ayat Alkitab dalam kitab Wahyu mengungkapkan kebenaran ini dengan indah sekali:

> Bagi Dia, yang mengasihi kita dan yang telah melepaskan kita dari dosa kita oleh darah-Nya – dan yang telah membuat kita menjadi suatu kerajaan, menjadi imam-imam bagi Allah, Bapa-Nya, -- bagi Dialah kemuliaan dan kuasa sampai selama-lamanya. Amin.
>
> Wahyu 1:5-6

Perhatikan: Saat itu juga, ketika dibebaskan dari dosa oleh darah Yesus, Ia membuat kita, pengikut-pengikut-Nya menjadi suatu kerajaan, yaitu imam-imam (atau suatu kerajaan imam) bagi Allah Bapa.

Kebenaran yang sama diungkapkan lagi dalam Wahyu pasal 5:

> Dan mereka menyanyikan suatu nyanyian baru katanya: "Engkau [Yesus] layak menerima gulungan kitab itu dan membuka meterai-meterainya; karena Engkau telah disembelih dan dengan darah-Mu Engkau telah membeli mereka bagi Allah dari tiap-tiap suku dan bahasa dan kaum dan bangsa. Dan Engkau telah membuat mereka menjadi suatu kerajaan, dan menjadi imam-imam bagi Allah kita, dan mereka akan memerintah sebagai raja di bumi."
>
> Wahyu 5:9-10

Perhatikan: melalui penebusan itulah (tatkala kita dibeli atau ditebus oleh darah Yesus) kita dibuat menjadi sebuah kerajaan dan imam-imam bagi Allah.

Rasul Petrus juga menulis hal ini kepada umat percaya, dalam suratnya yang pertama: "Tetapi kamulah bangsa yang terpilih, imamat yang rajani [maksudnya, suatu imamat kerajaan]" (1 Petrus 2:9). Raja dan Imam, apa pula tugas-tugas dan tanggung jawab istimewa yang harus mereka pikul? Sudah tentu, tugas serta tanggungjawab raja adalah untuk memerintah. Banyak orang masih bingung mengenai tugas dan tanggungjawab imam, tetapi dalam Alkitab hal itu jelas sekali.

Tanggungjawab imam adalah mempersembahkan kurban. Dalam tata ibadah Tuhan, hanya imam yang boleh mempersembahkan kurban kepada-Nya. Jadi, kita diangkat jadi raja-raja untuk memerintah dan imam-imam untuk mempersembahkan kurban.

Saya mengutip lagi sebuah ayat lain dari Surat 1 Petrus, mengenai tugas imam untuk mempersembahkan kurban: "Dan biarlah kamu juga dipergunakan sebagai batu hidup untuk pembangunan suatu rumah rohani, bagi suatu imamat yang kudus, untuk mempersembahkan persembahan rohani yang karena Yesus Kristus berkenan kepada Allah" (1 Petrus 2:5).

Pada saat kita dipanggil menjadi suatu imamat kudus, berarti kita harus menyiapkan kurban-kurban untuk dipersembahkan kepada Allah. Menurut Petrus, kurban-kurban itu merupakan "persembahan rohani." Dengan kata lain, persembahan itu bukan seperti kurban pada zaman Hukum Taurat Musa. Persembahan itu bukanlah hewan. Di sini kita melihat apa yang dilakukan Yesus. Sebab di surga Yesus mempersembahkan kurban persembahan berupa doa-doa dan syafaat bagi kita, umat manusia. Dengan jelas Alkitab berkata: "Karena itu Ia sanggup juga menyelamatkan dengan sempurna semua yang oleh Dia datang kepada Allah. Sebab Ia hidup senantiasa untuk menjadi Pengantara mereka [*untuk bersyafaat*, menurut terjemahan Alkitab yang lain]" (Ibrani 7:25).

Pelayanan Yesus semasa hidup di bumi ini hanya berlangsung tiga setengah tahun, tetapi pelayanan-Nya sebagai Raja dan Imam berlangsung selama hampir dua ribu tahun. Dan pelayanan Yesus itu masih akan berlanjut lagi dalam kekekalan (di alam baka). Sesungguhnya kita semua, pengikut Yesus, diundang -- bukan saja untuk ambil bagian dalam pelayanan Yesus yang di bumi. Tetapi apabila mengidentifikasi (menyatukan jatidiri) diri dengan-Nya, kita juga harus ambil bagian dalam pelayanan-Nya yang kekal dan surgawi sebagai imam dan raja. Dengan mengidentifikasi diri (menyatukan jatidiri) dengan Yesus, secara rohani kita telah dijadikan warga kota Sion di surga. Ini bukan sesuatu yang masih harus terjadi di masa mendatang. Ini sesuatu yang *sudah* terjadi -- karena kita sudah menyatukan jatidiri dengan Yesus.

Di mana pun Anda berada saat ini – entah di dapur rumah Anda, atau sedang duduk santai di kursi goyang, di ruang keluarga rumah Anda, atau di belakang meja tulis – itulah lokasi Anda di dunia. Di situlah lokasi tubuh Anda. Tetapi meskipun Anda mungkin tidak menyadarinya, roh Anda berada di sebuah lokasi yang lain. Roh Anda itu sedang bersama Yesus. Roh Anda sedang bersama Dia duduk di sebuah singgasana. Anda telah berada di Bukit Sion, yaitu Sion yang di surga.

Hal ini dilukiskan dengan indah sekali dalam Ibrani pasal 12. Ayat-ayat Alkitab ini sangat signifikan. Perhatikan bahwa dalam teks Alkitab bahasa Inggris, bagaimana *tense* (bentuk waktu) kata-kata kerja yang dipakai dalam kalimat-kalimat di bawah ini:

> Tetapi kamu sudah datang ke Bukit Sion, ke kota Allah yang hidup, Yerusalem surgawi dan kepada beribu-ribu malaikat, suatu kumpulan yang meriah, dan kepada jemaat anak-anak sulung, yang namanya terdaftar di surga, dan kepada Allah, yang menghakimi semua orang, dan kepada roh-roh orang-orang benar yang telah menjadi sempurna, dan kepada Yesus, Pengantara perjanjian baru, dan kepada darah pemercikan, yang berbicara lebih kuat daripada darah Habel.
>
> Ibrani 12:22-24[1]

Kata-kata ini sesungguhnya ditujukan kepada umat percaya yang masih tinggal di dunia, dan di sini tidak dikatakan "kamu (kalian) *akan* datang." Di ayat ini tertulis, "Kalian *sudah* datang ke Bukit Sion." Ayat Alkitab ini berbicara mengenai lokasi Anda secara rohani sekarang. Di tempat rohani itu bukan saja ada pertemuan meriah dari malaikat-malaikat, tetapi ada juga jemaat Gereja yang sesungguhnya, yaitu Gereja di mana terdapat semua anak sulung Tuhan (semua orang

---

[1] Ibrani 12:22-24, versi terjemahan Alkitab Bahasa Indonesia Masakini, edisi tahun 2005: "Sebaliknya, kalian telah datang ke Bukit Sion dan kota Allah yang hidup, yaitu Yerusalem yang di surga dengan beribu-ribu malaikatnya. Kalian mengikuti suatu pertemuan yang meriah – pertemuan anak-anak sulung Allah, yang nama-namanya terdaftar di dalam surga. Kalian datang menghadap Allah, Hakim seluruh umat manusia. Kalian menghadapi roh-roh orang-orang baik, yang sudah dijadikan sempurna. Kalian datang menghadap Yesus, Pengantara untuk perjanjian yang baru itu; kalian menghadapi darah percikan yang menjamin hal-hal yang jauh lebih baik daripada yang dijamin oleh darah Habel."

yang telah mengalami kelahiran baru, yaitu meninggalkan maut dan menjadi ciptaan baru karena percaya kepada Yesus Kristus). Kita semua *sudah* berada di tengah-tengah pertemuan besar itu. Karena kita telah mengidentifikasi diri (menyatukan jatidiri) dengan Yesus, melalui doa-doa yang kita panjatkan kita *sudah* memerintah atas nama Tuhan dari Sion surgawi itu. Sesungguhnya kita, umat Kristen, merupakan suatu kerajaan yang terdiri dari imam-imam. Kita menjalankan pemerintahan melalui doa-doa yang kita panjatkan. Hal ini diungkapkan dalam Mazmur pasal 110:

> Demikianlah firman TUHAN kepada tuanku: "Duduklah di sebelah kanan-Ku, sampai kubuat musuh-musuhmu menjadi tumpuan kakimu." Tongkat kekuatanmu akan diulurkan TUHAN dari Sion: memerintahlah di antara musuhmu!
>
> Mazmur 110:1-2

Sesungguhnya Yesus sudah berkuasa dan memerintah, meskipun masih ada juga pihak-pihak yang memusuhi-Nya. Tongkat kekuasaan telah diserahkan kepada umat Tuhan, ketika mereka menempati posisi mereka di Bukit Sion. Dan dari Bukit Sion tongkat kekuasaan diulurkan mengawasi bangsa-bangsa yang ada di dunia. Jadi, sekarang pun, umat Tuhan mengidentifikasi diri (menyatukan jatidiri) dengan Yesus dalam

KITA MENJALANKAN PEMERINTAHAN MELALUI DOA-DOA YANG KITA PANJATKAN.

pelayanan-Nya yang terakhir sebagai Raja dan Imam. Sungguh ajaib! Itulah puncak prestasi dari seluruh aspek panggilan hidup kita dalam Kristus Yesus.

Bersediakah Anda Mengikat Janji?

Pada awal buku ini kita telah mulai dengan sejumlah prinsip mendasar. Yaitu bagaimana Tuhan Yesus memanggil kita semua untuk mengabdi kepada-Nya, sesuai dengan maksud tujuan-Nya bagi diri kita. Kita telah belajar mengenai ciri-ciri panggilan yang benar dalam Tuhan dan apa artinya itu bagi kehidupan kita. Dalam bab terakhir ini kita belajar, ujung-ujungnya, tujuan dari panggilan hidup kita adalah supaya menyatukan jati diri dengan pelayanan Yesus Kristus sebagai Raja dan Imam. Sesungguhnya kita, orang Kristen, telah ditetapkan untuk memerintah bersama-Nya, dan kita harus berdoa syafaat bersama Dia. Ya, kita telah dipanggil untuk menaklukkan dunia melalui pelayanan di mana kita meraih kemenangan bagi Yesus sebelum Ia datang kembali untuk kedua kalinya.

Kini kita telah sampai kepada tahap di mana kita harus membuat suatu komitmen, yaitu berjanji untuk setia. Sudah siapkah Anda untuk memberi diri sepenuhnya kepada Yesus Kristus dan kepada tujuan hidup yang Ia siapkan bagi Anda?

Sekian tahun yang lalu saya telah mengucapkan sebuah janji kepada Tuhan. Saya berkata: "Tuhan, dengan pertolongan-Mu aku tidak akan lagi sekedar menyampaikan khotbah-khotbah yang religius. Jika mungkin, setiap kali aku menyampaikan khotbah atau menulis sebuah artikel atau buku mengenai topik tertentu, aku akan selalu memberi kesempatan kepada orang-orang untuk langsung menghayati atau mengalami apa yang kukhotbahkan atau kutulis itu." Saat ini ketika Anda selesai membaca bab terakhir ini, saya akan memberi kesempatan itu kepada Anda.

Berikut ini adalah pertanyaan saya yang paling penting: Apakah peran Yesus Kristus dalam kehidupan Anda? Hanya boleh ada satu Tuhan atau Raja saja di dalam Gereja. Nama Raja itu adalah Yesus. Hanya boleh ada satu Kepala atau Pimpinan tertinggi dalam Gereja. Namanya adalah Yesus. Setahu saya, roh, jiwa dan tubuh saya, sudah menjadi milik pribadi Tuhan Yesus, baik untuk masa hidup ini maupun di alam baka nanti. Yesus telah menebus saya dengan darah-Nya ketika Ia mati di kayu salib, dan saya telah memberi diri kepada-Nya.

Apakah Anda dapat berkata begini juga? Jika tidak, bersediakah Anda untuk mengambil keputusan hari ini juga dalam hal tersebut? Panggilan Hidup Anda dalam Tuhan terbuka lebar-lebar di depan Anda. Bersediakah Anda melangkah ke dalamnya?

Sekaranglah Waktunya

Saya kira, kita harus menutup buku ini sekarang, sebab inilah kesempatan Anda untuk mengabdikan seluruh kehidupan Anda kepada Tuhan Yesus. Itu tidak berarti, Anda tak mungkin bisa berdosa kembali atau tak lagi mengalami masalah dan tak pernah mengalami kegagalan. Artinya hanyalah, bahwa Anda benar-benar menjanjikan sesuatu kepada Yesus, yaitu Pemilik Kebun yang akan dituai. Artinya, Anda akan menjadi salah seorang pekerja di ladang-Nya. Untuk itu, Anda tak perlu meminta berhenti dari pekerjaan Anda besok pagi atau menjual seluruh perabotan atau melepaskan rumah tempat tinggal Anda. Tuhan Yesus-lah yang akan memberitahu Anda apa yang harus Anda lakukan nanti, sesudah Anda berjanji kepada-Nya.

Tetapi ketahuilah, Saudara. Apabila Anda setia kepada panggilan hidup Anda di dalam Yesus, maka kehidupan Anda akan sejahtera dan melimpah. Kehidupan Anda akan menarik dan menggairahkan. **KEHIDUPAN ANDA AKAN MENARIK DAN MENGGAIRAH-KAN**

Boleh jadi, saat kita mencapai bab ter-akhir buku ini mungkin Anda malah mulai bingung dan sedikit bim-bang. Semestinya Anda mengalami damai sejahtera dan tenang sebagai seorang Kristen, tetapi Anda malah tidak mengalaminya. Mungkin rasa damai itu tidak Anda alami, oleh karena Anda belum berkomitmen sepenuhnya.

Siapkah Anda membuat suatu komitmen yang jelas terhadap Tuhan Yesus – untuk mengikut terus kepada-Nya selama sisa hidup Anda sampai selama-lamanya? Siapkah Anda mempersembahkan kehidupan Anda untuk Dia pakai bagi kemuliaan-Nya, dengan cara apapun Ia berkenan melakukannya? Jika itu yang Anda inginkan, katakanlah sekarang juga kepada Tuhan Yesus: "Tuhan, aku mau memberi diri sepenuhnya kepada-Mu."

Doa untuk Berjanji Setia

Jika Anda sudah mengucapkan kata-kata itu tadi kepada Tuhan Yesus, berarti Anda siap untuk memanjatkan doa berikut ini. Tenangkan diri terlebih dahulu di hadirat Tuhan. Sesudah selesai berdoa nanti, hendaknya Anda bebas untuk memberi diri kepada Tuhan. Sembahlah Tuhan, berilah puji-pujian kepada-Nya, dan ucapkan syukur kepada-Nya.

Panjatkanlah doa yang berikut ini:

Bapa, dalam nama Yesus aku datang menghadap hadirat-Mu. Aku benar-benar mencintai-Mu, Tuhan, dan bersyukur atas kesempatan ini untuk mempersembahkan hidupku sepenuhnya kepada Tuhan Yesus.

Tuhan, aku berdiri atas otoritasku sebagai orang yang percaya akan Yesus, dan dengan ini aku membebaskan diri dari segala ikatan belenggu, dan apa saja yang dapat menghalangiku untuk sepenuhnya memberi diri kepada Tuhan. Dalam nama Yesus aku menyatakan diriku terbebas, dan menaruh diriku dalam tangan-Mu, ya Tuhan. Aku memberi diriku untuk Kau pakai. Engkaulah Kepala Gereja, dan Gereja itu adalah Tubuh Kristus, dan aku pun bagian dari Tubuh itu.

Dari saat ini dan seterusnya, aku menempatkan diriku di bawah kendali-Mu, ya Tuhan. Aku percaya bahwa Engkau akan memberkati dan menguatkan serta memakai diriku, karena aku telah berjanji setia kepada-Mu dan menyambut panggilan-Mu atas kehidupanku.

Tuhan, aku berdoa untuk ladang tempat terjadinya penuaian. Engkau berkata, kami harus meminta kepada-Mu sebagai Yang empunya tuaian, supaya mengirimkan pekerja-pekerja untuk pekerjaan penuaian. Tuhan, aku persembahkan diriku sebagai salah seorang pekerja-Mu. Sesuai kehendak-Mu, sebagaimana Engkau melihat sesuai dengan situasi-kondisi serta bakat-bakatku, tolonglah tempatkan aku di ladang tempat penuaian untuk menjadi seorang pekerja bagi-Mu, ya Tuhan.

Dengan sepenuh hati aku meresponi panggilan-Mu atas kehidupanku, dan kuserahkan diriku sepenuhnya untuk panggilan tersebut dan menyerah kepada-Mu. Dalam nama Yesus. Amin.

Jika Anda sudah mengucapkan doa tersebut di atas, Anda boleh bersukacita, karena Tuhan pasti sudah mendengar dan menerima janji Anda serta menugaskan Anda dalam pelayanan-Nya.

Kiranya Tuhan memberkati dan memenuhi Anda karena Anda melayani Tuhan mulai saat ini dan seterusnya dengan yakin sepenuhnya bahwa Anda telah terpanggil untuk menjadi seorang pemenang. Kehidupan Anda takkan pernah sama lagi.

Riwayat Hidup Penulis

$\mathcal{D}$erek Prince (1915-2003) lahir di India dalam sebuah keluarga Inggris (ayahnya seorang tentara yang sedang bertugas di sana). Lulus sebagai sarjana bahasa Yunani dan Latin di Eton College dan Cambridge University, Inggris. Ia sempat menjadi guru besar Filsafat Kuno dan Modern di King's College. Lalu ia mempelajari juga beberapa bahasa modern, termasuk bahasa Ibrani dan Aramaik di Cambridge University dan kemudian dilanjutkan di Hebrew University di Yerusalem.

Semasa Perang Dunia II, sementara menjalani masa wajib militer dalam pasukan tentara Inggris, Derek Prince mulai rajin membaca Alkitab. Secara ajaib dan langsung, ia berjumpa sendiri dengan Yesus Kristus dan pengalaman tersebut sungguh mengubah kehidupannya secara drastis. Sejak saat itu, ia menjadi yakin sekali mengenai dua hal: pertama, bahwa Tuhan Yesus Kristus itu benar-benar hidup; kedua, bahwa Alkitab merupakan buku yang bisa dipertanggungjawabkan kebenarannya, masih tetap relevan untuk masa kini dan tidak ketinggalan zaman. Karena keyakinannya tersebut, ia pun mengabdikan hidupnya bagi Tuhan dan mengkhususkan diri untuk mendalami Alkitab serta melayani sebagai pengajar Firman Tuhan.

Derek Prince diakui memiliki karunia yang sungguh istimewa untuk menjelaskan Alkitab dan mengajarkannya dengan cara yang sederhana namun sangat jelas. Hal inilah yang telah membantu jutaan orang untuk membangun dasar iman mereka yang benar-benar kokoh. Prinsipnya yang netral terhadap denominasi dan aliran mana pun membuat pengajarannya relevan dan dapat diterima oleh semua kalangan, sehingga sangat membantu orang-orang dari berbagai latar belakang bangsa dan agama.

Derek telah menulis lebih dari 50 buku, dan menyampaikan pengajaran lewat 600 seri audio dan 100 seri video, yang telah juga diterjemahkan dan dipublikasikan ke dalam lebih dari 100 bahasa. Siaran radionya disiarkan setiap hari dan telah diterjemahkan ke dalam bahasa Indonesia, Arab, Chinese (bahasa nasional Mandarin, serta bahasa daerah: Amoy, Kanton, Shanghai dan Swatow), dan juga dalam bahasa Jerman, Kroasia, Malagasy, Mongolia, Rusia, Spanyol dan Tonga. Program siaran radionya hingga kini masih membawa dampak atas kehidupan banyak orang di seluruh dunia.

Atas permintaan almarhum yang ingin terus melayani sebagai pengajar Firman Tuhan "sampai Yesus datang kembali," lembaga Derek Prince Ministries hingga kini masih tetap melayani umat yang percaya di lebih dari 140 negara dengan menyebarluaskan pengajaran-pengajaran Derek Prince. Hal ini dilakukan melalui lebih dari 30 kantor Derek Prince Ministries di seluruh dunia, antara lain di negara Afrika Selatan, Swiss, Australia, Belanda, Inggris, Jerman, Kanada, Norwegia, Perancis, Rusia, RRC, Selandia Baru dan Amerika Serikat. Untuk mengakses informasi yang mutakhir mengenai pelayanan-pelayanan tersebut dan negara-negara yang lain di seluruh dunia, silahkan kunjungi website kami di www.derekprince.com

LENGKAPILAH KOLEKSI BUKU ANDA
DENGAN BUKU-BUKU KARANGAN DEREK PRINCE
LAINNYA:

I. SERI PENGAJARAN ALKITAB & DOKTRIN
- Foundations For Righteous Living (Dasar Iman-Bertobat dan Percaya)
- Foundations For Righteous Living (Dari Sungai Yordan-Faedah Pentakosta)
- Foundations For Righteous Living (Penumpangan Tangan-Kebangkitan Orang Mati-Penghakiman Kekal)
- Jodoh Pilihan Tuhan
- Pelajari dan Pahamilah Alkitab Anda
- Pernikahan Ikatan yang Kudus
- Suami dan Ayah
- Rencana Allah untuk Uang Anda

II. SERI PENGENALAN AKAN ALLAH
- Bapa Sejati
- Kasih yang Tidak Kepalang Tanggung
- Petikan Kecapi Daud
- Roh Kudus dalam Diri Anda

III. SERI KESELAMATAN, KESEMBUHAN & KELEPASAN
- Berkat atau Kutuk: Pilihan di Tangan Anda
- Botol Obat Tuhan
- Pertukaran Pada Kayu Salib
- Rasa Tertolak: Bagaimana Mengatasinya
- Mereka Akan Mengusir Setan-setan
- Tinggalkan Kutuk Terimalah Berkat

IV. SERI IMAN, DOA & PEPERANGAN ROHANI
- Puasa yang Berhasil
- Doa dan Puasa Menentukan Masa Depan
- Dapatkan yang Terbaik dari Tuhan
- Iman yang Olehnya Kita Hidup
- Pelayanan Doa Syafaat
- Peperangan Rohani
- Berdoa bagi Kesejahteraan Bangsa
- War in Heaven – Pertempuran dahsyat Allah melawan kejahatan
- The Power of Proclamation
- Kuasa Rohani yang Mengubah Hidup Anda
- Perjalanan Menuju Kekekalan
- Lucifer Exposed

- Mendeklarasikan Firman Tuhan – Renungan 365 hari
- Empowered For Life

V. SERI PEMBENTUKAN KARAKTER
- Mengalah Itu Indah
- Sehatkah Lidah Anda
- Tujuan Hidup
- Ujian Dalam Kehidupan Orang Percaya

VI. SERI GEREJA DAN PELAYANAN
- Membangun Jemaat Kristus
- Yerusalem Memanggilku
- Rediscovering God's Church – Temukan Kembali Rencana Tuhan Yang Semula Bagi Gereja-Nya

Dengarkan juga pengajaran Derek Prince melalui program radio **"Keys to Successful Living"** di stasiun-stasiun radio berikut ini:

- **Jakarta**, RPK FM 96,30
  Pukul 06.45 – 07.00, Setiap hari Senin – Jumat (in English)

- **Semarang**, Radio Ichtus FM 96,50
  Pukul 21.05 – 21.20, Setiap hari Senin – Jumat (in Bahasa)

- **Bandung**, Radio Maestro FM 92,5
  Pukul 22.00 – 22.15, Setiap hari Senin – Jumat (in Bahasa)

- **Manokwari**, Radio Swara Kemenangan FM 101
  Pukul 06.20 – 06.35, Setiap hari Senin – Jumat (in Bahasa)

- **Surabaya**, Radio Sangkakala AM 1062
  Pukul 08.45 – 09.00, Setiap hari Senin – Jumat (in Bahasa)
  Pukul 20.45 – 21.00, Setiap hari Senin – Jumat (in Bahasa)

- **Manado,** Radio El Gibbor FM 95,7
  Pukul 06.15– 06.30, Setiap hari Senin – Jumat (in Bahasa)
  Pukul 13.00– 13.15, Setiap hari Senin – Jumat (in Bahasa)

- **Halmahera Utara**, Radio Syallom FM 90,2
  Pukul 07.00 – 07.20, Setiap hari Senin – Jumat (in Bahasa)
  Pukul 20.00 – 20.20, Setiap hari Senin – Jumat (in English)

- **Manado**, Radio ROM 2 FM 102
  Pukul 20.00 – 20.15, Setiap hari Senin – Jumat (in Bahasa)

- **Kendari**, Radio Kendari Solusi FM 98,3
  Pukul 06.00 – 06.15, Setiap hari Senin – Jumat (in Bahasa)

- **Pontianak**, Radio Samaria FM 97,9
  Pukul 15.00 – 15.15, Setiap hari Senin – Jumat (in Bahasa)

- **Palu**, Radio Proskuneo FM 105,8
  Pukul 06.00 – 06.15, Setiap hari Senin – Jumat (in Bahasa)

- **Lampung**, Radio Heartline FM 91,7
  Pukul 06.00 – 06.15, Setiap hari Senin – Jumat (in Bahasa)

- **Salatiga**, Radio Suara Agape FM 107,9
  Pukul 18.00 – 18.15, Setiap hari Selasa – Sabtu (in Bahasa)

- **Madiun**, Radio Sahabat Kehidupan FM 102,2
  Pukul 07.30 – 07.45, Setiap hari Senin – Jumat (in Bahasa)
  Pukul 23.30 – 23.45, Setiap hari Senin – Jumat (in Bahasa)

- **Pekalongan**, Radio Blessing Family FM 107,0
  Pukul 21.30 – 22.00, Setiap hari Senin – Jumat (in Bahasa)

- **Manado**, Radio Manado FM 91,8
  Pukul 05.00 – 05.15, Setiap hari Senin – Jumat (in Bahasa)

- **Samarinda**, Radio Heartline FM 98,4
  Pukul 06.45 – 07.00, Setiap hari Senin – Jumat (in Bahasa)

- **Solo**, Radio El Shaddai FM 102,2
  Pukul 03.00 – 03.15, Setiap hari Senin – Jumat (in Bahasa)

- **Medan**, Radio Bethany AM 900
  Pukul 06.30 – 06.45, Setiap hari Senin – Jumat (in Bahasa)

- **Ungaran**, Radio Sahabat Sejati FM 107,7
  Pukul 10.00 – 10.15, Setiap hari Senin – Jumat (in Bahasa)

- **Tasikmalaya**, Radio Nafiri FM 96,2
  Pukul 22.00 – 22.15, Setiap hari Senin – Jumat (in Bahasa)

- **Malang**, Radio Suara Sangkakala FM 97,9
  Pukul 06.00 – 06.15, Setiap hari Senin – Jumat (in Bahasa)

Pengajaran Derek Prince juga tersedia dalam bentuk kaset, Audio CD, MP-3, DVD, dan script. Anda juga dapat melihat artikel pengajaran Derek Prince dan *free download* bahan-bahan pengajaran Derek Prince di **www.dpmindonesia.org**

432 Hal. Rp 84.500,-

TEMUKAN KUASA DALAM MEMPERKATAKAN FIRMAN TUHAN

Allah mengharapkan kita untuk mengucapkan perkataan-perkataan Yesus dan mengalami hasil yang penuh kuasa sama seperti yang Yesus alami! Untuk pertama kalinya, pengajaran Alkitab Derek Prince yang terkenal di dunia telah diringkas menjadi sebuah renungan harian. Sementara Anda mencari Allah dan mendeklarasikan prinsip-prinsip alkitabiah ini, Anda akan:

- Menerima kesembuhan jasmani dan emosional
- Terbebas dari rasa takut, rasa bersalah, dan rasa malu
- Mengenali suara Tuhan
- Belajar mengenai jalan Allah menuju berkat keuangan
- Menemukan tujuan dan rencana Allah untuk hidup Anda
- Mencapai kemenangan atas pencobaan
- Mengembangkan iman untuk perkara-perkara yang ajaib

Mulailah hari Anda dalam hadirat sang Pencipta, bersandarlah pada kebenaran Firman Tuhan, maka Anda akan mengalami sukacita dengan melihat Dia mengerjakan mukjizat dan tanda-tanda ajaib di dalam hidup Anda!

"Dan mereka mengalahkan dia oleh darah Anak Domba, dan oleh perkataan kesaksian mereka..."

(Wahyu 12:11)

194

MILIKI SERI PENGAJARAN FIRMAN TUHAN OLEH DEREK PRINCE DALAM FORMAT AUDIO CD DAN MP3 DI BAWAH INI:

SERI KUASA DOA

- Bagaimana Berdoa dan Memperoleh Apa Yang Kita Doakan Part – 1
- Bagaimana Berdoa dan Memperoleh Apa Yang Kita Doakan Part – 2
- Doa Dalam Keputusasaan
- Memerintah Dengan Doa
- Tujuh Syarat Utama Yang Membuat Doa Anda Dikabulkan

SERI IMAN, PENGHARAPAN & KASIH

- Iman Part – 1
- Iman Part – 2
- Pengharapan Part – 1
- Pengharapan Part – 2
- Sasarannya Adalah Kasih
- Kasih Allah Part – 1
- Kasih Allah Part – 2
- Kasih Allah Part – 3
- Harga Itu Harus Dibayar Dengan Semua Yang Ia Miliki

SERI KARAKTER

- Kesombongan Vs Kerendahan Hati Part – 1
- Kesombongan Vs Kerendahan Hati Part – 2
- Kesabaran
- Ketekunan
- Takut Akan Tuhan Part – 1
- Takut Akan Tuhan Part – 2
- Kehambaan
- Perjalanan Menuju Kesempurnaan Part – 1
- Perjalanan Menuju Kesempurnaan Part – 2
- Kekuatan Melalui Kelemahan
- Pengampunan

- Manusia Lama Dan Manusia Baru
- Pertobatan
- KALEB: Pelajaran Dari Kehidupan Seekor Anjing
- Dosa Independen : Mengapa perkara ini terjadi pada umat Allah

SERI FONDASI IMAN KRISTEN
- Didirikan Diatas Batu Karang
- Otoritas Dan Kuasa Firman Tuhan
- Pertobatan, Jalan Menuju Iman
- Iman Dan Perbuatan
- Dibenamkan di Dalam Air
- Dibenamkan di Dalam Roh Kudus
- Mengalirkan Kuasa Tuhan
- Pada Akhir Zaman
- Kebangkitan Orang Mati
- Penghakiman Kekal

SERI HUBUNGAN DALAM KELUARGA
- Kunci Pernikahan Yang Berhasil
- Kebapaan
- Anda Dan Seisi Rumah Anda

SERI RAHASIA HIDUP DALAM BERKAT TUHAN
- Membangun Hubungan Pribadi dengan Allah
- Membangun Hubungan dengan Umat Allah
- Mengklaim Warisan Kita Part – 1
- Mengklaim Warisan Kita Part – 2
- Berjalan Ke Negeri Yang Berisi Janji- Janji Tuhan Part – 1
- Berjalan Ke Negeri Yang Berisi Janji- Janji Tuhan Part – 2
- Berjalan Ke Negeri Yang Berisi Janji- Janji Tuhan Part – 3
- 12 Langkah Untuk Menuju Tahun Yang Baik Part – 1
- 12 Langkah Untuk Menuju Tahun Yang Baik Part – 2
- 12 Langkah Untuk Menuju Tahun Yang Baik Part – 3
- Mendengar Suara Tuhan Part – 1
- Mendengar Suara Tuhan Part – 2
- Menanti-nantikan Tuhan
- Aman Di Dalam Pilihan Allah Part – 1
- Aman Di Dalam Pilihan Allah Part – 2

Dapatkan juga seri-seri pengajaran Firman Tuhan lainnya! Semua judul tersebut juga tersedia dalam bahasa Inggris. Silakan hubungi kami:

DEREK PRINCE MINISTRIES INDONESIA
Telp: 021 – 4584 6494; 7094 0645

Email: purchase@dpmindonesia.org

www.ingramcontent.com/pod-product-compliance
Lightning Source LLC
Chambersburg PA
CBHW072000040426
42447CB00009B/1419